sobinfluenciaedições

Black Music

Free jazz e consciência negra, 1959-1967

LeRoi Jones (Amiri Baraka)

7	**Carta de Nathalia Grilo a Amiri Baraka**
21	**Introdução**
26	**1967** O jazz e a crítica branca
38	**1962** Minton's
42	**1962** A dama negra dos sonetos
43	**1963** Monk atual
53	**1963** Três modos de tocar saxofone
60	**1963** Um dia com Roy Haynes
71	**1964** Sonny Rollins (Our man in jazz)
75	**1963** Um grande do jazz: John Coltrane
83	**1964** Coltrane ao vivo no Birdland
90	**1961** A vanguarda do Jazz
103	**1959** Apresentando Wayne Shorter
110	**1963** Apresentando Dennis Charles
116	**1963** Cena loft em Nova Iorque e o jazz nas cafeterias
125	**1962** Apresentando Bobby Bradford
131	**1962** Presente perfeito (Cecil Taylor)

138	**1962**	Cecil Taylor (*The world of Cecil Taylor*)
141	**1964**	Miolo da maçã #1
150	**1965**	Miolo da maçã #2
155	**1966**	Miolo da maçã #3
162	**1966**	Miolo da maçã #4
167	**1966**	Miolo da maçã #5 — o caso Burton Greene
171	**1966**	Miolo da maçã #6
176	**1965**	Aqui fala Archie Shepp, o novo sax-tenor
189	**1965**	Archie Shepp (Four for Trane)
195	**1963**	Don Cherry
206	**1965**	Nova música preta: Um concerto beneficente a *The Black Arts Repertory Theatre/School Live*
211	**1967**	A hora e a vez de Sonny
214	**1966**	O mesmo que muda (R&B e Nova Música Negra)
258		**Uma breve discografia da Nova Música**
260	**2009**	Ganhar na loteria do bamba (uma entrevista com Amiri Baraka por Calvin Reid, editor sênior, *Publishers Weekly*)

*Para John Coltrane,
o espírito mais pesado*

Rio de Janeiro, 7 de julho de 2023

Caro Baraka,

Tomo a liberdade de te dedicar o ruído destas palavras, desejando que elas cheguem ao seu espírito com o mesmo vigor e audácia que fazem germinar, numa encruzilhada à meia-noite, um solo improvisado de jazz.

Ao tocar este livro, me sinto feliz por mais uma vez ter a chance de poder tomar comunhão dos frutos de sua imaginação radical. Como alguém que há alguns anos vem se dedicando aos estudos que invocam os sentidos essenciais da música escura, conjecturo esta coleção como uma sofisticada bíblia – possivelmente a primeira desse estilo escrita por um homem negro.

Desvendo os evangelhos, concebidos entre 1959 e 1967, que aqui ganham corpo de ensaios, resenhas, entrevistas, encartes e crônicas de forças fascinantes em que você anuncia: "o jazz é a história emocional, cultural e estética de um povo". Este precioso material me instigou a sonhar com o agitado período em que você devotou sua escrita à florescente cena do *free jazz,* arremessando sua explosiva palavra nas páginas da *Jazz Review, Metronome, Kulchur, Negro Digest* e todas as outras importantes revistas de música e literatura do país.

Fico imaginando a sensação de, em 1963, numa tarde de sábado qualquer, um leitor tradicional ao abrir seu exemplar da revista *Down Beat* e experimentar o cérebro sendo esmagado pelas sentenças contidas no ensaio-manifesto *Jazz e a Crítica Branca,* publicado na coluna seminal *Apple Cores*.

"A maioria dos críticos de jazz até agora são americanos brancos, enquanto os principais músicos não"

Esse seu ensaio-manifesto desconcerta o leitor em sua frase de abertura e, como um documento de tanta importância, analisa a historicidade da crítica musical estadunidense e escancara o cenário elitista e racista que desde sua origem olha para as produções artísticas escuras de forma amadora e irresponsável. Gosto muito quando você pontua que "normalmente, o compromisso do crítico era em primeiro lugar uma apreciação que tinha da música, e não a compreensão da atitude que a produziu". Você ilustra a incapacidade do crítico branco de se concentrar no que nos é valioso, ao invés de se ater a uma apreciação condicionada da música.

Como não dizer que o encontro contigo é, invariavelmente, chocante, descentralizador e territorializador? E eu passei a suspeitar que talvez a mídia tivesse criado para você o injusto arquétipo do homem negro contraditório, odiador de brancos e louco, porque na verdade você estava o tempo todo compartilhando sua sabedoria enquanto fazia as perguntas difíceis, que se tornaram controversas apenas porque ninguém queria lidar com as respostas reais. A sua humanidade franca e corajosa nos disse: "Find your self, then kill it".

Ao sentenciar essas palavras, você alerta que a libertação da experiência imaginativa primeiro se dá no encontro com nosso próprio Eu, e depois com a aniquilação dele. É preciso esquecer aquilo que nos molda em colonialidades para flutuar no absurdo do que ainda não foi prefigurado; explodir seu próprio Eu é, na verdade, ter a audácia de sonhar universos impensados. Esse foi um dos maiores ensinamentos que recebi na vida: posso me livrar das imagens coloniais que habitam minha percepção, posso resetar minha mente, esvaziar os sentidos para recriar outros do mais absoluto nada.

Seu pensamento radical me faz acreditar que é preciso certa maturidade para encarar sua obra e não se pode fazer isso sem alguma proteção. O que me leva a recordar a primeira vez em que a sua voz alcançou meus ouvidos, acho que era 2022 e eu tinha quinze anos. Lembro de serpentear meu corpo distraído no arrebol que vagarosamente se anunciava, em contraste com o ritmo frenético da zona norte da cidade de São Paulo. Mais um metrô cruzava o horizonte e meu pensamento voava longe, por entre as pistas do Parque da Juventude — uma área de lazer construída no lugar da antiga e fúnebre Casa de Detenção, popularmente conhecida como Carandiru. Eu admirava as manobras dos carinhas que transformavam seus skates em instrumentos sonoros, desafiando a física por meio de experimentações rueiras.

> "…I can see something in the way of ourselves
> You see something too, but can't call its name…"

Sua voz se espraiou por todos os cantos do parque através da caixinha de som da galera do skate, e aquilo me intrigou de uma forma estranhamente afetiva. Não sabia se era por causa do *flow*, da intensidade das palavras, ou se o real motivo era a simples essência do que você estava anunciando. Logo descobri que o disco era *Phrenology* (2002) dos Roots, e a música era "Something in the Way of Things (in Town)". A sua voz, naquele momento, parecia desesperada por despertar consciência em um público que soava insensível ao que ocorria ao redor. De imediato, não pude sentir a carga do que você estava sugerindo: a emancipação da mente, a liberação da imaginação. Eu ainda não sabia te ouvir.

O jazz para mim se transmutou em paixão quando completei vinte anos; a partir daí me dediquei a estudar a cena conhecida pelos estudiosos por *avant garde* (vanguarda), minha favorita, até o momento em que o *free* e *spiritual jazz* me encontraram. Eu andava por aí tentando identificar os artistas e escritores cujas inovações em estilo, forma e assunto desafiavam a validade artística e estética das formas estabelecidas de arte e das tradições literárias de seu tempo. A minha obsessão estava ligada ao fato dos experimentos artísticos da vanguarda empurrarem os limites estéticos das normas sociais. Como um estrato da intelectualidade de uma sociedade, os artistas de vanguarda promovem políticas insubordinadas e radicais, executando a transformação social *com* e *através* de obras de arte.

O tempo passou, meus estudos foram se sofisticando ao passo em que o incômodo que sentia sempre que chegava ao final de uma leitura sobre análises das cenas jazz, começou a realmente mexer comigo. Agora eu havia me tornado uma colecionadora de discos de vinil e também atuava como produtora de um festival de música instrumental no subúrbio carioca. Àquela altura, com 33 anos, eu me reconhecia um tanto mais madura e sentia que faltava algo substancial na maior parte do que me diziam aqueles pesquisadores. Havia algo além e eu podia sentir.

O reencontro contigo soava esfíngico, de algum modo existia uma barreira que eu não conseguia penetrar, e isso me motivou a iniciar uma busca incansável por qualquer informação sobre a sua pessoa. Eu sabia seu nome verdadeiro, um breve resumo de sua história e um tanto sobre suas obras mais famosas. No entanto, tudo o que lia soava genericamente racista, independente do período. Tanto os materiais da sua época, quanto os da minha, caíam sempre na mesma crítica superficial. Por mais que eu tentasse entender não entrava em minha cabeça o fato de uma pessoa que levou ao mundo contribuições tão poderosas ao longo de uma jornada de seis décadas, simplesmente ser considerado um artista incendiário de postura inconstante, dono de uma escrita regularmente acusada de ser antissemita, misógina, homofóbica, racista e perigosamente militante.

Na coleção de ensaios "With Eye and Ear", de 1970, o poeta e crítico Kenneth Rexroth escreveu que você "sucumbiu à tentação de se tornar um homem de raça profissional do tipo mais irresponsável"; escrevendo no *The Daily News* de Nova Iorque em 2002, Stanley Crouch descreveu seu trabalho desde o final dos anos 1960 (periodo de elaboração desta coletânea) como "uma mistura incoerente de racismo e nacionalismo negro". Me impressionou o fato das duas considerações, oriundas de duas épocas tão distintas, carregarem o mesmo discurso raso que há meio século vem te acusando de ser uma figura polarizadora que não merece entrar no paraíso dos pensadores laureados. Ao que tudo indicava, essas opiniões eram rebento da perversa relação que existe entre o conteúdo disseminado pela mídia estadunidense e a manutenção do racismo no ideário social.

Eu tenho ciência do papel dos meios de comunicação no vácuo de informações sobre artistas e criações que poderiam gerar enfrentamentos ao que está estabelecido. Além disso, você voluntariamente tomou a posição de representante da população negra e, ao se expor, foi o motivo pelo qual o universo midiático trabalhou por décadas na tentativa de suprimir a autoridade e a visibilidade da sua trajetória. Conforme fui ganhando consciência, acendia em mim uma indignação que me levou a desafiar a escassez de materiais traduzidos e a acentuar minha angústia na busca pelo domínio da língua inglesa. Ousei vias para, quem sabe, alcançar uma real compreensão dos estudos que versavam sobre a sua presença no mundo.

A partir disso, ocasionalmente, por via das redes sociais, conheci Tonny Araújo, evento que considero crucial. Após notar que, além de poeta, ele era historiador e músico, foi uma surpresa entender que, assim como eu, Tonny era um corpo negro e nordestino estudando o jazz no Brasil. Eu, além de tudo, era migrante, e percebi que esse conjunto de experiências tornavam nossas realidades bastante incomuns, sobretudo se considerarmos o contexto elitista do mercado musical brasileiro onde cada vez mais o jazz moderno foi se associando a um público de pessoas que aprofundam seus conhecimentos artísticos nas escolas, universidades, teatros, museus e afins. Estamos falando de uma elite cultural que, em geral, costuma supor a existência de estilos mais apreciados por classes mais abastadas e outros mais presentes na vivência das classes sociais mais desprovidas, preferências musicais como fortes indicadores de classe social e nessa mesma via, pensam o jazz para o sudeste e o forró para o nordeste. Não são capazes de conceber que o sanfoneiro Dominguinhos seja, por exemplo, um dos nossos maiores *jazzman*. Ou que no norte e nordeste do país possa existir um público que perceba a arte para além de um produto, mas como uma poderosa ferramenta para questionar e emocionar, fazendo com que as pessoas conjecturem e elaborem além de se divertirem.

Tonny foi o primeiro homem negro que ouvi falar sobre Amiri Baraka, com a propriedade de quem vive o que estuda. Foi através do encontro que tive com ele que ganhei sagacidade para chegar até suas obras, e conhecê-las me deixou completamente remexida por dentro. Entendi que todo aquele material maravilhoso não tinha tradução no meu país e o acesso à produção em língua inglesa também era difícil, já que as reedições de suas obras não são tão frequentes quanto poderiam. Ao te ler, entendi que, na verdade, sua maior luta foi pela dignidade, por qualquer meio necessário, e obviamente você seria massacrado, tal qual Baldwin, Marley e Simone. Penso que suas produções, altamente inflamáveis, poderiam inverter a direção das forças e nos lembrar que nossas capacidades imaginativas são, como disse Malcolm X, inventivas: (...) *Em frente à liberdade, o corpo negro vai improvisar, fazer nascer mundos dentro de si. E é somente isso que todos queremos.*

Penso em como sua vida se moveu através da música e em você interpretando-a como o próprio jazz moderno: drástico nas mudanças e forte nos ritmos, adaptado a cada período específico de situação social e distinguindo-se pela dinâmica, vigor e uma elegância que sugere proceder, não elitização. E, por isso mesmo, remete a tempos anteriores à colonização.

São muitas as contribuições que você deu ao mundo. Digo no plural mesmo, visto que você não apenas atuou intensamente, como também inaugurou espaços de criação em diversos corpos da música.

No campo acadêmico, seus estudos sobre música negra o levam a ser considerado a primeira pessoa negra a elaborar uma séria pesquisa e análises seminais dentro dessa área. Suas investigações trouxeram uma compreensão inovadora na época, de que a história dos negros americanos poderia ser rastreada através da evolução de sua música.

Me inspira a forma como a intensa radicalidade do seu pensamento ostenta e atesta os efeitos que a música negra teve na América, em termos econômicos, culturais e sociais, desenhando ideias que apresentam por exemplo os "africanismos" em relação direta com a formação da cultura norte-americana, não exclusivamente das culturas negras, mas uma contribuição direta para o desenvolvimento e refinamento das culturas estadunidenses.

É nesse caminho de entendimento da profundidade da música negra que seu traçado da história das comunidades melanizadas e suas produções artístico-culturais examina os modos, os conteúdos e elabora uma série de investigações que ganham imenso impacto, resultando na difusão dos chamados Black Studies (em geral e na música) dentro das universidades. O profundo incômodo que você nutria com o que considerava negligência por parte do sistema acadêmico te levou a pensar que não existia seriedade na tratativa do assunto de uma forma realmente adequada. Entre uma vida de considerações filosóficas e desenvolvimento de uma escura epistemologia do som, o espaço criado nutriu entre teóricos, músicos, educadores e artistas toda a verve de uma criação preta a conceber o som como elementos de fundação de uma cultura melanizada. A preocupação que você demonstrou com a escassez de análises críticas das teorias existentes o levou a refletir sobre as implicações, quase sempre racistas, que essas análises poderiam ter para as comunidades negras.

A profundidade estética e filosófica de suas elaborações crepitava o mercado da crítica musical ao apontar para a existência de um fenômeno bastante peculiar no âmbito da música negra, afirmando que, embora persistisse o interesse geral em consumí-la, existia ainda um problema básico nas tentativas de descrever precisamente o que seria esse som. A busca de tecer literaturas de sentido para o som de seu tempo e de gerações anteriores alimentou sua inquietação em esmiuçar os caminhos do jazz, do blues, do *R&B*, do som escuro que atravessava os tempos como a arka de Sun Ra.

Outra contribuição a ser considerada é a de que você não foi apenas um teórico, mas atuou também na música, manifestando sua *jazz poetry* junto às produções de artistas como Gary Bartz, Idris Muhammad e Sonny Murray. Foi amigo íntimo de muitos desses músicos e dividiu apartamento com outros tantos. Nomeou e foi o grande documentador da chamada *New Black Music*, uma geração de músicos de vanguarda, conscientes de si e do mundo, artistas que foram bem além da expressão sentimental, e que, por estarem profundamente emaranhados com as questões de suas comunidades, reelaboram o jazz como munição de um outro experimento no mundo. Músicos que pensavam suas produções artísticas como uma ética que transcendia o âmbito musical, e que viria a imprimir certas condutas, orientações e valores fundantes para a elaboração de uma escuridão viva em suas comunidades. "Os jovens guerreiros do nosso exército da música livre", dizia o oriki dedicado por você aos músicos da vanguarda do jazz de 50/60.

Acho que posso afirmar que sua pessoa inaugura um tipo de crítica musical que vai trazer dignidade às produções negras, justamente porque é fruto poético dessas tradições. Por isso você apresentou elaborações e angulações que escapavam ao crítico branco, como quando nos presenteia ao falar sobre o assombro e o horror contidos na obra de Billie Holiday, ou quando pinta horizontes e cria imagens que nos conjuram para uma noite de sábado em 1957 como testemunhas da temporada de seis meses em que Thelonious Monk ensinou John Coltrane a voar no palco do fabuloso Five Spot. A história da música mudaria radicalmente após essa dança. E você não só estaria lá para registrar com os ouvidos, olhos e o espírito, como talvez fosse o único a saber ler os signos e principalmente ler o espírito do que teria feito nascer cada nota em cada solo ali estabelecido.

Percebe como é interessante? Você vai fazer tudo isso com muita poesia, o que também vai reconfigurar o mercado da crítica musical, que até então era feito de análises enfadonhas e destemperadas, baseadas em leituras equivocadas sobre produções artísticas oriundas de culturas alheias às elites, as mesmas elites que geram os críticos mais famosos do país. Os ensaios escritos por suas mãos transformaram uma tradição extremamente elitista, racista e cafona em um campo de produções documentais belas e sensíveis sobre a música negra. Sua percepção inaugura novas associações, outras possibilidades de observação, variados adjetivos e termos, e não só preenche as lacunas que os estudos brancos não dariam conta de sanar como também fundamenta toda uma escola de críticos negros no meio das artes. Toda uma geração que vai se interessar em olhar para suas culturas a partir da *Black Aesthetic*, ou seja, a partir de uma mirada prenhe de valores africanos.

Uma terceira grande contribuição se dá por meio da dignificação do artista negro, sobretudo o músico. Você mostra ao mundo que existe muita coisa significativa dentro da vasta gama de percepções e elaborações que nascem desses artistas. E vai falar sobre como esses músicos negros conceituam e interpretam suas próprias criações a partir de uma natureza variada de abordagens e técnicas. Uma parte significativa de sua produção poética, por exemplo, vai ser dedicada a John Coltrane, o que mostra a devoção que você nutria por esses homens e mulheres que desenhavam a sua alma e a alma da nação da qual eram fruto.

A série de escritos que você compôs para encartes de discos como, por exemplo, o álbum ao vivo The New Wave in Jazz, lançado pela Impulse! Records, apresenta gravações de grupos liderados por grandes artistas de vanguarda em um concerto beneficente realizado no famoso Village Gate de Nova Iorque. Produzido e gravado por você mesmo em ocasião das atividades do *Black Arts Repertory Theatre/School* (BARTS), o festival recebeu a alcunha de *New Black Music* atestando o Free Jazz como a trilha sonora oficial do *Black Arts Movement* (BAM). Com ingressos a cinco dólares, no palco circularam nomes como John Coltrane, Cecil Taylor, Archie Shepp, Marion Brown, Betty Carter, Grachan Moncur, Albert Ayler, *Sun Ra Myth-Science Arkestra* e Charles Tolliver.

Vejo que existiu de sua parte um desejo muito grande de retirar o jazz do âmbito das elites e devolvê-lo às ruas, aos bairros, à vida cotidiana. Era seu desejo que as pessoas pretas pudessem apreender a ética do jazz para além da superficialidade midiática. E, para isso, você queria a todo tempo demonstrar como sua personalidade e sua história de vida foram moldadas pela música e por músicos negros. Ao fazê-lo, ao analisar a sociedade da qual fazia parte, você declarou o jazz "um novo estilo de vida e ação na sociedade", uma parte integrante de um conjunto de experiências que contribuíram para a formação de uma nova consciência acerca do que significava ser negro nos Estados Unidos. E, assim, seu trabalho atesta a criação de uma arte revolucionária reconhecidamente negra e voltada para a classe trabalhadora.

Seus escritos em *Black Music* nos revelam que o jazz é uma ética, a instituição de "um conjunto de atitudes sobre o mundo, e apenas secundariamente sobre uma forma de fazer música". O jazz é uma forma de expressão particular considerada por você como a mais escura das artes, porque fala, articula e se desloca como uma comunidade negra. O jazz é a extensão do corpo, um corpo etérico criado por imaginações radicais. Por isso orienta e acompanha a evolução cultural, atravessa seus conflitos e musicaliza vitórias e combates. Pois como você mesmo diz: "a música [negra] e suas fontes eram um segredo para o resto da América, mais ou menos do mesmo modo que a própria vida do homem negro na América era um segredo para o americano branco". Essa ética diz respeito à nutrição de formas particulares de habitar e perceber o mundo. Por isso, ao jazz interessa a postura que temos diante da vida, como improvisamos diante dos desafios, como dialogamos com o outro e com nossa comunidade sem perder nossa individualidade, sendo valorizados e reconhecidos por ela. Ao jazz interessa a inventividade, formas absurdas de atuar em cena, o parimento de universos outros pois este tipo de "arte surgiu de um corpo inteligente de filosofias socioculturais". Trata-se de um conjunto de códigos, signos e sabedorias que imprimem certas condutas, orientações e valores profundamente significativos, consistentes e racionais.

Havia tempo eu andava por aí sonhando seus universos, em silêncio, nutrindo minha alma com o jazz ao tempo em que bebia de sua sabedoria. Certo dia, recebi um convite para falar sobre a espiritualidade na música no episódio de um podcast chamado Balanço & Fúria. Minha surpresa não coube no peito! Não imaginei que as pessoas tivessem noção de meus campos de estudo e muito menos que existia um espaço para esse tipo de discussão. E foi sucesso absoluto! Pesquisadores, músicos, artistas de outras linguagens, DJs, acadêmicos, enfim, foram se aproximando. Pessoas interessadas em pensar a música negra a partir de caminhos que nascem no continente africano e desembocam na diáspora. Penso que ali teria início a disseminação de seu nome em terras brasileiras.

Logo viria o convite para alimentar uma coluna no site da editora independente Sobinfluência. Pensamos em trazer um tanto de sua história de vida e também de seus feitos, a ideia era instituir um espaço de trocas de saberes e compreender o impacto que sua produção causaria por aqui. Chamamos a coluna de Missa Negra, em referência ao encontro ecumênico que aconteceu entre a sua alma e a de Sun Ra.

Logo viria também mais um convite do podcast Balanço & Fúria. Dessa vez, usei o material escrito para coluna como base para falar em um episódio todo dedicado à sua pessoa. O texto que inaugurou a coluna era parte de uma série que chamamos de *Black Dada Nihilismus — A imaginação radical de Amiri Baraka*. Tanto o episódio do podcast, quanto o lançamento da coluna, foram sucessos unânimes. A partir daí, foram se achegando pesquisadores, músicos, literatas e pessoas interessadas surgindo de todos os cantos do país. Foi incrível perceber que, em pouco tempo, já éramos, de fato, um movimento em torno do seu nome.

Iniciamos a produção de uma série de eventos. Nosso desejo era gerar encontros e discussões em torno de suas obras e realizações. Tivemos o Jazztopia, onde falamos sobre a *New Black Music* e a ética radical do jazz. No dia 7 de outubro de 2022, realizamos o *Baraka's Day*, uma noite de celebração e agradecimento aos seus passos na Terra.

Nos tornamos uma comunidade interessada em investigar a imaginação radical negra através do som. Tínhamos muitos mestres e mestras em âmbito nacional, somos inclusive mestres e mestras uns dos outros, e todos esses encontros resultaram neste livro, com que tenho o orgulho de contribuir nesta carta.

Por tudo isso, sinto este momento como o fechamento de um ciclo muito generoso em que pudemos reconhecer e absorver os frutos que colhemos de sua boca, de suas mãos, de seus pensamentos e ações. Depois da digestão completa, fizemos uma semeadura ancestral e estamos agora devolvendo ao povo em forma de arte, como bem ensinou o poeta Solano Trindade, que você teria adorado conhecer.

Penso que, talvez, os maiores aprendizados que recebi de você transitem por três caminhos: ter coragem suficiente para exercer a minha humanidade e assumir minhas contradições, lutar pela dignidade de minha comunidade e, por consequência, alcançar a minha dignidade também.

Hoje, fortalecidos pela escuridão e a energia de vida barakiana, instituímos dignidade em todos os percursos que amparam nossos cansados, e determinados, pés.

Com admiração e respeito,
Nathalia Grilo.

Introdução

Esta coletânea de ensaios, originalmente publicados em 1967, veio à luz durante um crescente período de transição, agudo & testemunhal. Como ocorre com quaisquer mudanças, algumas eram esperadas, outras foram além de minhas expectativas, inclusive, ou até mesmo do meu reconhecimento. Até passar de mudanças quantitativas, com o peso da miríade de exemplos diante de um novo paradigma emergente, pra uma mudança qualitativa, i.e., o amplo reconhecimento de que, de fato, o novo havia chegado. Especialmente porque aquilo que eu nomeava de "Vanguarda" do jazz estava sendo chamado por muitos de "*The New Thing*"!

Meu ensaio de 1961, "A Vanguarda do Jazz", tentou identificar quem eu pensava compor tal grupo e por quais motivos acreditava que tal nomenclatura me parecia correta. Porém, na verdade, esse ensaio serviu pra dividir o livro (não cronologicamente, porque o escrevi antes de todas as peças aqui reunidas), sendo: uma parte tratando dos músicos mais conhecidos, porém ainda muito dinâmicos, e a parte seguinte sobre aqueles a quem eu identificava com o termo "*new thing*". Acho que foi Martin Williams o primeiro a chamar dessa maneira aquele som, enquanto estávamos no FIVE SPOT curtindo a primeira aparição de Ornette Coleman.

Eu vinha escrevendo notas pra encartes de discos e artigos pras revistas *Down Beat*, *Metronome*, *Jazz Review* (a mais nova, a mais progressista, a de vida mais curta), bem como pra outras revistas de vanguarda, como a *Wild Dog*, de Ed Dorn, e *Kulchur*, da qual fui editor musical. Por um tempinho, tive uma coluna regular na *Down Beat*, chamada "Apple Cores" [Miolo da Maçã][1].

---

[1] Nota do Tradutor: Mais adiante o leitor encontrará a citada coleção de textos

Em grande parte desse período, eu fui o principal divulgador, dentre nomes já conhecidos, de quem eu acreditava serem as figuras mais empolgantes: Sonny Rollins, Miles Davis, Roy Haynes, Billie Holiday, mas, particularmente, a música arrebatadora de Thelonious Monk e John Coltrane. A certa altura, eu morava quase que dentro do Five Spot, especificamente em cima, então pude conferir, noite após noite, a reunião historicamente espetacular de Coltrane & Monk, pós-Miles Davis. "Vem daqui a nova onda", escrevi então, "estas são as nascentes que fazem jorrar o novo, como Mao disse sobre a Revolução, posso vê-la como uma vela não tão distante no horizonte".

A segunda parte de *Black Music* começa traçando o perfil dos "Jovens Turcos"[2], os vanguardistas que, na minha opinião,

---

referida por Baraka. Opto por "Miolo da Maçã" por alguns, não muitos, motivos — e espero que justificáveis: a) Baraka fala de um espaço muito específico: a cena novaiorquina do jazz, então pensei, de imediato, em brincar com a ideia de "big apple", i.e. "a grande maçã". Há uma pequena história sobre a origem do termo, segue brevemente aqui: "big apple" é um apelido da cidade estadunidense de Nova Iorque que se popularizou na década de 1970. Não se sabe ao certo sua origem, mas acredita-se que a expressão data de 1921, quando foi usada numa coluna de corrida de cavalos, em um jornal da cidade, o *New York Morning Telegraph*. A coluna foi escrita por John J. Fitzgerald, que creditou posteriormente, em 18 de fevereiro de 1924, trabalhadores afro-estadunidenses que trabalhavam em um estábulo da pista de corrida de cavalos, em Nova Orleans. A mim me parece justificável. b) o outro motivo, não menos importante, é que a ideia imediata, em português, de "miolo da maçã" nos remete às sementes. Como Baraka vai tratar, basicamente, da cena emergente da Nova Música Preta, como se lançasse sementes à procura de terra (e mentes) fértil pra germinar, de novo, a mim me pareceu adequado.

[2] N. d. T.: "Jovens turcos" foi um movimento de reforma política no início do século XX que favoreceu a substituição da monarquia absoluta do Império Otomano por um governo constitucional. Eles lideraram uma rebelião contra o domínio absoluto do sultão Abdulhamid II, na *Revolução dos Jovens Turcos* de 1908. Com esta revolução, os Jovens Turcos ajudaram a estabelecer a Segunda Era Constitucional no mesmo ano, inaugurando uma era de democracia multipartidária pela primeira vez na história do país. Por extensão, pode-se entender como: jovens

já tinham começado a operar mudanças na música. O interessante é que, nesse período, o turbilhão da revolução real se espalhou por todo o planeta. Após o sucesso do boicote aos ônibus de Montgomery[3], no final de 1956; Fidel Castro marchando pra Havana no réveillon de 1959; Malcolm X aparecendo na televisão em 1960 — eu mesmo fui pra Cuba nesse ano; o movimento estudantil iniciado em Greensboro, Carolina do Norte[4], e por aí vai; portanto é óbvio que esse espírito mundial afetou os músicos, sua música e seu público.

Queríamos mudança. Éramos inspirados pela realidade das pessoas que lutavam por progresso real em todo o mundo. E a luta se aguçou aqui nos Estados Unidos, contra o racismo e a opressão nacional, depois que Malcolm X foi assassinado. Uma das razões pelas quais, de repente, parei de escrever pras

---

que agitam por reforma política, com uma certa disposição revolucionária. Cabe dizer, também, que os jovens associados à corrente de cinema *Nouvelle Vague* também eram conhecidos assim, nos idos de 1957, quando e enquanto fundavam a *Cahiers du Cinema*. Todo um cenário estabelecido por uma "nova onda", como afirma Baraka nesse parágrafo, se espalhou pelo mundo e diversas correntes artísticas e políticas ganharam essa espécie de prefixo qualificador (ou sufixo, como em nosso Cinema Novo) de maneira constante.

[3] N. d. T.: Há quem aponte "o boicote aos ônibus de Montgomery" como o início do *Movimento dos direitos civis dos negros nos Estados Unidos*. O caso em Montgomery, no estado do Alabama, foi um boicote político e social, realizado entre 1955 e 1956, com o objetivo de se opor à política de segregação racial vigente no transporte público da cidade. Estiveram envolvidos no movimento muitas pessoas conhecidas, tais como Martin Luther King Jr., Rosa Parks e outros.

[4] N. d. T.: Mais um evento, também ligado ao *Movimento dos direitos civis dos negros nos Estados Unidos*, "O Protesto em Greensboro" consistiu em uma ação de estudantes negros e brancos da cidade de Greensboro, Carolina do Norte, que começaram a sentar no chão de lanchonetes em grupos, restaurantes, lojas, museus, praças, teatros e demais estabelecimentos da cidade, em protesto contra a segregação aos negros nesses locais. Centenas eram presos e soltos, muitas vezes arrancados de seus lugares com violência pela polícia. O exemplo começou a ser seguido em diversos estados durante todo o começo dos anos 1960.

publicações de jazz *mainstream* foi que, em 1969, a *Down Beat* fez a pergunta: "LeRoi Jones é racista?", fazendo referência, quero supor que exagerada, à opinião, sem rodeios, acerca de um nacionalismo francamente preto que revestia minhas palavras depois de Malcolm!

Uma das últimas peças desta coletânea, "Nova Black Music", originalmente fazia parte das notas que havia escrito pro programa de um concerto beneficente que organizei, o Black Arts Repertory Theatre/School, e estreei cerca de um mês depois do assassinato de Malcolm, em 1965, quando literalmente fugi do Greenwich Village pro Harlem. Assim, o álbum *The New Wave in Jazz*, gravado pela IMPULSE (Bob Thiele), marcou o fim de uma época e o início de outra. (Logo após a morte de Thiele, a IMPULSE adicionou músicas que não havia lançado nesse primeiro encontro, removeu minhas notas do encarte, e atrapalhou o álbum pra que a gravadora não tivesse que me pagar os *royalties* de produtor).

Contudo, a música e os músicos que escutei durante esse período foram, pra mim, os portadores da nova Era. Os sopros da revolução de agora e da que ainda estava por vir. O título que o livro carrega testemunha o nacionalismo que neste momento, me guiava à compreensão do que precisava ser feito. Que o povo afro-estadunidense deveria reivindicar esta música, valorizar as canções como hinos históricos de nossas vidas e lutas, como nosso legado e tesouro.

A revolução específica que esses músicos estavam fazendo se dirigia contra a prisão da mediocridade comercial americana da TIN PAN ALLEY[5]. Abaixo a canção popular! Abaixo as mudanças

---

[5] N. d. T.: TIN PAN ALLEY era a coleção de editoras musicais e compositores nova-iorquinos que dominaram a música popular dos Estados Unidos no fim do século XIX e início do século XX.

regulares de acordes! Abaixo a escala temperada! A ênfase afro-
-asiática, modal e microtonal, por toda parte. Irão tocar com liberdade! *Liberdade*? Pode apostar, esta tem sido nossa filosofia,
nossa ideologia, nossa estética, desde que a escravidão começou.
E, a partir desse ponto em nossa história, voltamos a gritar. *Free
Jazz! Freedom Suite! Freedom Now!*

Black Music identifica os jovens guerreiros do nosso exército
da música livre. As Nascentes: Monk, Trane. A apresentação de
Wayne Shorter foi a que veio antes, porque crescemos juntos
em Newark. Mas Ornette Coleman, Cecil Taylor, Dennis Charles, Archie Shepp, Albert Ayler, Sonny Murray, Bobby Bradford,
Don Cherry, Pharoah Sanders, Eric Dolphy, Oliver Nelson, Ed
Blackwell, Scott LaFaro, Charlie Haden, Wilbur Ware, Billy
Higgins, Buell Neidlinger, Freddie Hubbard, Grachan Moncur
III e Earl Griffith eram a Vanguarda; havia outros que, na época,
não nomeei, alguns já falecidos. No entanto, enquanto escrevo
esta introdução de *Black Music*, em 2009, Ornette, Cecil, Archie,
Pharoah, Wayne, Charlie Haden, Sonny Murray e Bobby Brad-
ford ainda estão em cena, ainda seguem fazendo essa parada.

Apesar da matriz cultural reacionária que ocultou grande
parte dessa música, ao longo dos anos compreendidos de Reagan
a Bush, que produziu o atraso artístico-cultural do *fusion* e de
um Kenny Elevador, também um Rock superficial e de um Rap
ainda mais vazio, que se tornaram dominantes — e muitas vezes,
mesmo em Nova Iorque, passaram-se semanas inteiras sem que
conhecêssemos nem nada, nem ninguém, de novo; tudo era
muito pouco afro-estadunidense — há alguns sinais, neste momento, de que pode haver uma nova onda a caminho.

Amiri Baraka
28/08/2009

1967 O jazz e a crítica branca

A maior parte dos críticos de jazz é formada de estadunidenses brancos, contudo os músicos de jazz mais importantes não o são. Isso pode parecer parte de uma realidade comum pra maioria das pessoas ou, pelo menos, de uma realidade prontamente explicável sob os termos da história sociocultural da sociedade estadunidense. E é óbvio por que há, digamos, apenas dois ou três críticos ou articulistas negros chancelados se ocupando do jazz, se entendermos que até há pouco tempo aqueles negros que *poderiam* se tornar críticos, os quais majoritariamente seriam provenientes da classe média negra, simplesmente não se interessaram por esse tipo de música. Ou, ao menos pra classe média negra, o jazz só recentemente perdeu um pouco de seu estigma (embora, de alguma forma, ainda seja tão popular entre eles, quanto qualquer produto musical insípido que venha sancionado pelo gosto da maioria branca). O jazz estava guardado, até pouco tempo, junto a inumeráveis esqueletos que os negros de classe média mantinham trancados no armário de sua psique, entre melancias e gim, cujo os ruídos lhes causavam sofrimentos infindáveis e ódio a si mesmos. Como um professor de filosofia da Howard University me disse, quando eu era aluno da graduação: "É fantástico o tamanho do mau gosto contido no blues!". Todavia, é justamente esse tal "mau gosto", do qual falava esse *tiozinho*, o fator preponderante pro que há de melhor na Música Preta, mantendo-a a salvo de patinar pela esterilidade das câmaras de eco da mediocridade da cultura estadunidense. E, em grande medida, esse "mau gosto" tem sobrevivido no blues ou no jazz, porque os Negros responsáveis pelo melhor da música sempre estiveram cientes de suas identidades como Negros estadunidenses e, na verdade, eles mesmos não desejavam, como geralmente era o caso da classe média negra, se converter em estadunidenses monótonos e indistintos (obviamente não quer dizer que não houvesse músicos negros relevantes vindos da classe média. Desde a época de Henderson, sua quantidade aumentou enormemente no jazz).

Os Negros tocavam jazz, como cantavam blues ou, em outros tempos, bradavam cantigas de preceito[6] naqueles campos anônimos porque era uma das poucas áreas de expressão humana a sua disposição. Os negros que sentiram o impulso do blues, mais tarde o do jazz, como um meio específico de expressão, entraram naturalmente na própria música. Havia menos considerações sociais ou extra-expressivas que pudessem desqualificar qualquer aspirante negro a músico de jazz, do que as que existiam, por exemplo, prum negro que pensasse em se tornar um escritor (ou até mesmo um ascensorista). Qualquer negro que tivesse alguma ambição em relação à literatura, na primeira metade do século XX, provavelmente desenvolveria uma lealdade tão poderosa aos sacramentos da cultura estadunidense de classe média que ficaria horrorizado com a própria ideia de escrever sobre jazz.

Havia, até os anos 1930, poucos "críticos de jazz" nos Estados Unidos, além de todos serem influenciados, em grande medida, pelo que Richard Hadlock chamou de "o posturado *aí, sim!*, cuidadosamente documentado"[7], típica dos primeiros críticos sérios de

---

[6] N. d. T.: Comumente o termo *work songs*, conforme o original, é traduzido como "cantos de trabalho" na maioria dos textos de visada antropológica. "Cantigas de preceito", tomando de empréstimo o modo como Edimilson de Almeida Pereira cataloga os *cantopoemas* do congado em *A Saliva da Fala* (Azougue, 2017), parece mais preciso, uma vez que reúne os sentidos de trabalho (em seu sentido mais direto) e feitiço (por conta do aspecto ritual implicado).

[7] N. d. T.: Baraka utiliza a expressão *gee-whiz*, conforme original, que busca caracterizar um certo estado de espanto ou admiração ingênua, particularmente em relação a uma nova tecnologia (e pode-se catalogar o jazz como nova tecnologia, nesse contexto). Também cumpre função exclamativa, algo como "caramba!". Jogo com um plano de confirmações, comumente fabricadas por

jazz vindos da Europa. Eles também eram, via de regra, influenciados mais profundamente pelos costumes sociais e culturais de sua própria comunidade. E é natural que suas críticas, quaisquer que fossem suas intenções, resultassem num produto daquela coletividade, ou refletissem pelo menos algumas das posturas e pensamentos daquela sociedade, mesmo que não estivessem diretamente relacionadas ao assunto sobre o qual estavam escrevendo: Música Preta.

O jazz como Música Preta existiu até a época das *big bands*, no mesmo nível sociocultural da subcultura de onde emergira. A música e suas fontes eram *secretas* no que concernia ao resto dos Estados Unidos, da mesma forma que a vida real do homem negro neste país era secreta pro branco estadunidense. Os primeiros críticos brancos foram homens que buscaram, conscientemente ou não, entender esse segredo, do mesmo modo que os primeiros músicos brancos de jazz, ao menos os sérios (*Original Dixieland Jazz Band, Bix*, etc.), intentaram não apenas entender o fenômeno da Música Preta, mas também apropriar-se dela como um meio de expressão que eles próprios pudessem utilizar. O sucesso dessa "apropriação" sinalizava a existência de uma música estadunidense, onde antes havia uma Música Preta. Porém, o músico de jazz branco tinha uma vantagem que o crítico branco raramente podia contar. O compromisso do músico branco com o jazz, o *interesse derradeiro*, sugeria que os propósitos subculturais que produziam tal música, como expressão profunda dos sentimentos humanos, pudesse ser *aprendida* sem a necessidade de passar por um pacto secreto de sangue. E a Música Preta é essencialmente a expressão de uma atitude, ou um acervo de propósitos acerca do mundo e, apenas secundariamente, uma

---

estruturas doutas, estabelecendo valores, ao mesmo tempo que implico uma expressão, algo em torno da gíria, quando algo "pega de jeito" e se diz: "aí, sim!", ou seja: "acertou nessa".

postura sobre a maneira de fazer música. O músico branco de jazz passou a entender essa atitude como uma forma de fazer, e a intensidade deste entendimento produziu, e segue produzindo ainda agora, os "grandes" músicos brancos de jazz.

Geralmente a principal preocupação do crítico se dava pela *apreciação* da música, mais do que com a compreensão do propósito que a produziu. Tal diferença significava que o potencial crítico de jazz tinha apenas que apreciar a música, ou o que ele pensava ser a música, e que não era necessário entender, ou mesmo se preocupar, com os propósitos que a produziram, exceto, talvez, como uma consideração meramente sociológica. Essa última ideia é, certamente, o que produziu o paternalismo reverso conhecido como *Crow Jim*[8]. O depreciativo "todos vocês têm ritmo" deixou de marcar um estereótipo, simplesmente porque é proposto como um traço positivo. Contudo essa postura *Crow Jim* não tem sido um defeito tão alarmante, ou tão evidente, na escrita crítica sobre o jazz, tanto quanto a outra manifestação de fracasso do crítico branco ao se concentrar no blues e nos propósitos do jazz, em vez de condicionar sua apreciação da música. A maior falha nessa abordagem da Música Preta é que ela despoja a música de sua intenção social e cultural de maneira muito ingênua. Procura definir o jazz como uma arte (ou uma arte popular) que não surgiu de nenhum corpo inteligente da filosofia sociocultural.

Tomamos como já sabidos o meio social, cultural e a filosofia que produziu um Mozart. Como ocidentais, o pensamento sociocultural da Europa do século XVIII chega até nós como

---

[8] N. d. T.: Refere-se às leis conhecidas como "Jim Crow", que ditavam a segregação racial nos estados do sul dos Estados Unidos. O termo invertido, "Crow Jim", foi cunhado por volta da década de 1960 e se refere a uma atitude condescendente em relação aos negros por parte dos brancos. A variante também é um termo que pode denotar "racismo reverso".

um legado histórico que é uma parte contínua e orgânica do Ocidente do século XX. A filosofia sociocultural do Negro nos Estados Unidos (como um fenômeno histórico contínuo) não é menos específica, nem menos importante, pra qualquer especulação crítica inteligente sobre a música que dela saiu. E novamente: isso não é um argumento restritivo pra uma análise sociológica do jazz, mas sim que essa música não pode ser completamente compreendida (em termos críticos) sem alguma atenção aos propósitos que a produziram. A filosofia da Música Preta é mais importante, e essa filosofia é apenas parcialmente o resultado do arranjo sociológico dos Negros nos Estados Unidos. Há, é claro, muito mais do que isso.

A análise estritamente musicológica do jazz, que ganhou popularidade nos últimos tempos, também é tão limitada como modo de crítica, quanto uma abordagem estritamente sociológica. Uma pessoa que transcreva qualquer solo de jazz, ou blues, não tem possibilidade de captar quais, de fato, são os elementos mais essenciais da música. (A maioria das transcrições das composições do blues são igualmente frustrantes.) Uma amostra musical de um solo de Armstrong, quando impressa, ou de um solo de Thelonious Monk, não nos diz quase nada, exceto a futilidade da musicologia tradicional ao lidar com o jazz. Não apenas os vários efeitos do jazz são quase impossíveis de transcrever, mas também como cada nota *significa alguma coisa* adjacente à notação musical. As notas de um solo de jazz aparecem em uma notação estritamente por razões musicais. As notas de um solo de jazz, à medida que vão aparecendo, existem por motivos que são apenas concomitantemente musicais. Os alaridos de Coltrane não são "musicais", mas *são música* e uma música bastante comovente. Os berros e reclamações de Ornette Coleman só são musicais quando se entende a música que sua atitude emocional procura criar. Essa atitude é real, e talvez o aspecto mais singularmente importante de sua música. Mississippi Joe Williams, Snooks Eaglin e Lightnin' Hopkins têm atitudes emocionais diferentes de Ornette Coleman, mas todas essas atitudes são partes contínuas da biografia histórico-cultural do Negro, tal como existe e se desenvolve, desde que há negros nos Estados Unidos; além de uma música que podia lhe ser associada e que não existia em nenhuma outra parte do mundo. As notas *significam alguma coisa*; e essa alguma coisa, independentemente de suas considerações estilísticas, parte da psique negra, uma vez que dita as diversas formas da Cultura Negra.

Outro defeito incurável de grande parte dos textos sobre jazz, realizados ao longo dos últimos anos, é que, na maioria dos casos, os articulistas e os críticos de jazz têm sido qualquer coisa, menos intelectuais (no sentido mais completo da palavra). A maior parte dos críticos de jazz ou entrou nessa atrás de um passatempo, ou era feita por uma molecada presunçosa oriunda da pequena burguesia estadunidense[9], que apenas se justificava sob um pretexto qualquer acerca da música que eles sabiam ser *diferente*; ou então por, vez ou outra, serem afrontosos o bastante pra dar um

---

[9] N. d. T.: A sentença, conforme o original, diz: "Most jazz critics began as hobbyists or boyishly brash members of the American petit bourgeoisie", qual seja o sentido mais literal, "a crítica do jazz ter começado com amadores e impetuosos infantes, membros da pequena burguesia americana", a meu ver perdia um tanto da força e ironia apontada por Baraka. Até onde sei, não utilizamos o termo "hobista" de maneira usual — para além de ser um anglicismo muito do incômodo — e "amadores" não me pareceu tão preciso, perdendo a tensão de banalidade implicada pelo autor, daí a escolha pela aproximação de alguém que realiza o trabalho nas horas vagas, por "passatempo"; "boyishly", por sua vez, comparece como um "estado de menino", um "estado infantil", daí, junto de "brash", algo perto de "arrogante", "auto-assertivo", etc., opto por "molecada presunçosa", uma vez que "molecada" dá ideia de coletivo, compensando "member", que é retomado por "oriundo", uma vez que o sujeito tem origem na pequena burguesia.

rolê pela quebrada[10] a fim de ouvir seu instrumentista favorito blasfemar contra a tradição musical do ocidente. A maioria dos críticos de jazz eram (e são) não só estadunidenses brancos de classe média, mas também de formação cultural mediana. A ironia neste ponto é que, como a maioria dos críticos de jazz são brancos medianos, a maior parte das críticas de jazz tende a impor medíocres padrões brancos de excelência como critérios pra execução de uma música que, em suas manifestações mais profundas, é completamente antitética a tais padrões; na verdade, muitas vezes é uma reação direta contra eles. (Suponhamos, por analogia, que a grande maioria dos críticos da música ocidental tradicional fosse composta de negros pobres e "sem instrução".)

Um cara só pode falar da "heresia do *bebop*", por exemplo, se não tiver nenhuma consciência dos catalisadores psicológicos que fizeram dessa música o registro exato do pensamento social e cultural de toda uma geração de negros estadunidenses. A estética do blues e do jazz, pra ser plenamente compreendida, deve ser vista o mais próximo possível de seu amplo contexto humano. Pessoas fizeram o *bebop*. A pergunta que o crítico deve fazer é: *por qual motivo*? Mas é justamente por esse *motivo* que a Música Preta tem sido consistentemente ignorada ou incompreendida;

---

[10] N. d. T.: "Negro slum". O sentido óbvio, e literal, seria "Favela" — "Negro", a mim me parece, é autoexplicativo e, violentamente, quase redundaria. Contudo, "favela" é um termo muito situado em sua especificidade local e topológica. Poderia optar pela ideia de "bairro de negros", conforme nosso imaginário já está empenhado por essa compreensão, uma vez que o cinema, a literatura, também a música, nos informam das dinâmicas de separação étnica dos bairros nos Estados Unidos — espécie de "apartheid" conveniente, e ligeiramente mais confortável para os brancos, aplicado nesse país. Contudo o tom, ao menos a mim me parece, cria uma sensação diferente, uma espécie de clima "aventureiros no bairro proibido". Daí opto por "quebrada" que, embora coloquial, e Baraka joga com os registros da língua, entrega de maneira eficiente o jogo proposto e é perfeitamente reconhecido pela maioria dos falantes da língua brasileira.

e é uma questão que não pode ser respondida adequadamente sem primeiro compreender a necessidade de fazê-la. O jazz contemporâneo tem começado a retomar, nos últimos anos, um pouco da anarquia e emoção dos anos do *bebop*. Os movimentos *cool* e *hard bop/funk*, desde os anos 1940, parecem penosamente domesticados, se não decadentes, quando comparados com a música que homens como Ornette Coleman, Sonny Rollins, John Coltrane, Cecil Taylor e alguns outros vêm fazendo recentemente. E dos pioneiros do *bop*, apenas Thelonious Monk, sem dúvida, conseguiu manter a criatividade viciante com a qual apareceu pela primeira vez na cena do jazz nos anos 1940. A música mudou novamente, por muitas das mesmas razões básicas que mudaram há vinte anos. O *bop* foi, até certo ponto, uma reação de jovens músicos contra a esterilidade e a convencionalidade que havia tomado o *swing*, à medida que se movia pra se tornar uma parte convencional do *mainstream* da cultura estadunidense. *The New Thing*, como o jazz recente tem sido chamado, é, em grande medida, uma reação ao campo *hard bop-funk-groove-soul*, que parecia surgir em protesto contra o tratoramento da maioria dos elementos do *blues*, do *cool jazz* e do jazz progressivo. O *funk* (*groove, soul*) tornou-se tão convencional e clichê quanto o *cool* ou o *swing*, e as oportunidades de expressão imaginativa dentro dessa forma encolheram a quase nada.

As atitudes e a filosofia emocional contidas na "nova música" devem ser isoladas e compreendidas pelos críticos, antes que qualquer consideração sobre o *valor* da música possa ser legitimamente abordado. Mais tarde, é claro, torna-se relativamente fácil caracterizar as propensões emocionais que informaram as confirmações estéticas anteriores. Após o fato, trabalhar e pensar ganham um caminho mais fácil. Por exemplo, um articulista que escreveu o encarte de um disco de John Coltrane mencionou como antes lhe havia sido difícil apreciar Coltrane, assim como foi difícil apreciar Charlie Parker quando apareceu pela primeira vez. Cito: "Eu gostaria de ser um daqueles sábios que podem dizer: 'Cara, eu curti Bird na primeira vez que o ouvi'. Não rolou. A primeira vez que ouvi Charlie Parker, achei grotesco…". Bem, essa é uma confissão nobre e tudo mais, mas a responsabilidade ainda é do articulista, e de modo algum compete a Charlie Parker ou ao que ele estava tentando fazer. Quando aquele articulista ouviu Parker pela primeira vez, ele simplesmente não entendeu *por que* Bird tocava daquele jeito, nem tampouco que isso pudesse lhe parecer relevante. Mas agora, é claro, numa espécie de esnobismo invertido, fica conveniente dizer que, à primeira vista, ninguém achava que a música de Parker valia algo etc. etc. O lance é, a mim me parece, que se a música vale alguma coisa agora, então deve ter valido alguma coisa antes. Supõe-se que os críticos sejam pessoas em posição de dizer o que tem e o que não tem valor — com sorte, no momento em que aparece pela primeira vez. Se eles estão constantemente errados, servem pra quê?

A crítica do jazz, como tem existido nos Estados Unidos, em muitos casos serviu apenas pra ofuscar o que realmente tem acontecido com a própria música — as lamentáveis arengas, que ocorreram durante os anos 1940 entre duas "escolas" de críticos quanto a qual era o "verdadeiro jazz", o novo ou o tradicional, nos fornecem alguns exemplos muito desagradáveis. Um crítico que elogia Bunk Johnson às custas de Dizzy Gillespie não é um crítico; todavia, um sujeito que dá o troco e bate em Bunk, pra inflar Dizzy, também não o é. Se esses críticos (se pudessem) reorganizassem seu pensamento, de modo que primeiro se ocupassem com esses músicos, tentando entender por que cada um tocava da maneira que tocava, e levassem a termo a constante evolução dessa filosofia, que redefiniu e informou os mais profundos exemplos da Música Preta ao longo de sua história, então tal pensamento seria impossível.

Nunca deixou de me assombrar e enfurecer que nos anos 1940 um crítico europeu pudesse ser arrogante e disparatado o bastante pra informar a jovens músicos estadunidenses sérios que o que eles estavam sentindo (uma consideração que existe antes e fora da música) era falso. O que aconteceu foi que, embora a crítica branca conservadora conhecesse a Música Preta há apenas cerca de três décadas, já estava tentando formalizá-la e, finalmente, institucionalizá-la. É uma ideia tenebrosa. A música já corria o risco de ser forçada a entrar nessa lixeira, uma pilha de objetos admiráveis e dados, que o Ocidente conhece como *cultura*.

Recentemente, as mesmas atitudes tornaram-se mais aparentes diante de uma nova redefinição da forma e do conteúdo da Música Preta. Termos como "anti-jazz" têm sido usados pra descrever músicos que estão fazendo a música mais provocante produzida neste país. Mas, como o crítico A. B. Spellman questionou: "O que significa anti-jazz e quem são esses branquelos que se auto proclamaram os guardiões do blues nos últimos anos?" É realmente tão simples. O que significa anti-jazz? E quem cunhou o termo? Qual é a definição de jazz? E quem foi autorizado a oferecer uma?

Ler uma grande quantidade da velha crítica de jazz, em geral, é como colocar à mostra o mal-estar social e cultural que caracteriza e delineia o burguês de mau gosto na América. Até mesmo reler alguém tão inteligente quanto Roger Pryor Dodge, na antiga revista *Record Changer* ("Jazz: sua ascensão e declínio", 1955)[11] geralmente me deixa muito puto ou quase histérico. Aqui está uma amostra: "(…) digamos, categoricamente, que não há futuro na elaboração pro jazz através do *Bop* (…)," ou,

---

[11] N. d. T.: "Jazz: its rise and decline," 1955.

"Os músicos do *Bop*, do *Cool* e do Jazz Progressivo estão, sem dúvida, estimulando uma dissolução no âmago, a partir das suas fantasias de um mundo anti-jazz. Os Revivalistas, por outro lado, começaram na direção certa." Soa quase como teoria política. Aqui está Don C. Haynes, na edição de 22 de abril de 1946 da *Down Beat*, em uma resenha sobre "Billie's bounce" e "Now's the time", ambas de Charlie Parker: "essas duas faixas são de puro mau gosto e fanatismo mal aconselhado (…)" e, "este é o tipo de coisa que tem desperdiçado inúmeros jovens músicos impressionáveis, levando-os a perder o trilho, tendo prejudicado muitos deles de forma irreparável. Isso pode ser tão prejudicial ao jazz quanto Sammy Kaye." É de fazer você corar.

É claro que existiram alguns articulistas muito bons sobre jazz, assim como existem hoje. A maioria deles eram historiadores. Mas a maioria da crítica popular do jazz tem estado, mais ou menos, no mesmo nível dos exemplos citados. Nostalgia, falta de compreensão, ou incapacidade em ver a validade de propostas emocionais redefinidas, que refletem a mudança da psique do Negro, em oposição ao que o crítico possa achar que o Negro deveria sentir; todos esses fracassos lamentáveis foram construídos, muitas vezes, numa espécie de postura crítica ou estética. Uma estética cujos padrões e medidas estão irrevogavelmente ligados à glosa contínua que a maioria dos estadunidenses brancos sempre teceu acerca da vida Negra nos Estados Unidos.

A incapacidade de entender, por exemplo, que Paul Desmond e John Coltrane representam não apenas duas formas muito divergentes de pensar sobre a música, mas, mais importante, duas formas muito diferentes de ver o mundo, está na origem da maioria dos equívocos que são estabelecidos diariamente, impingidos como comentário inteligente, sobre o jazz ou a crítica do jazz. Os catalisadores e a necessidade da música de Coltrane devem ser entendidos como existem, antes mesmo de serem expressos como música. A música é fruto da atitude, da postura. Assim como os Negros fizeram o blues, e não outra gente, por causa da maneira peculiar do Negro ver o mundo. Uma vez que essa atitude seja delineada como uma contínua filosofia social, entretanto em constante evolução, diretamente atribuível à maneira como o Negro reage à paisagem psicológica que é seu entorno ocidental, a crítica da Música Preta se aproximará de desenvolver uma estética tão consistente e válida quanto a crítica em outros campos da arte do Ocidente.

Até o momento somente dois dramaturgos estadunidenses foram tão longe, Eugene O'Neill e Tennessee Williams, que são tão profundos, ou tão importantes pra história das ideias, quanto Louis Armstrong, Bessie Smith, Duke Ellington, Charlie Parker ou Ornette Coleman; porém existe, nos Estados Unidos, um corpo de crítica teatral sendo escrita, mais válida e consistente do que um corpo de crítica sobre a Música Preta. E isso se deve, simplesmente, a uma tradição inteligente e um corpo de crítica teatral, ainda que tenha vindo em grande parte da Europa, de que qualquer crítico estadunidense mais esperto pode lançar mão. Na crítica do jazz, não há possibilidade alguma de confiar ou contar com o auxílio de nenhuma teoria ou tradição europeia. A Música Preta, como o próprio Negro, é estritamente um fenômeno estadunidense, e temos que estabelecer padrões de julgamento e excelência estética que dependem de nosso conhecimento nativo, também da compreensão das filosofias subjacentes e referências culturais locais que produziram o blues e o jazz pra poder engendrar uma escrita ou comentários críticos válidos sobre o assunto. Pode ser que ainda dê tempo de começar.

1962 Minton's

Até agora é quase impossível descobrir exatamente o que se passava no Minton's durante o início dos anos 1940. São tantas histórias conflitantes, muitas contadas por pessoas que não têm nem ideia do que rolava. Mas na minha adolescência o mito dizia, mais ou menos, assim: "Por volta de 1942, depois que o jazz clássico logrou suas conquistas, um pequeno grupo costumava se reunir todas as noites em um clube do Harlem chamado Minton's Playhouse. Era formado por vários jovens de cor que, ao contrário dos seus colegas músicos, já não se sentiam em casa sob a atmosfera musical do '*swing*'. Tornava-se urgente tomar um pouco de ar num palácio ricamente adornado que, em breve, se tornaria uma prisão. Esse era o objetivo do trompetista Dizzy Gillespie, do pianista Thelonious Monk, do guitarrista Charlie Christian (que morreu antes que os esforços da banda dessem seus primeiros frutos), do baterista Kenny Clarke e do saxofonista Charlie Parker. Com exceção de Christian, todos eles eram pobres, desconhecidos e pouco atraentes: mas Monk estimulava seus parceiros pela ousadia de suas harmonias, Clarke criava um novo estilo de tocar bateria, Gillespie e Parker levavam vários *chorus*[12] que pareciam alucinados pras pessoas que iam ouvi-los. O *bebop* estava nascendo."

Soa quase como o começo da literatura estadunidense moderna entre os emigrados em Paris. Porém essa é a lenda que

---

[12] N. d. T.: Embora o termo *chorus*, numa entrada mais imediata, possa parecer simples de anotar como "refrão", nesse caso não se estrutura como se fosse orientado na canção. *Chorus* indica algo como "vez" (e sua consecução na estrutura: uma vez, duas vezes, etc.), no sentido de repetição temática, eventualmente. Doravante o termo vai ser marcado conforme o original (*chorus*), eventualmente chegará como "vez", e até mesmo "volta" — e nem sempre vai ser indicado com nota.

preencheu a maior parte da minha adolescência. No entanto, como disse Thelonious Monk, "é verdade que o jazz moderno provavelmente começou a ficar popular por ali, mas algumas dessas histórias e artigos colocam o que aconteceu ao longo de dez anos como se tivessem ocorrido em apenas um. Eles colocam as pessoas todas juntas, numa mesma época, de uma vez só e em um mesmo lugar. Eu vi praticamente todo mundo no Minton's, mas estavam apenas tocando. Não estavam lá dando palestras".

O Minton's foi inaugurado em 1940, na Rua 118, no Hotel Cecil. Teddy Hill, o líder da banda, estava gerenciando o lugar, e era natural que muitos músicos aparecessem sempre que tinham uma chance. Mesmo antes das sessões de *bop* começarem, os músicos que estavam trabalhando nos arredores do Apollo apareciam após o último show, ou mesmo entre os shows, e sentavam-se com quem estava na plateia. As segundas-feiras se tornaram a melhor noite pra sessões abertas, porque muitos músicos não precisavam fazer suas apresentações regulares. Charlie Christian costumava pegar um táxi depois de sua última apresentação no centro da cidade, onde estava trabalhando com Benny Goodman, e ficava sentado na plateia, não importa quem estivesse tocando, até quatro da manhã, quando o lugar supostamente fechava. (Quando, de fato, fechava as portas, os músicos iam até o Monroe's na parte alta da cidade.)

Lester Young, Coleman Hawkins, Ben Webster, Roy Eldridge e um bocado de músicos mais velhos, costumavam frequentar o local também, embora uma das histórias sobre o Minton's seja que Roy deixou de entrar quando Gillespie parou de imitá-lo e tratou de embocar o instrumento do seu próprio jeito. Todas as noites eram rascantes, mas na segunda-feira era outro lance, e toda cutelaria caía na balada de verdade, porque o público era tão ligado quanto os músicos. Na verdade, depois de um tempo, a maior parte do público era formada por músicos também.

Deve ter havido uma sensação de liberdade e excitação combinadas à expressão individual, dado que tudo isso começou no meio da *Era do Swing*, quando o arranjador, não o solista, era o cara mais importante no jazz. Havia bons solistas, até nas piores bandas populares do *swing*, mas mesmo nas melhores, o arranjo vestia os solistas como um casaco Bellevue. Porém no Minton's era onde esses jovens músicos podiam se levantar e chacoalhar suas cabeças noite afora, e a experimentação levava à inovação. Muitos músicos deixavam o Minton's, depois de uma dessas sessões de segunda-feira, alegando que Monk, Bird, Dizzy, Klook e os outros estavam "tocando esquisito", apenas pra que pudessem segurar o palco só pra eles mesmos.

O *bop* também carregava consigo um elemento distinto de protesto social, não somente no sentido de que era uma música que parecia antagônica e inconformista, mas também porque os músicos que a tocavam eram escandalosamente francos ao falar algo a respeito de quem eles pensavam ser. "Se você não gosta, não ouça", era a atitude que, agora, me parece a mais racional possível. Esses instrumentistas pareciam não querer mais serem vistos apenas como "intérpretes", conforme mandava o figurino no velho Cotton Club, mas como músicos. E essa foi uma mudança de ênfase imperdoável pra muita gente. As piadas sobre os *beboppers* se tornaram tão frequentes no final dos anos 1940 quanto como são agora as piadas sobre os *beatniks*. Esses músicos negros eram considerados "esquisitos" e "intensos", os óculos *bebop* e os cavanhaques que alguns usavam pareciam completar a imagem.

Foram necessários cerca de quatro anos para que aquela música, que havia amadurecido no Minton's (e no Monroe's), fosse escutada por muita gente, levando em conta a proibição que recaía sobre as gravações nesta época. Ainda assim, os rumores se espalharam, boca a boca, de que algo cabeludo à beça estava fermentando na parte alta da cidade. Em 1944, quando Gillespie e Parker começaram a gravar e trabalhar em alguns dos clubes da Rua 52, todo o mundo do jazz deu um giro — assim como o mundo não jazz.

Hoje em dia o Minton's ainda está povoado de sons, embora não sejam, de forma alguma, "a novidade" ou a vanguarda. Comumente, as bandas que entram no Minton's são réplicas engomadas do que era altamente experimental há 25 anos atrás. São esses os grupos, nesse momento, mais aceitáveis "socialmente", os que inventaram o jazz *mainstream*, pro ouvinte *mainstream* da cidade.

O novo jazz, pra todos os efeitos e propósitos, está concentrado no centro, na Lower East Side, em lofts, pequenos clubes do tipo boêmio, muito embora tenha havido alguns esforços ultimamente pra trazer a mais nova expressão da alma negra de volta pra casa.

1962 A dama negra dos sonetos

Nada foi mais perfeito do que ela. Nem mais disposto a fracassar. (Se chamarmos de fracasso qualquer coisa realizada pela luz. Uma vez que tenha visto ou sentido alguma coisa que ela tenha conjurado germinando em sua carne.)

No momento em que ela deixava de cantar, você estava por si só. O momento em que ela surgia era em sua voz, então ouça e faça suas próprias promessas.

Tudo mais que eu tenha sentido dizer, ela sempre o disse. Tudo mais que ela nunca sentiu é o que definimos por fantasia. A emoção está onde quer que vá. Ela ficou na rua.

O mito do blues é arrancado de dentro das gentes. Ainda que outros inventem categorias, ninguém entende. Um cara me disse que Billie Holiday não cantava blues, e ele manjava. Certinho, mas o que eu me pergunto é o que ela viu, então, pra moldar seu canto? O que, em sua vida, tencionou tanta tragédia, tanta agonia fatal desesperadora? Quando não, na outra face da moeda, ela está cantando "Miss Brown to you". E nenhum de vocês, malandragem, ousaria desafiá-la. Um olhar oblíquo, seus braços sustentando tanto equilíbrio, como se todas as mulheres fossem tão indiferentes. Quando não, assim podia gargalhar.

E até mesmo às gargalhadas, algo diferente do brilho completou o som. Uma voz que florescia, a partir do instrumento de uma cantora dirigida a uma mulher. A partir daí (e os críticos dizem que esses últimos discos são fracos) ia em direção a uma paisagem negra da necessidade e, talvez, de desejo sufocado.

Às vezes você teme escutar essa mulher.

1963 Monk atual

A capa da revista *Time* de 25 de novembro de 1963 estava programada pra ser uma fotografia de Thelonious Monk. Mas quando o presidente Kennedy foi assassinado, acabou sendo substituída por outra. A capa de Monk também deveria ser acompanhada por uma longa biografia especializada da revista *Time*, que iria apresentá-lo, enfim, à sociedade culta, oficialmente[13].

Alguém pensa imediatamente em outro músico de jazz que foi apresentado, Dave Brubeck, e mesmo que pareça impossível que Monk pudesse sequer pensar em receber o tipo de "aceitação" e, com isso, as benesses que Brubeck recebeu por conta de sua canonização, não parecia um otimismo exagerado prever a engorda da conta bancária de Monk, etc., como resultado de tal exposição, ainda que não fosse tão certo que a capa aconteceria. Mas o próprio fato de tal capa ter sido programada significa que a sorte de Monk definitivamente ainda estava em ascensão. A ideia de ver o rosto de Thelonious Monk na capa da revista *Time* teria parecido, apenas alguns anos atrás, uma piada de mau gosto. Como aliás, ao ver uma simulação da capa, e de fato eu vi, minha primeira reação foi pensar que alguém estava tentando me engambelar. Ainda não estou absolutamente certo de que não o fizeram.

Mas o que permanece enigmático, embora não completamente, são as razões luciferinas pra tomar tal medida. O que isso pode significar? (Ah, cara, se deram conta de que precisam fazer pose pra estar *au courant*, como todo mundo.) Dá pra entender que a *Time* promova um cara como Brubeck, a quem pode-se creditar a incorporação das fugas no jazz e tem

---

[13] A capa finalmente apareceu em fevereiro de 1964.

boa reputação entre os estudantes universitários estadunidense; a íntegra bagagem cultural seguramente pega bem entre os editores da *Time*, que podem lançar Brubeck casa adentro de seus leitores como um gênio da Nova Cultura. Mas, mesmo levando em consideração a aceitação cada vez maior de Monk pelos formadores de opinião do jazz, e até mesmo a circulação de seu nome entre um público crescente, apenas por causa de seus discos pela Columbia, ainda acho surpreendente que o pessoal da *Time*, ou seja, uma camada relevante da chamada população estadunidense "culta", agora tenha alguma ideia de que pode se ligar com Thelonious Monk.

E o que, afinal, isso significa? Monk finalmente foi convidado a subir no palanque central da cultura popular? Se for esse o caso, alguém se pergunta, por que não colocar a foto de Miles Davis estampando a revista, já que é certo que, após seus últimos esforços na Columbia, Davis entrou definitivamente no grande mercado. Mas Monk também é propriedade da Columbia, e está igualmente acessível por meio dos clubes de discos, etc. Ou seja, sua música agora está aberta aos gostos mais casuais. Pois bem, assim também acontece com Mozart.

Não acredito que o truísmo "é mais difícil lidar com o sucesso do que com o fracasso" seja totalmente sem valor. Certamente quase todo mundo conhece algum exemplo e, dentro dos limites do jazz estadunidense, sabe de algum artista ou intérprete que, no momento em que chegou com segurança ao "topo", ou parou de se arriscar, ou começou a copiar a si mesmo de modo tão pavoroso que seus primeiros discos começaram ter mais valor que os últimos ou suas atuações ao vivo. Há hordas de tipos assim, em todos os campos, por todo Estados Unidos. É uma das especialidades da casa.

Então Monk, alguém pode pensar passando os olhos por cima, foi realmente preparado pra que algo ruim acontecesse com sua forma de tocar. Ele chegou no Five Spot e aquilo acabou se tornando uma estadia de seis meses. Tal fato, por si só, poderia facilmente ter acabado com alguns músicos, i.e., ficar moído de tédio por cair na rotina gerada pelo período tão extenso, especialmente sob o julgamento constante de plateias só minimamente interessadas — e cuja presença, pra qualquer clube, é um símbolo de seu sucesso.

Mas Monk é muito mais durão do que qualquer dessas possíveis depreciações de sua arte. Ele é um homem antigo, no sentido de ter cartas na manga à sua disposição, das quais qualquer pianista, ou qualquer sujeito, caso tenha interesse possa aprender algo. A *Down Beat* disse que Bill Evans é o pianista mais influente do momento[14]. Suponho, com isso, que eles se refiram às editoras da revista. A influência de Monk permeia todo o cenário do jazz hoje em dia, e certamente quase nenhum dos jovens feiticeiros que estão começando a se revelar, e até florescer, escapa completamente de Thelonious como acontecimento. Jovens músicos como Cecil Taylor, Archie Shepp, Ornette Coleman, Don Cherry, Eric Dolphy, e tantos outros, reconhecem e demonstram constantemente sua grande dívida para com Monk. Na verdade, de todos os grandes nomes do *bop*, a influência de Monk parece ser superada apenas pela de Charlie Parker entre os músicos mais jovens.

Embora Monk devesse ser considerado um mestre do jazz, uma vez que outrora, desde os primeiros dias, empilhou créditos no Minton's e, viz[15], contribuiu pras inovações que levaram

---

[14] E ainda diz isso em 1967.

[15] N. d. T.: Abreviação de *videlicet*, do latim. É um advérbio, termo resultante da contração de *videre licet*, onde o *vide* é de *vedere*, "ver", e *licet* quer dizer "é

ao *hard swing;* apenas há pouco tempo, relativamente, algum tipo de reconhecimento público começou a chegar até ele. Todavia, com certeza, ainda existem cidadãos bem-educados (leitores da *Time* ou não) que devem achar Monk incompreensível. Ele sempre gozou de forte reputação entre os músicos, mas talvez sua aceitação mais ampla tenha começado durante sua estada no antigo Five Spot, entre o final da primavera e o verão de 1957, com aquele belo quarteto formado por John Coltrane, Wilbur Ware e Shadow Wilson. Qualquer pessoa que tenha testemunhado a transformação que tocar com Monk produzia, e John Coltrane foi acometido dela (na noite de abertura ele estava lutando com *todas* as músicas), deve entender a profundidade e a completude musical que pode provir a um artista sob a influência de Monk. Não é exagero dizer que, antes do trabalho com Monk, Trane era um saxofonista muito antenado, mas depois dessa experiência, teve a chance de se tornar um grande músico e uma influência incontornável.

Quando Monk abriu os trabalhos no novo Five Spot, os proprietários disseram que ele ficaria lá "quanto tempo quisesse". Monk até saiu e adquiriu um piano novo em folha, embora, após sua longa estada, houvesse centenas de arranhões, inclusive talhos na madeira logo acima do teclado, onde Monk, golpeando as teclas, batia na madeira com seu grande anel, ou rasgava-o com as unhas.

"Ninguém", disse Joe Termini, co-proprietário do Five Spot, junto com seu irmão, Iggy, "atrai multidões de forma tão assídua quanto Monk". E parecia muito verdadeiro durante os seis meses que Monk passou na nova e elegante versão do antigo

---

permitido". A enunciação, então, poderia significar "é permitido ver", indicando que a seguir virá uma explicação mais detalhada do que foi dito antes. Pode-se utilizar, também, como: "a saber" ou, ainda, "nomeadamente".

clube de jazz nos arredores da Bowery. Quase todas as noites havia uma galera, de razoável proporção, reunida em torno do clube, e os finais de semana eram sempre agitados e lotados, com um bando de gente se estendendo, às vezes, até a rua. O bando era composto por estudantes universitários — uma manada, especialmente durante os feriados —, ouvintes experimentados, os moderninhos, muitos músicos, turistas, curiosos e os "Monkfans": um pessoal, tipo um grupamento deslocado, até volumoso, imediatamente reconhecível entre si, embora talvez obscuro pros outros. Com certeza, muitas das pessoas que apareciam, e as que apareceriam depois pra ver Monk, saíam por uma curiosidade, salutar ou doentia, de assistir alguém "esquisito", pois a mística desse músico e de sua música, mesmo que tenha se infiltrado com distorções, em grande medida pelo atraso cultural na margem mais animada da cultura dominante, levou todos a acreditarem que ele era assim.

É óbvio que muitas das ações de Monk poderiam ser consideradas estranhas… e elas eram, mas sem dúvidas todas eram próprias dele. Ele era uma figura muito singular, vestindo uma versão de aba curta de um chapéu Rex Harrison, que não tirava da cabeça por nada, todas as noites que o assisti. Até certo ponto, todas as velhas histórias sobre Monk chegar horas atrasado pra um trabalho, e nunca estar em condições de fazer uma apresentação, se dissiparam no Five Spot. Certamente, uma parada de seis meses, se não for a estadia mais curta no antigo Five Spot, deve provar que ele era capaz de se manter num emprego. Contudo, depois de um tempo, Monk obrigou seus empregadores e seu público a se adaptarem aos horários determinados por ele — embora alguém pudesse pensar, se era a primeira vez que pisava no Spot, que a música deveria começar um pouco mais cedo — qualquer um que tivesse passado por essas mudanças antes, e havia se acostumado com a programação, sabia que Thelonious nunca chegava lá antes das onze. Sobre isso, contudo, ele era muito consistente.

A rotina mais conhecida de Monk no Five Spot era dar uma passada rápida, por volta das onze horas, e avançar direto pra cozinha, em seguida se enfiava em algum escritório nos fundos, onde se livrava do casaco, e retornava depressa pro clube, partindo direto pro bar. Portando nas mãos um bourbon duplo, "ou coisa parecida", marchava apressado até o palco e tocava algum solo sem nenhum acompanhamento. Podia ser algo como "Crepuscule with Nellie", ou "Ruby my dear", ou uma versão bem lenta e bela de "Don't blame me" e, na maioria das vezes, fechava o ato com tinidos no melhor estilo "James P. Johnson".

Após o solo, Monk pegava o microfone e falava algo (o que surpreendia até os Monkfans, que já tinham se habituado com o comportamento reticente do pianista no palco). Mas o que falava, na maioria das vezes, era algo muito curto, tipo: "E agora, Frankie Dunlop vai fazer uma batucada pra vocês". Então Monk desaparecia na coxia, e alguns fãs que haviam esperado por muito tempo pra ouvir Thelonious, digamos algumas horas, murmuravam alto o bastante pra serem ouvidos, porém ainda teriam que esperar mais um pouco, ao menos até o resto da programação acabar. Após o solo de bateria de Dunlop, Monk voltava ao palco, mas apenas pra dizer: "Butch Warren vai tocar um solo de baixo" e, gesticulando em direção a Warren, deixava o palco, voltando pra coxia onde andava de um lado pro outro ou dançava com o solo, e ainda acrescentava: "Mandou bem!". "Softly as in the Morning Sunrise" era o que Warren costumava tocar.

Finalmente a banda toda subia junto pro palco: Dunlop na bateria, Warren no baixo e Charlie Rouse no sax-tenor. Por muitas e muitas noites, a primeira música que todo o grupo tocava junto era "Sweet and lovely", que começava como uma lenta balada Monástico-Monkiana[16], somente pra, logo em seguida, decolar atrás do suingue sussurrante de Charlie Rouse com seu agradável lirismo. Antes que a noite terminasse, era provável que alguém ouvisse aquele tema três ou quatro vezes, porém nunca ficava fatigante. O repertório consistia, em média, algo em torno de quatro músicas, provavelmente: "Rhythm-a-ning", "Criss Cross", "Blue Monk", fechando cada set com "Epistrophy". Embora quase tudo que se escutava ao longo de qualquer noite fossem peças de Monk, excetuavam-se alguns clássicos, tais como "Tea for two", "Sweet Georgia Brown", "Don't blame me", as quais, ao serem ouvidas, pareciam imediata e permanentemente se transformar em originais de Monk. Contudo tocava, majoritariamente, temas como "Misterioso", "Straight, no chaser", "Off minor", "Well you needn't", "I mean you", "Evidence", dentre outras de suas composições agora famosas.

A banda é, hoje em dia, uma unidade musical fortemente coesa. Eles têm um som uníssono inconfundível e, geralmente, a execução do conjunto é próxima do impecável. Monk e Rouse são os solistas, embora cada músico tenha um solo em quase todas as músicas; se bem que, às vezes, os outros dois músicos, Warren e Dunlop, se joguem em solos surpreendentes — todavia, em grande parte do tempo, os encarregados são Monk e Rouse, solistas de força maior. (Dunlop é, de vez em quando, um deslumbrante baterista, leve como um sapateador,

---

[16] N. d. T.: Talvez, por algum motivo, este passo seja algo exagerado. Contudo, instigado pela possibilidade criada por Baraka, ao utilizar "Monkish", que tanto pode comparecer, precisamente, como "Monkiano", como joga com o nome do músico e a inclinação da sua influência no cenário, quase que numa posição litúrgica, dobrei os sentidos; melhor dito: Monk é sobrenome e, ao mesmo tempo, significa "monge". A mim me pareceu uma das sacadas, no texto do autor, jogar com essa dupla entrada.

que mal parece tocar as peles; Warren é um baixista muito jovem e promissor que ainda está procurando sua própria trilha, fora do caminho de Oscar Peterson.) O modo de Charlie tocar é, em alguns momentos, quase como uma relíquia, o que pode ocasionalmente ser prejudicial, mas quando Monk esfaqueava aquela conversa polida com seus sustenidos, às vezes com acordes soando bizarros… no entanto, sempre corretos… então Rouse debandava a fazer algo, de fato, provocante, apesar de toda a sua elegância imperturbável. Certa noite algo aconteceu durante "Criss Cross" e Charlie foi pairar pelos céus do sax-tenor, ele estava tocando pesadíssimo.

De todo modo, às vezes, alguém desejaria que a banda de Monk não fosse tão polida e impecável, e que ele se cercasse de instrumentistas que estivessem, com ele, dispostos a avançar um pouco mais além, a cavar um bocado mais fundo na música e ir até lá, pra algum lugar, próximo de onde Monk está, e pra onde sempre apontam suas composições.

O estilo de Monk tocar ainda é extraordinário. As coisas que ele pode fazer, e faz quase todas as noites, até quando está de gandaia, são algo nunca visto. Mesmo quando está apenas titubeando a derredor das teclas procurando um acorde pra sacudir alguém — em geral, o resto da sua banda — abrupto, ele faz uma música muito singularmente provocante. Críticos que falam sobre as "capacidades técnicas limitadas" deste pianista (ainda resta algum desses?) deveriam ser convidados a se retirar do recinto. Pra Monk é possível alcançar qualquer lugar no piano que achar ser necessário estar; quanto à finíssima e esplendorosa aula de piano, executava arpejos estrondosos e fritava em fugas brilhantes — que devem fazer até mesmo aqueles pianistas de "cem dedos" a olharem demoradamente muito a sério.

Enquanto os outros músicos tocam seus solos, Monk geralmente se levanta e faz seu "número", atrás do piano, ocasionalmente tomando um gole. Os requebros bruscos, meias-voltas e os profundos rodopios absortos que Monk entregava atrás daquele piano, faziam parte da música, também. Muitos instrumentistas mencionaram até que ponto podiam aprofundar os temas assistindo Monk dançar, seguindo as sacudidelas e precipitações, desencavando dali que essa era a ênfase desejada por Monk na música tocada. Ele também saltava pra trás do palco, na coxia, e continuava a bailar; lá do bar, Monk era encantador fincando o pé em delírio, gingando seus passos e girando em parafuso, ambulando lá e cá, logo depois da entradinha do palco. Você assistia, mais ou menos, parte do deslocamento, ou algo assim, e então ele partia pro outro lado, fora de vista.

Uma noite, após a última música do set, Monk saltou da banqueta, mantendo as mãos na mesma postura que havia assumido ao terminar o número, e sem mudar essa postura (mãos estendidas à sua frente como quem acaba de tirar as mãos dos teclados), desceu do palco e fez uma longa pausa, então saiu e foi deambular completamente trôpego em torno dos fundos do clube. Todo mundo parou, ou algo assim, e o seguiu com os olhos, até que deu meio que uma circulada ao redor do recinto inteiro. Monk parou seu quase-passeio bem no centro do bar e, sem perder a compostura ou alterar seu gestual, gritou pro *barman*, de maneira muito prática e lógica: "Me dê uma bebida". Alguém ao meu lado disse, sem dirigir-se a ninguém em particular: "Agora volta e meia você faz isso".

Monk segue conforme o que faz, amiúde tocando muito lindamente, e por fora, no resto do tempo, dando aulas de piano. (No último set da noite, ele costumava adentrar pelo quinhão extraordinário de suas habilidades e, por algum motivo, quando já não restava ninguém no clube, exceto os últimos bebedores e ouvintes mais severos, ele e o resto da banda — uma vez que sacavam o clima emanado do líder — subiam a estaca e espantavam muitos de nós.)

Monk é um sucesso agora, e não há como fugir disso, nem deveria haver, porque ele é uma pessoa e um instrumentista que merece muito isso. Ele pagou mais dívidas, reais e mitológicas, do que a maioria dos músicos foi instado a pagar. De fato, mesmo no auge de seu sucesso no Five Spot, Monk tinha que ir ao centro da cidade, de quando em quando, pra regularizar alterações com o pessoal dos registros de trabalho[17] — diz o rumor que toda essa rotina não era realmente necessária, mas os ilustríssimos senhores o faziam ir até lá só, e somente só, porque podiam. Mas Monk agora está abrindo caminho pela "porta da esperança"[18] dos Estados Unidos, e ele não perdeu a cabeça no caminho, menos ainda na entrada. Ele ainda está "lá fora" e não mostra sinais de se tornar outra coisa, senão o que ele tem sido há muito tempo.

Na última noite no Spot, perguntei quando ele voltaria. (Charlie Mingus o substituiu.) Ele disse: "Nunca se sabe".

---

[17] N. d. T.: No original "cabaret card", uma espécie de licença para trabalhadores do ramo noturno, criado após a lei seca, durando até 1967.

[18] N. d. T.: No original "bigtime", ou "grande momento", que em português, no seu sentido mais literal, perderia o tom quase irônico implicado na sentença. Utilizar "porta da esperança", como aproximação de algo realizado, a mim me pareceu encontrar o tom mais próximo.

1963 Três modos de tocar saxofone

Creio que poucas pessoas próximas ao jazz contestariam o fato de que os três saxofonistas mais importantes de toda a história do estilo, até agora, foram Coleman Hawkins, Lester Young e Charlie Parker. Houve, é claro, outros saxofonistas importantes no gênero, mas esses três homens foram mais do que meros instrumentistas brilhantes e improvisadores talentosos; o mais importante é que eles foram inovadores, além de exercerem influência duradoura sobre seus contemporâneos e quaisquer que fossem os instrumentistas de jazz que vieram depois deles, não importando que instrumento tocassem. Assim como era possível encontrar (e ainda o é) pianistas ou guitarristas que moldaram seus estilos no que havia feito Louis Armstrong no trompete, também podem ser encontrados diversos instrumentistas fazendo usos curiosos, ou não tão curiosos, do que *Bean*, *Pres* e *Bird* fizeram. A influência de Charlie Parker é tão importante pros pianistas pós-*bop* quanto para os saxofonistas. Mesmo um músico com uma individualidade tão patente quanto o vibrafonista Milt Jackson, deve admitir que foi fortemente influenciado pelo ataque de Coleman Hawkins. Há guitarristas e trombonistas cujos estilos, a reboque da definição do *cool jazz*, devem muito ao compasso-mais-atrás-da-batida de Lester Young. Mas no que diz respeito ao saxofone, seria quase impossível encontrar um saxofonista que não tivesse sido tocado pelo que estes três mestres realizaram.

É claro que os modos pelos quais vários saxofonistas usaram a influência de Parker, Hawkins ou Young têm sido bastante diferentes. Há saxofonistas que se contentam apenas em imitar, quase exatamente, ou o mais fielmente possível, o estilo de um dos inovadores. Os cabras do mesmo naipe, porém mais imaginativos, têm a manha de manter suas próprias personalidades de forma que o uso, por exemplo, de um Lester Young, seja interessante, e até instigante, por si só. Além disso, existem músicos finíssimos que foram hábeis ao utilizar dois dos principais estilos ao mesmo tempo, e ainda criar algo incrivelmente singular. Pensa-se, imediatamente, em um tenor como Lucky Thompson, que parece ter entendido igualmente Hawkins e Young, ao ter alcançado um uso surpreendentemente original de ambos os conceitos antitéticos de tocar saxofone tenor. Gene Ammons é outro excelente tenor que emprega ambos, Young e Hawkins, a seu próprio trabalho de músico e emerge como um estilista fascinante. Charlie Rouse, um outro. E, claro, há muitos mais. A questão é que para cada Paul Quinichette, por exemplo, satisfeito em meramente utilizar o peso da influência de Lester Young, ou Sonny Stitt, que podia somente ouvir Parker, ou Chu Berry, que parecia atado a Hawkins, havia outros músicos que eram capazes de tomar algumas das qualidades mais fortes de dois dos inovadores, ou mesmo de todos os três — após o *bebop* e o aparecimento de Charlie Parker como o terceiro gigante do saxofone —, e moldar seus próprios estilos pessoais.

    É possível rastrear o desenvolvimento e a ascendência do saxofone no jazz citando, justamente, a contribuição de cada um desses três homens. Coleman Hawkins é conhecido, pela maioria dos jazzistas, como "O Homem que Inventou o Saxofone". Foi Bean quem primeiro fez do sax um instrumento respeitável, no que diz respeito aos músicos de jazz. Antes de seu surgimento, o instrumento era amplamente utilizado por seu efeito de novidade em bandas de baile, de hotel ou de teatro — e eram conhecidas como "bandas de quermesse"[19]. Hawkins sacou o sax e, inspirado pela técnica que Louis Armstrong utilizava no trompete,

---

[19] N. d. T.: No original, Mickey Mouse Bands.

desenvolveu um timbre formidável e suave, conduzindo o fraseado do saxofone pelo compasso, levando o instrumento a se destacar como uma voz nos solos de jazz. E por muito tempo, desde a aparição de Hawkins, quase todos que tocavam o instrumento soavam como ele — era isso, não tinha jeito.

Lester (Pres) Young levou o saxofone tenor para uma posição, talvez, ainda mais autônoma como instrumento solo. Em vez de emular o estilo de Hawkins, com seu tom amplo, de ritmo quadrado em alta velocidade, Pres, inspirado, como ele disse, pelo saxofone tenor em dó de Frank Traumbauer, trouxe leveza, fluidez e transparência aos tons do tenor. Ele também preferia ficar pelo compasso um pouco mais atrás da batida e marcava essa tendência "deslocando-se" ou descansando em lugares incomuns numa frase para, em seguida, submergir manhosamente, daí voltar ao fraseado de forma impecável, como se nunca tivesse parado de tocar. A obra de Hawkins, por mais que fosse impressionante, era apenas uma extensão do estilo de Louis Armstrong, no trompete, vertido para outro instrumento. Mas Young, pela primeira vez, criou um tipo de música que era, estritamente, uma "música de saxofone", e seu senso rítmico flexível, quase estranho, providenciou um modelo, para muitos dos jovens músicos que surgiram nos anos 1940, que levou à cena o que ficou conhecido como *bebop*. A partir de Young, o jazz cada vez mais se converteu numa "música de saxofone", no sentido de que os principais inovadores do estilo, desde então, foram os saxofonistas. Desde os primórdios do jazz, o instrumento chave para os solos era o trompete, e trompetistas lendários, tais como Buddy Bolden, Freddy Keppart, King Oliver e Louis Armstrong, foram os mais ilustres solistas da música. Mas Hawkins demonstrou quão poderosamente o jazz pode ser tocado em um saxofone, e

Young tornou o saxofone, potencialmente, o instrumento mais expressivo deste gênero musical.

Charlie Parker, tocando seu Sax Alto, foi um dos dois solistas mais empolgantes, até agora, que o jazz já viu; o outro, é claro, foi Louis Armstrong. E, como tal, ele tornou os músicos de jazz ainda mais conscientes do sax. Depois de Parker, trompetistas, pianistas, guitarristas, baixistas, etc., todos tentaram soar como ele, na mesma onda em que todos os tipos de instrumentistas, em algum momento, tentaram soar como Armstrong. Aquilo que Young havia começado, Parker quase completou: a conquista da música pelo saxofone. Depois de Young, tivemos Roy Eldridge, Dizzy Gillespie, Fats Navarro, Miles Davis, Clifford Brown, todos solistas brilhantes tocando trompete, mas os cabeças da inovação foram os saxofonistas. E assim como Parker foi a alma e o fogo da era do *bebop* (na verdade, a maioria dos saxofonistas de jazz, ainda hoje, devem muito a ele), ainda são os saxofonistas os mais ferozes inovadores do jazz contemporâneo.

Neste exato momento (em 1963) três dos mais ousados inovadores do jazz são saxofonistas. E uma curiosa coincidência é que, assim como Hawkins, Young e Parker, a proporção permanece a mesma, i.e., dois sax tenores e um alto compõem o triunvirato. Os tenores são Sonny Rollins e John Coltrane. O alto é Ornette Coleman, o mais controverso dos três.

Dos três, Rollins está há mais tempo no cenário do jazz, tendo surgido na "segunda geração" de *boppers*. Rollins, como todos da época, foi profundamente afetado pela música de Charlie Parker, e seu estilo no tenor sempre mostrou essa influência. Contudo, em meados dos anos 1950, Rollins se destacou e começou a fazer seu próprio som; desde então, tornou-se uma influência extremamente ubíqua. Na verdade, Rollins foi talvez a voz mais forte da recente tendência do *Hard Bop*. Tratou-se de uma tendência marcada pelo "retorno" de muitos músicos ao que consideravam suas raízes (como uma reação aos timbres suaves e arranjos rígidos do *cool jazz*). Os saxofonistas começaram a utilizar tons mais amplos e ásperos — e Sonny era o mais amplo, o mais áspero e o mais expressivo —, também os acompanhamentos do piano tornaram os acordes mais básicos e simplificados, muitas vezes contando com uma espécie de sentimento gospel ou *igrejeiro* para enfatizar o início afro-estadunidense da música. Essa tendência ainda persiste no que é chamado de *soul music* ou *funky jazz*, que ainda goza de grande popularidade. Mas Rollins, dali pra diante, passou para coisas mais profundas e mais expressivas. Álbuns como *Way Out West*, *Freedom Suite* e *Saxophone Colossus* mostraram que Sonny estava interessado em algo mais do que estar na onda. E ele ainda tinha mais experimentos a fazer.

John Coltrane, depois de tocar em várias bandas de *rhythm and blues*, e em uma das *big bands* de Dizzy Gillespie no final dos anos 1940, começou a ser notado em meados dos anos 1950 como membro do Miles Davis Quartet e Quintet. A maior influência de Coltrane, por um bom tempo, foi Dexter Gordon, que também influenciou Rollins e foi uma das primeiras pessoas a transferir a abordagem de Parker para o sax-tenor. Coltrane também ficou bastante impressionado com Rollins, mas quando terminou de tocar com bandas selvagens formadas por Thelonious Monk (1957), ele estava a caminho de se tornar um dos estilistas mais singulares do jazz.

O mais jovem dos três inovadores do saxofone atual é Ornette Coleman, o cara do alto. Ele também é aquele com as inovações entre as mais contestadas por muitos críticos de jazz e músicos, cuja miopia os impede de aceitar o genuinamente novo. Assim como Young e Parker foram, por muito tempo, considerados charlatães ou "meramente ineptos", exceto por alguns músicos e críticos que tentaram entender o que eles estavam fazendo, também o jovem Coleman passou por momentos difíceis, contudo ele tem sido, na minha opinião, o inovador mais provocante e influente do jazz, desde Parker. E embora Coleman não tenha chegado à "grande cena do jazz", em seu esplendor ali pelos anos 1959-60, ele já chegou a influenciar, em grande medida, os outros dois grandes inovadores, Rollins e Coltrane, para não mencionar as miríades de outros instrumentistas mais jovens, independentemente daquilo que tocam.

Rollins e Coltrane já possuíam estilos maduros, antes de Ornette Coleman ser conhecido até mesmo pelos "olheiros" do jazz. O som denso de Rollins, que muitas vezes soava como se Coleman Hawkins parafraseasse Charlie Parker, e sua habilidade de improvisar de maneira lógica e linda, a partir de materiais temáticos em vez de acordes, eram as coisas que caracterizavam seu estilo pré-Coleman. O som de Coltrane era, e é, menor e menos rígido que o de Rollins, e por causa de sua brutal semelhança com um grito humano, muitas vezes pode arrepiar os cabelos da sua nuca. Rollins parece sempre se endereçar a qualquer improvisação da maneira mais formalmente lógica, enquanto Coltrane encadeia notas e escalas aparentemente intermináveis, fazendo o que alguns críticos chamam de "camadas de som".

Coltrane e Coleman têm abordagens quase diametralmente opostas pra um solo de jazz. A música de Coltrane toma seu ímpeto e forma dos acordes repetidos que fixam harmonicamente a melodia. Na verdade, às vezes ele toca como se quisesse pegar cada nota de um acorde e tocá-la isoladamente, mas, ao mesmo tempo, como o acorde geral. É como um pintor que, em vez de pintar um simples branco, pinta todos os pigmentos elementares que o branco contém e, ao mesmo tempo, o próprio branco. Porém a música de Ornette Coleman foi descrita como "sem acordes". Ou seja, ele não limita sua linha às notas que são especificamente solicitadas pelo acorde tocado. A forma de um solo de Coleman é, geralmente, determinada pela forma musical total do que ele está tocando, i.e., a melodia, timbre, modulação e, claro, o ritmo — tudo isso mobilizado pela abordagem singularmente emocional de Ornette ao jazz, da mesma forma que os muitos dos cantores de blues mais antigos e "primitivos" produziam sua música. E isto tem exercido sua maior influência sobre os dois homens mais velhos. Essa *liberdade* na qual Coleman insistiu em tocar, abriu áreas totalmente novas de expressão também para Coltrane e Rollins, contudo no contexto de suas próprias concepções e exigências individuais.

Nos discos mais recentes de Rollins, e.g., *Our Man in Jazz* (Victor LSP-2612), e em datas nos clubes, ou no disco mais recente gravado por Coltrane, *Live* (Impulse A-10), ou em solos ao vivo, a influência desse conceito revivido de livre improvisação baseada, finalmente, no mais antigo sentido da forma na música afro-estadunidense, *o individual*, atinge sua manifestação mais impressionante. E, claro, o próprio Ornette Coleman, em seus discos, ou pessoalmente, continua a emocionar os intrépidos ouvintes de jazz de todo o país pela ferocidade e originalidade de sua imaginação. Neste ponto do jazz, as vozes mais imaginativas continuam sendo os saxofonistas (embora o pianista Cecil Taylor também deva ser citado em qualquer lista recente acerca de inovadores). Parece que não apenas Rollins, Coltrane e Coleman aprenderam com os três inovadores originais do saxofone, Hawkins, Young e Parker, mas que eles próprios estão seriamente empenhados em se tornarem inovadores da mesma estatura. Certamente não é uma ideia implausível.

1963 Um dia com Roy Haynes

Foi no Jazz Gallery, logo depois que uma moça veio até mim e perguntou se eu era, ou não, Roy Haynes, que o próprio Roy Haynes me pegou pelo braço e começou a me repreender pelas várias gafes e indiscrições cometidas contra sua pessoa por aquela casta de oportunistas ruidosos conhecidos como críticos de jazz. Parte da diatribe, devo admitir, se dirigia diretamente a mim, por conta das várias injustiças a que eu mesmo havia submetido Roy. Mas resisti à tempestade e, no fim, me vi convidado a ir até a casa do Sr. Haynes para trocar confidências. Embora tenha aceitado afavelmente, e talvez com muita precipitação, deixei o Gallery com a nítida impressão de que Roy não acreditava que eu fosse aparecer. Mas dois dias depois, e quatro horas mais tarde que havia marcado, lá estava eu ligando para Roy, de um telefone público, pedindo que ele me pegasse na estação de metrô.

Roy Haynes tem um longo Cadillac amarelo-claro, que parece recém-saído da fábrica. O carro resplandece com a mesma impecabilidade, típica da classe média, que Roy exibe em sua escolha de roupas, casas e personalidades. (Roy, de fato, ganhou um prêmio da *Esquire*, junto com Miles Davis, por sua elegância no vestuário.) E o automóvel, como as roupas e a casa, talvez também a personalidade, não aparecia em Roy como afetação supérflua: é mais um lance que ele admirava e queria, também algo que ele sentia como merecimento. A atitude de Roy Haynes, em relação à sua música, era previsivelmente similar. Tocar jazz era algo que ele sempre quis fazer, e algo que aprendeu a fazer bem, após um longo período de estudo. O reconhecimento que encontrou em seu campo, ele descobriu, não era tão simples de conquistar quanto as outras coisas. Demorou mais para chegar seu momento, embora Roy sinta, e com razão, que é algo que ele merece.

A casa de Haynes fica em Hollis, Long Island. Um lugar impossível de viver para um músico de jazz, de acordo com a ficção popular (e nem vou entrar na sociologia popular do jazz). É uma casa arrumadinha, com tijolos à vista mais a garagem. Parece a típica residência da qual todas as manhãs, às 8h em ponto, algum estadunidense menos que intrépido sairá correndo para a Madison Avenue às 8h20. A casa é um item quase indistinguível na longa fileira de habitações arrumadinhas com tijolos à vista que compõem o quarteirão de Roy Haynes. E, no entanto, em uma dessas preciosas estruturas de classe média vive um dos melhores bateristas do jazz moderno.

O interior domiciliar de Haynes atendia a todas as expectativas, considerando a vizinhança. Seguia a novidade do momento, o estilo dinamarquês moderno (ou, como um amigo denomina: "barroco de Long Island"), quartos limpos e imaculados, de tamanho moderado, embora sem as reproduções baratas de quadros que seus vizinhos tinham, em vez de uma volumosa coleção de discos de jazz ocupando sua lacuna cultural no salão. Enquanto conversávamos, Roy manteve o toca-discos ligado (às vezes apenas para enfatizar um ponto específico do que dizia, mostrando a música em questão). Nossa conversa começou, mais ou menos, como havia terminado duas noites antes no Jazz Gallery (onde Roy estava trabalhando com o quarteto de Stan Getz). Roy começou me repreendendo levemente, simulando a conversa com um amigo, devido a minhas numerosas afrontas críticas, sendo a mais recente o texto do encarte para um disco de Etta Jones.

"Olha só, aqui eu trabalhei com uma das maiores cantoras do ramo, Sarah Vaughan, toquei durante cinco anos, e esse cara não menciona meu nome nenhuma vez nas notas." (O amigo, que conversava com Roy, ficou devidamente impressionado e indignado.) "Uau! O que uma pessoa precisa fazer para receber algum tipo de atenção de vocês, os críticos? Acho que talvez eu saiba tocar os acompanhamentos para vocalistas, tão bem quanto qualquer outra pessoa por aí, e esse cara nem põe meu nome nas notas. Nem uma só vez. Que tal isso?"

Não havia muito que eu pudesse dizer sobre isso, exceto me queixar dizendo crer que a simples menção do nome de Roy, entre os créditos, era o bastante para deixar qualquer aficionado por jazz, em qualquer tempo, ciente de que ali estava um excelente artesão em seu trabalho. Roy não comprou essa. Felizmente, a conversa alternou para os primeiros dias de Roy no jazz e seus antecedentes pré nova-iorquinos. Roy nasceu em Boston há 37 anos, o que não é uma idade tão avançada para um homem que, definitivamente, poderia ser listado entre os pioneiros da bateria no *bebop*. (Martin Williams chamou Roy de "O último dos verdadeiros bateristas no *bebop*".) Ele estudou brevemente no Conservatório de Boston e, em seguida, começou a tocar pela cidade e em Connecticut com os grandes nomes locais.

"Estava em Martha's Vineyard, em 1945, quando recebi um telegrama de Luis Russell me pedindo para ir a Nova Iorque. Não sei onde ele tinha ouvido falar de mim, porque eu não havia tocado em nenhuma outra praça, a não ser em Boston e em alguns lugares em Connecticut. Acho que talvez houvesse um músico que tocava com o Luis e me viu em ação quando passou por Boston. Em todo caso, eu estava animado e queria ir para Nova Iorque, mas também queria ficar em Martha's Vineyard até terminar minha série de apresentações. Era um lugar realmente movimentado nessa época, uma espécie de *resort* para pessoas realmente ricas. Então, escrevi para Luis Russell e perguntei se ele poderia esperar até que eu terminasse o trabalho. Ele escreveu de volta me dizendo quando e onde aparecer, e incluiu minha passagem. Quando cheguei a Nova Iorque, logo estávamos abrindo no Savoy.

Roy colocou "Morpheus", de John Lewis, no toca-discos e soou incrivelmente como a nova vanguarda, embora tenha sido composta em 1950. Roy era o baterista de um grupo que contava com Sonny Rollins, Miles Davis, Percy Heath e o próprio Lewis.

"O que realmente me atraiu no jazz foi um disco em particular. Você conhece aquele disco que Basie gravou, chamado 'The world is mad'? Pois é, foi esse lance o que realmente me moveu. O solo de Jo Jones nessa faixa estava realmente fora de alcance. Soube na hora o que eu queria fazer depois disso".

"Saí da banda de Russell em 1947. No fim das contas, todas aquelas noites de boemia me arrasaram. De qualquer modo, acho eu, era uma banda com um bocado de suingue. Os caras eram bons. E foi a primeira vez que trabalhei com uma banda realmente grande. Luis botava muita fé em mim… Eu era apenas um moleque de vinte e poucos anos. Meu irmão me disse uma coisa, anos depois que deixei Russell. Falou que eu realmente fui uma grande influência para a banda. Quer dizer, os músicos começaram a pegar algumas das coisas que eu estava fazendo, e isso mudou o modo deles tocarem. E eu estava apenas tentando não perder muito a linha. É uma coisa estranha".

Quando "Morpheus" terminou, o amigo de Roy sugeriu que escutássemos um álbum de Sarah Vaughan.

"Sabe, as pessoas sempre me perguntam como foi tocar com Sarah. Imaginam que deva ter sido um porre, entende, tocar atrás de uma cantora e nunca ter a chance de me soltar. Mas nem era assim. Acredito que aquilo me dava um gás. Sarah não é apenas uma cantora. Quero dizer, é fantástica, e tocar com ela, para mim, foi uma onda. Ela é gigante. E eu sempre tinha a chance de solar. Quando cansei de trabalhar com ela, fui embora. Simples assim. Mas ela é uma bela cantora".

"Quando comecei a tocar com Luis Russell, foi a primeira vez que vi o Sul. Nós viajamos muito por aquela região, tocando em toda e qualquer balada que havia para fazer. O primeiro lugar que visitamos, quando deixamos o Savoy, foi Maryland, que não é exatamente no Sul, me parece, mas que de qualquer jeito era outra coisa. E o resto dessas turnês, sabe… às vezes nós tocávamos em armazéns. Lembro que numa dessas tivemos que tocar em um armazém com telhado de zinco. Também fiz muitas turnês pelo Sul com a Sarah. Aqueles contratos horrorosos. Sarah também não engolia isso muito bem".

Roy tem três filhos pequenos, além do filho mais velho, fruto de um casamento anterior. Todos os quatro transitavam por ali, de vez em quando, bem como a esposa de Roy.

"Deixei Luis Russell em 1947 e comecei a frequentar a Rua 52. Já ia bastante ao Minton's e ficava na plateia. Aprendi um bocado por lá também. Os bateristas costumavam fazer fila para ter uma chance de tocar. Havia tanta gente por perto querendo dar uma canja por ali: Teddy Stewart, Max (Roach), Klook (Kenny Clarke). E, todas as noites, todo mundo tratava de mandar bem. Não importava onde estivesse tocando, se estava em Nova Iorque, tinha que dar uma passada pelo Minton's. Era um tanto de música boa".

"Fiquei tocando, aqui e ali, ao longo do ano, mas depois acabei voltando a me apresentar com Russell. Mas, desta vez, só durei com ele um ano. Quando saí de novo, comecei a tocar com o Pres. Foi uma experiência muito bacana. Pres podia fazer qualquer parada. Também aprendi muito estando naquela banda. Ele sempre sabia exatamente, conforme seu desejo, como cada um na banda devia soar. Toquei com Pres por cerca de dois anos. Ele era um músico muito criativo. Nunca fazia a mesma coisa duas vezes. Tocar com Monk era parecido, ou com Bird. Você nunca sabe o que eles vão fazer no próximo movimento. Monk era como ir à escola. Ele tocava qualquer lance e fazia qualquer parada."

Nessa altura da conversa, Roy colocou no ar uma tomada de gravação duma estação de rádio qualquer que transmitia, em sua programação, o que rolava ao vivo no BIRDLAND em 1951. Symphony Sid, com seu tom monótono e sinistríssimo, anunciou uma banda que ia tocar "Blue'n boogie". A banda era formada por Charlie Parker, Dizzy Gillespie, Tommy Potter e Roy Haynes.

"Max faria essa apresentação, mas não pôde ir. Ele me ligou no último instante e eu cheguei junto. Dá uma sacada no Bird. Tem hora que você não acredita no que ele faz. De vez em quando eu me perguntava como ia fazer para acompanhá-lo. Tipo assim, ele fazia qualquer lance. Tive a sorte de conseguir esta gravação. Achei um cara, andando por aí, vendendo por uma pechincha."

A banda partiu para cima e tocou "Ornithology" — e lá veio outro solo animal de Parker.

"É, eu estava meio que fazendo quase as mesmas coisas que faço agora. Você entende, eu fui o primeiro baterista a trabalhar no BIRDLAND, em 1949. E nessa época eu realmente estava ocupado. Entre 50 e 51 estive sempre trabalhando, pouco antes de ir com Sarah".

A conversa circulou por muitas áreas, musicais e não musicais, mas sempre voltava a insistência de Roy acerca da miopia dos críticos e as dificuldades que surgem quando se tenta ganhar a vida tocando jazz.

"Qual é? Estou há quase dezessete anos na cena do jazz. Você sabe que eu nunca venci em nenhum tipo de enquete. Eu nunca fui eleito 'Músico Revelação' ou coisa do tipo. E esse é o único lugar em que recebo votos nessas pesquisas… como 'Músico Revelação'. Não parece alguma coisa? 'Músico Revelação', e estou aqui há mais tempo do que a maioria dos músicos, como dizem, consagrados. Eu não sei o que rola. E então, entre os críticos, você saca, pessoas que deveriam saber o que está acontecendo, eu ainda mal sou mencionado. As pessoas estão sempre dizendo que sou subestimado... como se fosse algo para se orgulhar. Havia até uma foto minha em um anuário do *Metronome* alguns anos atrás, fazendo a cozinha de Bird, e você sabe o que eles colocaram na legenda? O nome de Klook. Se não fosse tão engraçado, realmente me deixaria muito puto. Aposto que se eu fizesse o tipo maluquinho, coisa e tal, ou o tipo excêntrico, tal e coisa, sabe como, eu receberia muita atenção. Mas não parece haver muita atenção dada a caras que parecem normais. Quero dizer, quem faz todos os seus shows e cria famílias. É um lance brutal".

Mencionei a Roy que concordava ser uma loucura quando um instrumentista como ele, que é realmente tão conhecido e respeitado por críticos e músicos, nunca havia vencido nenhum tipo de votação. Sem sombra de dúvidas, Haynes é mencionado na lista de qualquer crítico ou músico entre os melhores bateristas e, a julgar pela frequência de suas aparições com alguns dos músicos de vanguarda mais jovens, como Eric Dolphy e Oliver Nelson, certamente não havia mostras de que o talento de Roy teria diminuído.

"Vou te contar uma anedota engraçada sobre o que alguns músicos querem dizer, quando dizem que te respeitam. Certa vez estava eu, lá em Chicago, dividindo palco com uma banda muito bem paga. Então, o baterista da banda, que eu conhecia apenas casualmente, vem depois de uma de nossas apresentações e me disse, mais ou menos, assim: 'Roy, você é o máximo. Tenho te escutado já faz muitos anos e, com certeza, aprendi muito. Cara, se não fosse por você e Max, eu nem sei em que pé estaria minha maneira de tocar'. Foi legal ouvir aquilo, você sabe. Porém, alguns dias depois, li em uma revista, onde este mesmo baterista estava citado, ele dizendo que suas maiores influências foram Buddy Rich e Sonny Igoe. Eita, assim, vou falar o quê?"

Durante os últimos minutos de conversa, Roy começou a entrar e sair do quarto, e entrar de novo em diferentes fases entre se vestir e se desvestir, preparando-se para a viagem à Manhattan para as apresentações com Stan Getz. A certa altura, ele voltou para a sala mostrando uma placa cuidadosamente emoldurada. Era o prêmio que recebeu da revista *Esquire* por ser um dos homens mais bem vestidos do *show business*.

"Você viu a edição da *Esquire* em que o prêmio foi anunciado? Miles também ganhou um. Você sabe que isso realmente significa muito, porque acredito que lhes deve ter custado bastante ter de dar para os negros. Contudo, não ganho nenhum prêmio na música, minha profissão; só venço pelo que visto."

Roy estava quase vestido, em um terno extremamente elegante que, provavelmente, poderia render outro prêmio da *Esquire*. A faixa que ele tocou antes da nossa partida, enquanto o fotógrafo e eu esvaziávamos apressadamente nossas latas de cerveja, foi Ray Charles com Betty Carter cantando "Two to tango". Ray definitivamente tirou a música da categoria pop; e quando tocou sua última nota, Roy olhou para o relógio, despediu-se de sua família e foi embora.

Depois de alguns quarteirões, Roy estacionou o seu carro enorme em um posto de gasolina. Um frentista saiu e começou a mexer nos rabos de peixe do Cadillac. Roy conversava sobre negócios no mundo da música, quando o atendente bateu na janela. "Ei, chefe, qual dos rabos[20] você abre para colocar gasolina?"

---

[20] N. d. T.: Alguns modelos de Cadillac têm, como característica, duas abas traseiras também chamadas de "rabo de peixe". A sentença seguinte, a resposta do frentista, acaba soando ligeiramente vulgar. Escolhi manter por conta de "tail", como gíria, ter a mesma conotação em português. A mim não me parece "inocente" o jogo do original, também devendo ser considerada a resposta de Roy, ligeiramente irritada.

Roy apertou o botão que faz a janela abaixar. "Cara, qual é o problema… não passam muitos Cadillacs por aqui?" Então saiu do carro e mostrou.

Logo voltamos à estrada, Roy seguia olhando o relógio a toda hora. "Bem, ainda temos algum tempo. Eu odeio chegar tarde em qualquer show. Você sabe, se você está atrasado, simplesmente não tem desculpa. Você está errado. De várias maneiras, este é um ramo difícil. Ou seja: ninguém ganha realmente muito dinheiro. Alguns poucos caras… gente que aparece em capas de revistas o tempo todo… mas a maioria não ganha tanto. Trabalhar com Sarah foi o que me ajeitou financeiramente. Me ajudou a conseguir a casa e as coisas. Mas mesmo quando você está trabalhando de modo independente, e com alguma regularidade, nunca se trabalha tanto. E as gravações nem rendem muito. Sabe, gravei meu primeiro disco levando meu nome na capa somente há um par de anos. Aquele álbum em trio, na Prestige, *We Three*. Teve boa saída, deu boa; então gravamos outro, o *Just Us*. Contudo, gravei com a Blue Note em 1949 e, perceba, só depois, em 1959, isso mesmo, dez anos depois, voltei a ter um disco na gravadora. Há que ser forte."

Estávamos saindo da ponte, entrando em Manhattan, e Roy olhou para o relógio novamente. "Fizemos um bom tempo. Ainda tenho uns cinco ou dez minutos. Nunca se sabe muita coisa, quando se toca depois de Trane. Não tem como dizer quanto tempo o malandro vai durar no palco depois que começa. E, às vezes, ele toca sets curtíssimos. Então eu gosto de chegar bem cedo."

Entramos no Gallery no exato instante que o *John Coltrane Quintet* estava saindo do palco. Stan Getz entrou no clube logo depois de nós, mas a banda não subiu imediatamente porque o baixista estava atrasado. Sentei-me e conversei com Roy em uma das mesas, observando Getz olhando nervosamente para o relógio.

"Falando da questão sobre trabalhar regularmente: Stan quer que eu vá com ele para a Europa. Sabe como? Ele quer trabalhar seis meses na Europa, seis meses aqui. Mas sei lá. A real é que não quero passar tanto tempo fora de Nova Iorque. É a minha casa, eu realmente gosto de Nova Iorque. Estive pensando em me mudar para mais longe: talvez Long Island, talvez ali por Connecticut. Todavia ainda ia estar por perto, facilita se você tem um carro".

McCoy Tyner e Eric Dolphy vieram cumprimentar Roy, enquanto ele esperava Getz terminar de meter o dedo na cara do baixista. Pouco depois o set começou e Roy Haynes foi trabalhar.

Depois do primeiro set, Roy e eu descemos a rua até uma *delicatessen*. Ele pediu sopa com bolinhos matzá, olhou o relógio e respondeu algumas das minhas últimas perguntas. Segui com a colocação: já que Roy havia tocado com tantos mestres do jazz moderno, e havia estado envolvido com a cena do *bebop*, quase desde o início, afinal, o que ele pensava dos jovens inovadores, muitos dos quais já tinha tocado.

"Bom, não acho que Ornette esteja fazendo algo realmente novo. Eu gosto de algumas das coisas que ele faz, mas muita gente já fazia as mesmas coisas anos atrás. Oliver Nelson é um saxofonista muito bom, escreveu algumas coisas boas, mas essencialmente não acho que seja algo novo. Não há razão para que tenha de ser. Talvez ele esteja usando alguns sons diferentes ou algo assim… porém Duke Ellington já tinha usado essas aberturas anos antes."

"Jovens bateristas? Bem, há apenas alguns que eu poderia distinguir. Muitos desses jovens soam muito parecidos. Tem um cara, Donald Bailey, que toca com Jimmy Smith. Ele não faz muitos solos, mas gosto muito do que realiza com a banda. Além desse, gosto muito de Billy Higgins. Ele pensa bateria do mesmo jeito que eu. Nós conversamos muito. Ele não toca bastante, no entanto. Mas ele é real. Ele toca a verdade. Depende muito da concepção. Você precisa montar desenhos, tirar coisas da bateria. Não deve apenas bater no instrumento. Há muito mais na bateria do que isso. Billy sabe o que é".

Era hora de voltar ao trabalho, então Roy e eu deixamos a *delicatessen* e voltamos para a última música de John Coltrane. Trane percorria uma escala, de cima a baixo, na busca de alguma nota e o público alucinava com o que fazia. Roy e eu nos juntamos a uma multidão de músicos, mais um bando de antenados em êxtase, e ouvimos Coltrane "cantar". Deixei Roy com um aperto de mãos quando um caçador de autógrafos apareceu e disse: "Você estava tocando com Stan Getz, não estava? Poderia assinar isso para mim? Assim posso ter o nome de todos aqui."

1964 Sonny Rollins (our man in jazz)

> *Our Man in Jazz* (RCA Victor LPM-2612).
> Rollins, tenor; Don Cherry, trompete; Bob Cranshaw, baixo;
> Billy Higgins, bateria. "Oleo", "Dearly beloved", "Doxy"
> (gravado no The Village Gate, Nova Iorque).

Em uma resenha que escrevi sobre o disco anterior de Sonny Rollins, *What's New*, gravado pela RCA Victor, tentei enfatizar que o que estava sendo gravado não passava nem perto do que Rollins vinha fazendo ao vivo, e que quando a música gravada começasse a soar como nos shows, então talvez muita gente, de uma forma ou de outra, se sentiria confusa. *Our Man in Jazz*, gravado ao vivo, como se diz, no Village Gate, finalmente começou a contar a história completa. Pelo menos daquilo que conseguiu reunir até agora. E, com certeza, não vai parar por aqui, estacionado neste disco que é, diga-se de passagem, maravilhoso. Mas vamos lá: o que foi realizado é de arrepiar.

    O balanço emocional e estético da nova banda de Sonny é impecável e tão comovente que, a cada audição, o disco parece crescer, em sua profundidade musical e entusiasmo, em vez de minguar. *The Bridge*, o primeiro álbum de Sonny pela RCA Victor, foi feito apenas para mostrar a um público expandido, era o tom do otimismo, que Sonny sabia tocar bonito — o que é, convenhamos, como fazer Picasso pintar cartões-postais. Ele poderia fazer isso, e provavelmente muito bem, mas não era, de fato, o seu trabalho. O segundo álbum, *What's New*, traçava até certo ponto algumas das novas áreas para onde a música atual de Sonny tinha se deslocado, especialmente na música "If i would ever leave you". Porém isso tinha sido feito no contexto da guitarra vicejante e romântica de Jim Hall. (Um viço e um romantismo que tornaram músicas como "The night has a thousand eyes" quase perfeitas.) *Our Man* mostra um deslocamento no som de Sonny, resolutamente apartado de qualquer ornamentalismo, em direção ao classicismo áspero de uma música que pode se assemelhar a de Ornette Coleman ou ao aspecto "controverso" de John Coltrane — considerando o desprezo anárquico de Rollins para com a música popular obsoleta, o novo *soul* da grande indústria e, ainda, o objetivo desses modelos consumadamente funcionais e orgânicos. Contudo, ele é um artista muito singular para ser meramente *semelhante*; antes faz, por si mesmo, seus próprios movimentos, emprega todas as "influências" que o mobilizam e, com a exata intenção de estender suas próprias afirmações, provê à sua própria música estímulos emocionais revigorados. E ele, com certeza, tem conseguido.

"Dearly beloved" e "Doxy" são quase como exaustivos exercícios de preparação para a obra mais longa, "Oleo", que aqui é interpretada com intensidade e inquietação imaginativas que outras obras, também respeitáveis, como "Blues for Philly Joe", "Wagon wheels", "Blue 7" ou "If i would ever leave you", ou mesmo "Freedom Suite", parecem esboços de escolas de arte. Esta é uma peça musical soberba e demonstra, de forma bastante impressionante, o "futuro potencial" que o crítico Martin Williams disse, há algum tempo, que seria o resultado da propensão de Sonny pela improvisação temática. (Ver em "Sonny Rollins e o desafio da improvisação temática"[21], *Jazz Review*, novembro de 1958.) "Oleo" torna-se não apenas um conjunto de acordes fixados sob uma série de mudanças, mas um trabalho crescente e em constante variação, baseada na forma musical da peça em sua totalidade. Em certo sentido, a música depende, para sua forma,

---

[21] N. d. T.: "Sonny Rollins and the Challenge of Thematic Improvisation", conforme o original.

das mesmas referências que as formas primitivas do blues. Considera a *área total* de sua existência como um meio para evoluir, i.e., para se mover, feito um conceito musical inteligentemente moldado, do início ao fim. Esta área total não consiste em mera alternância dos acordes, mas em considerações de ritmo, tom, timbre e melodia que sejam *mais* musicais. Tudo isso moldado pelas exigências emocionais dos músicos, i.e., do solista improvisador (ou grupo improvisador). Torna-se música "com e sem ocasião", no sentido mais antigo e absoluto do que é música. O que Rollins (e Coltrane, Coleman, Cecil Taylor, e alguns outros) fez (e fizeram) foi restabelecer a hegemonia absoluta da improvisação no jazz e propô-la novamente como a música ocidental mais livre. O que compreendeu Busoni, quando disse: "A música nasceu livre; e conquistar sua liberdade é seu destino."

Esta nova banda que Rollins reuniu está tocando ao vivo o mais provocante jazz do momento. Don Cherry é, com tranquilidade, o trompetista mais consistentemente corajoso em atividade. Os solos em "Doxy" ou "Oleo" devem confirmar isso para quem quiser ouvir, sem esperar que se trate de Miles Davis, Dizzy Gillespie ou Louis Armstrong. Isso é novo, amigos.

O ataque nitidamente *bop*, cortante e rococó, já é notoriamente característico do baterista Billy Higgins, e permite que a banda se mova para qualquer lado com a confiança musical e completamente intuitiva de que Higgins está preparando aquele espaço para seus companheiros. Seu solo em "Oleo" é realmente fantástico (mas o de "Doxy" também é); o ataque, a graça, a figura rítmica total que ele fornece, tudo funciona quase à perfeição.

O baixista Bob Cranshaw não pode produzir a excitação ou espanto que o resto do grupo produz, mas ele está sempre fortemente em evidência com um som cheio e bonito, além de um ouvido inabalável que torna possível o resto da ação. É mais impressionante quando o que toca é a única base para qualquer improvisação que se mova sobre ele. Então ele se torna, concomitantemente, expansivo e, literalmente, canta.

Assassinos é como tenho chamado esse grupo em particular. *Os assassinos.*

Assim, agora a música está aqui, e o "segredo" foi revelado por completo. Já aguardo o pessoal "anti-jazz" vir à tona trazendo provas de que a música de Sonny deva ser chamada assim. Eu lhes desafio.

1963 Um grande do jazz: John Coltrane

Giant Steps (Atlantic 1311).
Coltrane Jazz (Atlântico 1354). Coltrane, sax-tenor; Wynton Kelly, piano; Paul Chambers, baixo; Jimmy Cobb, bateria. (Em "Village blues": McCoy Tyner, piano; Steve Davis, baixo; Elvin Jones, bateria.) "Little old lady," "Village blues," "My shining hour," "Fifth house," "Harmonique," "Like Sonny", "I'll wait and pray", "Some other blues".

My Favorite Things (Atlantic 1361).
Coltrane, sax-soprano & sax-tenor; McCoy Tyner, piano; Steve Davis, baixo; Elvin Jones, bateria. "My favorite things", "Everytime we say goodbye", "Summertime", "But not for me".

Quando um artista é considerado "grande", geralmente é o resultado de um ou dois, talvez três processos distintos. Um deles é posto em movimento quando a obra do artista surpreende e deleita seus pares, i.e., outros artistas do ramo, que são levados a aclamar imediatamente sua grandeza, e a fazer tanto barulho sobre isso, a ponto de levar professores, críticos, e às vezes até o público, a ficarem alertas, levando-os a pegar o bonde andando (e.g.: James Joyce, Charlie Parker). O outro processo se dá quando o artista, embora possa ser muito apreciado por seus contemporâneos, é pouco conhecido fora de seu nicho; porém, ainda assim, consegue anos depois ser "redescoberto" por uma nova geração de artistas ou por algum intrépido pesquisador que, por acaso, esteja vasculhando ou "reavaliando" um determinado período (e.g.: Melville, Bunk Johnson, Ryder e, talvez, Lucky Thompson, infelizmente).

Ainda há outros meios para chegar à "grandeza": consiste na improvável coincidência de que o artista seja aclamado como grande por seus pares, críticos e pelo público, ao mesmo tempo… e não apenas enquanto ainda está vivo, mas inclusive quando está apenas *começando* a provar concretamente essa grandeza. John Coltrane se encaixa nesta última categoria, acredito eu; de fato, há um consenso generalizado de que Coltrane já era grande, antes mesmo de ter feito muita coisa para provar isso. Lembro de um jovem vibrafonista me dizendo: "John Coltrane é um gênio", logo após ouvir a primeira volta do solo de John em "Round about midnight", com Miles Davis, seis anos atrás. Contudo, creio que esta trilogia de discos sustenta, de maneira bastante impressionante, o julgamento precoce e emocionado do meu amigo. Coltrane é um grande homem (como disse, recentemente, outro amigo meu ao escutar *John at the Half Note*… "Um grande homem").

Na verdade, é claro que nem *todos* os professores, nem *todo* o público comprou, ainda, essa ideia sobre John. Ouvi, de modo constante, críticos bastante respeitáveis, inclusive inteligentes, criticarem Coltrane por razões que, às vezes, são extramusicais, às vezes até extra-racionais. Mas, em minha opinião, o maior rebaixamento acerca do que tem feito John Coltrane vem daqueles que *não conseguem escutar* o que ele está fazendo. Gente que, por mais que tenha boas intenções e/ou seja inteligente, simplesmente não escuta a música. Outra razão, entretanto, pela qual há pessoas, algumas geralmente confiáveis, serem incapazes de ouvir Coltrane, pode ser pelo simples fato de ele ser uma figura singularmente inclassificável, quase portadora de um poder *alienígena*, que se apresenta em dois campos distintos e quase antagônicos. John está, em algum lugar, entre o chamado *mainstream* (que, meus companheiros de viagem, *não são mais* os velhos embaixadores baseados no *swing* dos anos 1930 que, estranhamente, ainda conseguem sobreviver; mas os tradicionalistas desta era, *neo-boppers* dos anos 1950) e aqueles jovens músicos, que tenho chamado de vanguarda. John Coltrane não está em nenhuma das pontas, embora certamente seja uma grande força em cada uma delas. A maioria dos caras dos metais da vanguarda tem uma grande dívida com John e muitos dos novos no *mainstream* pensam que são John Coltrane. A influência de Trane se move em ambas as direções… às vezes prejudicialmente (Benny Golson, Cliff Jordan, etc.), às vezes com grande efeito (Wayne Shorter, Archie Shepp).

É evidente que a transformação em Coltrane, de ser apenas mais um saxofonista tenor "antenado" passando à posição de inovador chave nesse instrumento, deve ser rastreada desde o empenho em suas primeiras gravações, em que todas essas cambiações, resoluções e transmutações na abordagem de seu instrumento, e para o jazz em geral, esteja documentada e em ordem para gerar uma imagem mais completa do que ocorreu com ele — do tempo sucedido entre aquela primeira volta com Miles, até seu último álbum pela ATLANTIC, *My Favorite Things*. E mesmo os detratores mais conhecidos de Coltrane devem concordar que muita coisa aconteceu durante esse tempo… gostem ou não. Mas acho que a trilogia, i.e., começando com o primeiro álbum da ATLANTIC (*Giant Steps*), passando pelo próximo (*Coltrane Jazz*), e chegando finalmente ao último (*My Favorite Things*), mostra em um microcosmo todo o desenvolvimento de Trane, de acompanhante a inovador. Antes da trilogia, e depois, digamos, do álbum gravado pela COLUMBIA com Miles Davis, *Milestones* (o solo de "Straight, no chaser"), tornou-se cada vez mais evidente, para qualquer um que quisesse ouvir, que Coltrane estava definitivamente entrando em novas áreas de expressão em seu instrumento. Aquele solo, embora em alguns sentidos tenha sido o solo mais "desequilibrado" e mal pensado que Coltrane já produziu em discos, ainda continha mais pensamentos arejados, sobre como se deve tocar sax-tenor pós-Hawkins/Young, do que qualquer outro tenha mostrado ao redor (com a provável exceção de Sonny Rollins). As massas ostensivas de semicolcheias, o *novo* conceito, finalmente enunciado, de usar grupos inteiros ou aglomerados de notas disparadas rapidamente, como uma insistência de acordes, em vez de uma progressão melódica estrita. Ou seja: as notas que Trane tocava no solo, tornaram-se mais do que apenas uma nota após a outra, em qualquer posição, para criar uma melodia. Elas, as notas, vinham tão rápidas, com tantos harmônicos e subtons, que adquiriam o efeito de um pianista atacando acordes em grande velocidade, mas de alguma forma articulando separadamente cada nota do acorde, e cada um de seus subtons nos harmônicos. Foi a clausura das mudanças, ou dos acordes recorrentes, que enviaram Ornette Coleman, e tantos outros recentemente, a querer saltar no precipício do tédio... então eles tocam como se não estivessem prestando atenção aos acordes (o que, claro, não é verdade). Mas a reação de Coltrane, ante o aperreio dos acordes constantes e estáticos, embora elegantes na seção rítmica, foi tentar tocar quase todas as notas do acorde separadamente, bem como os tons relacionados ou os harmônicos que o acorde produzia. O resultado, é claro, foi o que alguém chamou de "camadas de som" ou, mais depreciativamente, "escalas, nada mais".

Depois de "Straight, no chaser", Trane começou a se dar conta do que estava exatamente fazendo. Mas muitas vezes a selva de acordes apenas o fazia correr, de um lado para o outro, na esperança de entrar, de alguma forma, naquela coisa que havia descoberto, mas que ainda estava tentando desenrolar. Eu o ouvi várias vezes durante esse período, logo depois que ele deixou Monk. Uma noite ele tocou a entrada, bem a cabeça mesmo, de "Confirmation" — e tocou, uma e outra vez mais, repetindo-a cerca de vinte vezes, e esse foi seu solo. Era como se ele quisesse separar aquela melodia e tocar cada um de seus acordes, como um desafio de improvisação à parte. E embora fosse uma coisa maravilhosa de se ver e ouvir, também era um pouco como fritação; algo parecido com assistir um homem adulto aprendendo a falar... e acho que era exatamente isso que estava acontecendo.

A influência de Thelonious Monk sobre Coltrane — ou, pelo menos, as mudanças pelas quais passou John, em sua forma de tocar, após sua longa temporada se apresentando com a banda de Monk, no Five Spot — não pode ser muito enfatizada. Monk, ao que parece, abriu a cabeça de Trane para possibilidades de variação rítmica e harmônica que nunca havia considerado antes. (E, a mim me parece, um dos piores crimes da história recente das gravações reside no fato de Bill Grauer não ter gravado nenhuma das músicas fantásticas que Monk, Trane e Wilbur Ware estavam fazendo juntos naquele verão no Five Spot. Grauer esperou até que Johnny Griffin substituísse Coltrane antes de enviar a fita. Ah, tá...)

Antes da trilogia, o melhor álbum gravado por Coltrane foi, na minha opinião, *Hard Driving Jazz*, com Cecil Taylor. Claro, isso não diminui a conquista, ou as performances individuais, tais como os solos de Trane em "Soft lights and sweet music", "Russian lullaby", "Blue Trane", "Slow dance", e tantos outros; contudo nenhum outro solo anterior à trilogia, com exceção de "Straight, no chaser", foram tão proféticos do que estava por vir, quanto os que Trane realizou em "Double clutchin'" e "Shifting down" em *Hard Driving Jazz*. De fato, as ideias colocadas para jogo, e quase que articuladas com amplo sucesso nesses dois solos, não foram sequer igualadas nos dois primeiros álbuns da trilogia. "Summertime", em MFT[22], é a resolução real dessas ideias. As longas linhas de "cordais" e *chorus* estendidos de "Straight, no chaser" foram apenas o incunábulo do que acontece em "Shifting down" e "Double clutchin". Não somente emprega os mesmos ataques nesses solos, mas também encontra ali o surgimento real, e pioneiro, do interesse de John com os harmônicos, ou, pelo menos, havia alguma indicação do que ele pretendia fazer com essa longa, e tão espetacular, linha "cordal"[23].

No álbum *Coltrane Jazz*, Trane enfrenta, cara a cara, os problemas harmônicos. Ele se concentra integralmente neles, inclusive sacrificando as características da "música de sopro" (certa vez alguém me disse: "John faz música a partir dum instrumento de sopro… não no piano, nem na guitarra, nem na bateria, mas num *sax-tenor* que é, afinal, um instrumento de sopro — e logo se vê que ele tem consciência disso, nem sequer cogitando algo diferente, como, vá lá, um som de trompete. Bird sabia que estava tocando um sax-alto, e ele nunca tentou tocá-lo como se fosse qualquer outra coisa, que não um sax-alto. Você entra em coisas bem estranhas quando percebe exatamente qual instrumento está tocando…"), para chegar na embocadura dos efeitos harmônicos que buscava. "Harmonique" para aplicação estritamente técnica, "Fifth house" para uma aplicação mais musical. E "Fifth house", por ser uma aplicação mais musical, também prenuncia o triunfo completo de John em "Summertime" e "But

---

[22] N. d. T.: Acrônimo de *My Favorite Thing*.

[23] N. d. T.: Conforme o original, "chordal". Embora possa ficar sugerido certo estranhamento com o termo empregado em português, no caso, "cordais" ou "cordal", o que fica explicitado por Baraka é esse plano de conversão de um instrumento melódico em instrumento harmônico. As dinâmicas empregadas por Coltrane, ao menos como Baraka vem compreendendo o jogo, instruem essa compreensão, como se os "acordes" se transformassem, sob ataque, em "notas-acordes".

not for me", onde a longa linha cordal parece às vezes se estilhaçar em centenas de diferentes notas relacionadas... não apenas horizontalmente, mas verticalmente. A insistência harmônica enfatizada no *Coltrane Jazz* é, repentinamente, integrada a essa linha incrível, em que não apenas parece ser escutada cada nota e subtom de um acorde sendo tocado, mas também cada uma dessas notas estilhaçadas, em meios e quartos de tom voando para todos os lados.

Giant Steps, o primeiro álbum da trilogia, preocupava-se principalmente com ideias rítmicas. Em "Naima", "Giant steps" e "Spiral", John parecia estar em busca de formas de projetar sua linha sobre *chorus* inteiros, sem a necessidade de repetir o ritmo básico dos temas. Novamente, esse problema parece resolvido maravilhosamente em "Summertime" e "But not for me"... e da mesma forma que ele propôs em "Double clutchin'".

A música título do último álbum da trilogia, *My Favorite Things*, é no mínimo um *tour de force*. Mas é também, ao mesmo tempo, um começo. O uso do sax-soprano é, claramente, um dos motivos pelos quais eu chamo de "um começo", mas também porque John parece, em seu solo, ter se interessado realmente pela melodia pela primeira vez... i.e., ele está voltando sua atenção para aquele velho problema do jazz: improvisar sobre uma linha melódica simples e terrivelmente rigorosa. A escala que se repete em "My favorite things" é tão simples e decisiva, que o único modo de sair dela é elaborar aquela pequena e terna melodia. (Escute os bordados fantasticamente belos de McCoy Tyner nessa escala e melodia, às vezes se decompondo em exercícios de piano quase piegas, às vezes ultrapassando dois séculos para soar como música rococó de saraus, mas contendo tanta invenção e sutileza quanto qualquer solo de piano que ouvi nos últimos anos... Monk, Cecil Taylor e John Lewis são as exceções.) E o uso do soprano por Coltrane não apenas libera esse instrumento da obscuridade que o cercava desde Sidney Bechet (apesar dos valentes esforços de Steve Lacey), mas também abre um modo inteiramente novo de expressão para John. O soprano, como disse o cara, é o soprano... assim como o tenor é o tenor... e as coisas que podem ser ditas em cada instrumento são muito, muito diferentes. Então, se *My Favorite Things* é apenas o começo da história de Coltrane com este instrumento menor... devemos apenas aguardar até que ele realmente aprenda a tocá-lo. "Summertime", a mim me parece, dá-me uma razão para chamar John Coltrane de um grande saxofonista tenor, e é bastante provável que possamos em breve chamá-lo de um grande saxofonista soprano. Tenho certeza de que muitas pessoas estariam dispostas a fazer isso agora mesmo, apenas com base em *My Favorite Things...* é uma tentação muito forte para mim também.

1964 Coltrane ao vivo no Birdland

Coltrane Live at Birdland (IMPULSE A-50).
John Coltrane, saxofones tenor e soprano; McCoy Tyner, piano; Jimmy Garrison, baixo; Elvin Jones, bateria. "Afro-blue", "I want to talk about you", "The promise", "Alabama", "Your lady".

Uma das coisas mais desconcertantes sobre os Estados Unidos é que, apesar de seu perfil essencialmente vil, tanta beleza continua existindo aqui. Talvez seja, como tantos pensadores já disseram, que é por causa da vileza, ou chame-a de adversidade, que tal beleza existe. (Como compensação?)

Com isso em mente, até mesmo o título deste álbum pode ser traduzido como "simbólico" e, mais diretamente, significativo. *John Coltrane Live at Birdland*. Para mim, o BIRDLAND é um lugar onde nenhum homem deveria entrar desarmado, especialmente um artista, e é isso que John Coltrane é. Mas, também, o BIRDLAND é apenas os Estados Unidos em miniatura, e sabemos quão alta é a taxa de mortalidade para artistas neste túmulo instantâneo. No entanto, o título nos diz que John Coltrane está lá, *vivo ao vivo*[24]. Neste mini Estados Unidos, onde a felicidade mais delirante só pode ser causada pelo dólar, há um homem que segue com o atrevimento de fazer referência a outro tipo de pensamento. Impossível? Escute "I want to talk about you".

---

[24] N. d. T.: Parece quase impossível recuperar o efeito de ironia adicional de Baraka, escolho fazê-lo por acumulação. O original é entregue deste modo: "Yet, the title tells us that John Coltrane is there live", logo depois de dizer que aquele estabelecimento, o Birdland, bem como os Estados Unidos, produzem morte e enterram seus artistas e sua população (particularmente a preta, fica subentendido). Quer dizer, aponta que Trane está ali, vivíssimo, gravando um disco a partir de sua apresentação de corpo presente.

Coltrane aparentemente não precisa de uma torre de marfim. Agora que ele é um mestre, e o mínimo som de seu instrumento gera valor, é capaz, literalmente, de dizer o que quiser em qualquer lugar. Incluindo o Birdland. Parece não importar-lhe (nem deveria) que, pelo fundo do salão, perambulem pessoas, bandejas e copos, que tenham tão pouco a ver com sua música quanto o silêncio.

Mas já não me lembro o motivo de ter ido nessa direção. Boates são o que são: boates. E o valor delas é que são pensadas, criadas e abertas estritamente para fazer grana (nem sempre na conta dos músicos); se formos lá e pudermos nos sentar, como fui para esta sessão, e nos aguentarmos, sobretudo se vamos escutar um mestre, é bastante provável que sejamos levados para além da idiotice e mesquinhez dos nossos graciosos inimigos. John Coltrane pode fazer isso por nós. Ele já fez isso por mim muitas vezes, e sua música é uma das razões pelas quais o suicídio parece uma coisa tão chata.

Há três temas no álbum que foram gravados *ao vivo* no Birdland: "Afro-blue", "I want to talk about you" e "The promise". Embora um pouco da histeria não-musical tenha sumido da gravação — quer dizer, depois de andar de metrô pelas entranhas de Nova Iorque (estando esse metrô lotado de todos os trecos que qualquer sujeito imaginaria achar nas entranhas de uma coisa assim), em seguida saltar pelas escadas que dão para a rua, e caminhar vagarosamente, com a cabeça baixa, em meio ao trânsito e ao fracasso que moldam esta cidade, e daí entrar por "The jazz corner of the world" (um templo erguido em louvor desse Deus (?)) — fico, então, finalmente emaranhado à barulheira e ao resplendor para escutar um homem destruir tudo por completo, como em Sodoma, tão somente com as primeiras notas de seu sax — e ver que seu senso "crítico" pode ser apagado completamente, e essa experiência pode afastá-lo de qualquer coisa repulsiva. Ainda assim, permanece todo valor musical de tudo que ouvi, e as emoções... algumas delas completamente novas... que experimento a cada nova audição "objetiva" dessa música, são tão valiosas quanto qualquer outra coisa que eu conheça. Tudo isso está neste álbum — e as peças de estúdio, "Alabama" e "Your lady", estão entre as mais fortes aplicadas no álbum.

Mas como os discos são artefatos, gravados "ao vivo" ou não, assim devem ser tratados. As poucas pessoas que estavam no Birdland, na noite de 8 de outubro, ou melhor, as poucas pessoas lá naquela noite, que realmente *escutaram* o que Coltrane, Jones, Tyner e Garrison estavam fazendo, provavelmente dirão, se você os encontrar, apenas o que aconteceu realmente e como todos nós reagimos. Eu gostaria de ter uma lista dessa gente toda, para que as partes interessadas pudessem chamá-las e recolher toda a história; porém quase todo mundo que ouviu John e os outros em uma boate, ou algum tipo de apresentação ao vivo, tem suas próprias histórias. Só sei que eu tenho muitas delas.

Porém, enquanto artefato, este mesmo que está segurando em sua mão agora, eu diria antes de qualquer coisa que, se você puder ouvir, irá se emocionar. "Afro-blue", o tema mais longo do álbum, insere-se na tradição das peças com sabor afro-indiano-latino que Trane fez no soprano, desde que pegou o sax e decretou-o como um instrumento do jazz. (Nesse sentido, "The promise" pertence ao mesmo gênero.) Mesmo que a melodia principal seja simples, e tenha um aspecto cancioneiro, é uma música, a mim me parece, que torna o que parecia um lirismo quase ininteligível em algo, de súbito, maravilhosamente inteligível. Também McCoy Tyner, que é o formalista polido da banda, constrói aqui seus movimentos mais despreocupadamente líricos, contudo impulsionado, quase acossado, assim como

Trane, pelo alucinado drama ritual que lhes provoca Elvin Jones. Não há como descrever Elvin em sua maneira de tocar — suponho que nem mesmo Elvin, tampouco, saiba descrevê-la. O longo jogo de gato e rato em "Afro-blue", com Elvin quebrando tudo e praguejando atrás das linhas de Trane, é inacreditável. Não tem nada a ver com beleza, mas é. (Eu me levantei e dancei, enquanto escrevia essas notas, gritando para Elvin esfriar a cabeça.) Você sente quando isso termina, em meio aos pratos trovejando, cada tom-tom sendo bombardeado e, acima de tudo, o sax-soprano de Coltrane como se cantarolasse uma canção familiar, aquela que nunca deveria ter fim, essa música que poderia ter continuado a seguir e seguir como o pulsar selvagem de tudo que tem vida.

Trane fez "I want to talk about you", de Billy Eckstine, alguns anos atrás, mas não é nenhuma novidade que seu estilo mudou muito de lá para cá, portanto essa conversa com "Talk"[25] é algo completamente diferente. Agora é a peça de um tenor virtuoso (e o sax-tenor ainda é o verdadeiro instrumento de Trane), e em vez da repetição elementar, tocando nota por nota da linha da balada, embora comovente, nesta execução cada nota é testada, conferindo um leve tremolo ou um vibrato emocional (notas do acorde à escala de referência), o que faz parecer como se cada uma das notas contasse com a possibilidade de ser qualificada de "infinita", i.e., expande-se em escalas ou linhas cordais… nos ameaçando com aquelas "camadas de som", mas também provando que a balada, tal como foi escrita, era apenas o começo da história. A caçada, neste tema, acontece num solo desacompanhado de Trane — e essa performance é uma lição de sax-tenor,

---

[25] N. d. T.: Conforme o original: "(…) and so this "talk" is something completely different". A mim me pareceu que perder o sentido de "conversa", entre as versões ao longo do tempo de "I Want to Talk About You", seria danoso (ainda que pareça redundar a informação de termos idênticos, em línguas distintas).

que parece, a cada vez que é escutada sua apresentação, retornar mais e mais precisa.

Se você já ouviu "Slow dance" ou "After the rain", então, talvez, esteja preparado para o tipo de sentimento que "Alabama" carrega. Eu não tinha me dado conta, até agora, de quão bela é a palavra *Alabama*. Essa é uma das funções da arte: revelar a beleza, comum ou incomum, em sua extraordinariedade. E é isso que Trane faz. Bob Thiele perguntou a Trane se o título "tinha algum significado em relação aos problemas atuais". Suponho que a questão posta por ele seja literal. Coltrane respondeu: "Representa, musicalmente, algo que vi lá e traduzi em música o que vinha de dentro de mim". Ou seja: "dê ouvidos"[26]. E o que nos é oferecido é uma delicada, e lenta, tristeza introspectiva, quase uma desesperança — exceto por Elvin, que se eleva ao fundo como algo fora da natureza... um trovão ganhando corpulência... nuvens de temporal, nuvens de guerra na selva. Todo um retrato emocional aterrador de algum lugar, através da comoção desses músicos. Se esse Alabama "real" foi o catalisador, ganha mais força, e que ela seja tão bela quanto em sua ruína.

"Your lady" é a música mais doce do evento. E é pura canção, daquelas que, pode-se dizer, funcionam como acompanhamento para a voz de um elegante cantor ou um dançarino da cidade. Elvin Jones pega pesado com seu tintilar, paralelo ao contraponto na levada das linhas, mais a sua habilidade ao encaminhar solos de maneira constante sob os voos de Trane — comentando, estendendo ou apenas se soltando por conta própria — é uma parte fundamental do efeito e da sonoridade do todo,

---

[26] N. d. T.: No original, Baraka usa o termo "listen", o que implica uma série de entradas possíveis, a maioria delas cumprindo sentido. Opto por "dê ouvidos", com força de expressão, por haver uma dubiedade, ao menos assim interpreto: ao mesmo tempo que é "escute [a música]", também implica algo como "preste atenção". O modo como está resolvido, a meu ver, consegue capturar as duas entradas.

dessa banda formada por Coltrane. A estabilidade e a energia de Jimmy Garrison, que devem ser fantásticas na sustentação, estimulam e impulsionam esse grupo de personalidades poderosas (e diversas), que já são quase lendárias. Em músicas como "Lady" ou "Afro-blue", o baixo de Garrison ressoa de forma tão simétrica, tão aferrada, tão emocional e, novamente, com tanta força que alguém poderia imaginar que ele deve ser capaz de abrir cofres com os dedos.

Todas as músicas deste álbum estão *vivas* ao vivo, sejam elas gravadas sobre um volume de bêbados e palhaços no BIRDLAND ou no estúdio. Há uma qualidade desafiadoramente humana na música de John Coltrane, que se faz sentir onde quer que seja gravada. Se souber escutar, essa música pode fazer-lhe pensar num monte de coisas estranhas e espantosas. É até possível que se torne uma delas.

Notas sobre uma atuação recente (1964)

Em uma resenha de *Lush Life*, que foi publicada em *The Urbanite*, avisei que se John Coltrane começasse a tocar *sua própria* música, um monte de gente ficaria morrendo de medo. Baseei essa afirmação não tanto nos esforços gravados de Trane (embora os solos de *Hard Drivin' Jazz* tenham me alertado sobre como o futuro Coltrane poderia chegar a soar), mas com base em suas fantásticas apresentações ao vivo. Quase imediatamente após a publicação desta resenha, a ATLANTIC lançou o LP *Coltrane Jazz*, e confirmou, de forma bastante impressionante, algumas das coisas que havia anunciado antes. Então, é claro, veio o álbum *My Favorite Things* e toda a jogada musical. Mas em um compromisso bastante prolongado no VILLAGE GATE (também conhecido como THE CAVE OF THE WINDS [O antro dos Ventos]), mais uma vez as performances de Coltrane superaram qualquer coisa ouvida em seus discos.

Trane não apenas avançou no desenvolvimento de extensas linhas cordais, mas também seu uso de harmônicos parece beirar a perfeição, especialmente no soprano. Em alguns dos solos com esse instrumento, Coltrane começa uma de suas longas linhas e, sem diminuir a força ou o impulso-guia do solo, a linha subitamente aparenta se espalhar em mais duas ou três delas em separado. É a maestria de Trane nos harmônicos — demonstrada pela primeira vez em *Coltrane Jazz,* e continuada em tão alta qualidade no *My Favorite Things* — agora levada ainda mais longe. Às vezes já não se sabe, dentre as notas ouvidas, qual é, de fato, a nota real, ou qual linha é a linha verdadeira, i.e., aquela que apareceria indicada em um gráfico. Além disso, o resto da banda, especialmente Elvin Jones e McCoy Tyner, podem lhe causar arrepios.

Agora não parece haver dúvidas na minha cabeça, de que John Coltrane, na atualidade, seja a voz mais impressionante no saxofone tenor. E digo isso com apenas um olhar hesitante por cima do ombro na direção do Jazz Gallery, onde há rumores de que o ermitão, Sonny Rollins, logo reaparecerá. (E se colocarmos Sonny, Trane e Ornette Coleman trabalhando ao mesmo tempo, quero que as pessoas parem de me dizer como Paris é descolada!)

1961 A vanguarda do jazz

Há definitivamente uma vanguarda no jazz hoje. Um grupo cada vez maior de jovens que estão começando não apenas a utilizar as ideias mais relevantes da música contemporânea "formal", mas mais importante, jovens músicos que começaram a empregar as ideias mais interessantes contidas nessa música surpreendente chamada *bebop*. (É perceptível, claro, que para alguns de meus colegas mais entendidos, quase tudo o que veio depois de 1940 é *bebop*, mas não falo sobre isso.) Acho que essa última ideia, o uso do *bop*, é o aspecto mais significativo desta vanguarda específica a que me refiro, já que a maioria dos músicos presumidamente modernos podem nos contar tudo sobre Stravinsky, Schoenberg, Bartok etc. Ou, pelo menos, acreditam poder. Digo vanguarda *específica* porque percebo que há, supostamente, também uma outra "música nova", chamada por alguns de meus colegas mais rigorosos de *Third Stream* [Terceira Corrente], que busca investir no jazz a maior quantidade de música "clássica" da maneira mais descarada possível. Porém, para os músicos de jazz chegarem à bela e lógica conclusão de que o *bebop* é provavelmente a música mais legitimamente complexa e emocionalmente rica que saiu deste país, na minha opinião, é um começo brilhante para a "nova" música.

O *bebop* agora está radicado tanto quanto o blues. A música "clássica" não. Contudo a música "clássica", e por isso quero dizer a música "artística" euro-estadunidense contemporânea, pode parecer ao homem preto posto à parte, que tenta existir dentro de uma cultura branca (artística, como queira), como se devesse ser "ordenhada" a maior quantidade de *definições* possível, i.e., *soluções* aplicadas aos problemas que a vida do músico de jazz contemporâneo certamente suscitará. Dito de modo mais simples: Ornette Coleman teve que conviver com as obrigações estabelecidas pela música de Anton Webern, quer tenha conhecido ou não. Algumas destas proposições lhe foram entregues junto com toda a história da música convencional do ocidente, e as músicas que passaram a caracterizar o negro nos Estados Unidos vieram a existir, como existem hoje, apenas por meio da aculturação de toda essa história. Conhecer de verdade tal história, dessas músicas convencionais euro-estadunidenses, e tentar se relacionar com ela culturalmente, só serve à *doutrinação*. Mas jazz e blues são músicas ocidentais, produtos de uma cultura afro-estadunidense. Contudo as definições devem ser negras, não importando a geografia para que homens pretos cheguem a um maior entendimento. E, neste sentido, qualquer coisa europeia é irrelevante.

Somos modernos, todos nós, gostemos ou não. O trompetista Ruby Braff, ao fim e ao cabo, é tão responsável pelas mesmas ideias e proposições que moldaram nosso mundo como Ornette Coleman. (Ideias são coisas que devem inundar a todos, direta ou indiretamente.) A mesma história se passou no mundo para os dois — tão certo quanto cada acontecimento anterior foi assentado em ambos, como se fossem a mesma pessoa. Para Ornette Coleman, como foi antes para Charlie Parker ou James Joyce, a relação entre sua vida e obra parece direta. Para Braff, ou para os imitadores de Charlie Parker e Bud Powell, ou até para o senador Goldwater, a relação, bem como o sentido, entre todas as ideias que a história empilhou à exaustão diante deles, e certa utilização em suas próprias vidas, é menos direta. Mas se uma bomba atômica cai em Manhattan, morrerão tanto os mofados, quanto os moderninhos — e só porque algum trompetista põe a cabeça para fora da janela e diz "o que tá rolando?", não significa que não saiba qual é o lance. Vai todo mundo junto na explosão. (Estou tentando explicar a "vanguarda": homens, para quem, a história existe para ser *utilizada* em suas vidas, em sua arte, para fazer algo para si mesmos — e não como uma avassaladora lembrança de que as pessoas e suas ideias viveram antes de nós.) "Como tocar exatamente o que eu sinto?", foi o que me disse um desses músicos. Como? (Esta é uma consideração *técnica*.)

Antes de continuar, gostaria de explicar o que entendo por *técnica*, para que não me confundam com gente que diz coisas como: "Thelonious Monk é um bom pianista, mas limitado tecnicamente". Quando digo *técnica*, refiro-me mais especificamente à capacidade de usar as ideias importantes que estão contidas no resíduo da história ou na maré cheia do viver. Por exemplo, ser capaz de tocar as composições de Liszt ao dobro da velocidade pode ajudar alguém a se tornar um músico, mas não fará com que um cara qualquer perceba o fato de que Monk foi um compositor melhor do que Liszt. E é a consciência de fatos e ideias que, em qualquer nível, constituem a parte *mais importante* a respeito da técnica. Saber tocar um instrumento é uma mera superficialidade quando alguém pensa em ser músico. São as ideias que se utiliza *instintivamente* que determinam o grau de profundidade que qualquer artista pode alcançar. Saber, de alguma forma, que é melhor dar mais atenção a Duke Ellington do que a Aaron Copland faz parte disso. (É justamente graças a alguém como Oscar Peterson, que tem essa profundidade instintiva, que a técnica *é* loquaz. O fato de ele tocar piano com bastante folga, apenas torna tudo mais fácil de revelar. De todo modo, não há nenhum rigor trabalhando no instinto.)

A meu ver, a *técnica* é inseparável daquilo que é finalmente tocado como conteúdo. Um solo *ruim*, não importa o quão "*bem*" seja tocado, ainda é *ruim*.

AFORISMOS:
"A forma nunca pode ser mais do que uma extensão do conteúdo".
(Robert Creely)

"A forma é determinada pela natureza da matéria... Vista corretamente, a ordem não é nada objetiva; existe apenas em relação ao pensamento". (Psálidas)

"Ninguém que finalmente possa ser considerado um músico 'medíocre' pode ser considerado possuidor de qualquer técnica." (Jones)

A música "formal", para o músico de jazz, deve ser uma ideia. Ideias que podem tornar mais confortável para este jazzista atual chegar às suas raízes. E, como tenho dito, as raízes mais fortes são o blues e o que se denominava por *bebop*. Situam-se com autonomia. O blues e o *bebop* são *composições*. Daí serem compreensíveis, emocionalmente, enquanto se situam: sem a necessidade de desnudar suas origens no debate. Acredito que a razão para isso é que *são em si mesmos* as origens. O blues é um começo. O *bebop*, um começo. Definem outras variedades de música que vêm depois. Se alguém nunca ouviu falar de blues, não há razão para supor que haveria minimamente algum interesse em, digamos, Joe Oliver (exceto, talvez, como curiosidade ou por alguma obscura convicção social). Cannonball Adderley interessa *somente* por causa do *bebop*. E não porque ele toca *bebop*, mas porque ocasionalmente retomará uma ideia que o *bop*, em outro momento, representou como profunda. Uma ideia que amamos, não importa qual seja a desfiguração subsequente.

As *raízes*, blues e *bop*, são emoção. A *técnica* e as ideias são a forma de lidar com a emoção. E isso não exclui a consideração de que, com certeza, há uma inteligência genuína que pode emergir da experiência emocional; bem como, das emoções mais brutas, é possível que procedam da percepção ideal de qualquer teoria. A questão é que tal deslocamento deve existir como instinto.

Para avançar em direção a um delineamento geral dos músicos, que citarei mais tarde como parte de uma emergente vanguarda do jazz, acredito que antes deva fornecer pelo menos mais duas definições, ou distinções.

    Usar ou implementar uma ideia, ou conceito, não é necessariamente imitação e, claro, o inverso também é verdadeiro: a imitação não é necessariamente uso. Direi primeiro que o uso não é apenas adequado, mas também *básico*. Uso significa que alguma ideia ou sistema é empregado, contudo para alcançar ou compreender sistemas bastante apartados e/ou diferentes. Imitação significa simplesmente reprodução (de um conceito), por si só. Alguém que canta exatamente como Billie Holiday, ou alguém que toca exatamente como Charlie Parker (ou o mais próximo que consiga), não *produz* nada. Essencialmente, não há nada sendo acrescentado ao universo. É como se esses artistas estivessem em um palco e não fizessem coisa alguma. Ornette Coleman usa Parker apenas como teoria; suas conclusões (as de Coleman) são bastante distintas e únicas. Sonny Rollins, obviamente, ouviu muito Gene Ammons, mas as conclusões de Rollins são insistentemente próprias, e, inclusive, são mais profundas que as de Ammons. Alguma pessoa que tome o metrô para o trabalho seguramente não chega a acreditar que ela mesma é um metrô. (Alguém que se pense como um metrô, bom, geralmente é só mais um maluco. E isso também não o ajudaria em nada na entrega do serviço.)

SAX: *Ornette Coleman*, *Eric Dolphy*, Wayne Shorter, Oliver Nelson, Archie Shepp.
TROMPETE: *Don Cherry*, Freddie Hubbard.
PERCUSSÃO: *Billy Higgins*, *Ed Blackwell*, Dennis Charles (bateria); Earl Griffith (vibrafone).
BAIXO: *Wilbur Ware*, *Charlie Haden*, Scott LaFaro, Buell Neidlinger, outros.
PIANO: *Cecil Taylor*.

composição: *Ornette Coleman*, *Eric Dolphy*, *Wayne Shorter*, Cecil Taylor.

Essa é a maior parte das pessoas que este ensaio pretende embaralhar sob o *nom de guerre* vanguarda. (Há alguns outros — como por exemplo Ken McIntyre—, que acredito, segundo informações que recebi, também pertençam a este grupo, mas ainda não tive oportunidade de ouvi-los.) Os nomes em itálico destinam-se a servir mais como um delineamento quanto à qualidade e quantidade das inovações desses instrumentistas. Consequentemente, Ornette Coleman está situado sozinho no sax, Dolphy, em seu *groove*, Shorter, Nelson e Shepp no deles. (Há baixistas a dar com sobras, simplesmente porque o principal inovador desse instrumento, Wilbur Ware, está na ativa há mais tempo e, portanto, mais gente teve a chance de escutá-lo e aprender com ele.)

Mas, na verdade, essa lista de nomes não significa uma categorização estrita de "estilos". Cada um desses homens tem sua *própria* maneira de tocar, mas como grupo representam, pelo menos para mim, uma linha de partida bem definida.

Melodicamente e ritmicamente, cada um desses músicos usa o *bebop* de maneira extensiva. "Ramblin'", de Coleman, possui uma linha melódica cujas tensões espaciais parecem firmemente arraigadas em Gillespie-Parker, dos anos 1940, tanto na composição, quanto na improvisação. O caráter de irregularidade e brusquidão da própria tecitura melódica sugere a necessidade, ao menos em aparência, do interminável contraste rítmico, deliberado e agitado, típico do *bop* — sendo quase extensões dos padrões rítmicos dominantes na maior parte das melodias. Assobie "Ramblin'", depois qualquer coisa das antigas feitas por Monk, por exemplo, "Four in one" ou "Humph"; tente Bird em "Cheryl" ou "Confirmation"; as semelhanças *físicas* basilares das linhas melódicas devem se tornar imediatamente notáveis. É como se houvessem intermináveis mudanças de direção; paradas e partidas; variações de ímpeto; uma "irregularidade" que segue para além das bases rítmicas da música. (Parece-me que apenas Jackie McLean, entre os "tradicionalistas" pós-*bop*, emprega tanto contraste linear e modulação rítmica em suas composições, e execuções, quanto os *boppers*, por exemplo em "Dr. Jackle", "Condition blue", etc.) De fato, em composições do *bop* e da vanguarda, é como se a parte rítmica da música fosse inserida diretamente na parte melódica. A melodia de "Ramblin'" é, em si mesma, quase como um padrão rítmico. Seus acentos são praticamente idênticos aos fundamentos rítmicos da música. O mesmo acontecia no *bop*. O próprio nome, *bebop*, vem de uma tentativa onomatopoética de reproduzir os novos ritmos que engendraram essa música; portanto, *bebop* — e com ele esse *rebop*. (Embora seja verdade que o "*scat*", no canto, entrou em uso nos primórdios do jazz, o "*bopping*", o tipo de *scat* que se popularizou nos anos 1940, tinha mais a intenção de reproduzir efeitos rítmicos e, como tal, fazer deles uma melodia, tipo, vá lá: *OoShubeeDobee* ou *OoBopsh'bam-a-keukumop*, etc. Mas mesmo no incunábulo do jazz e do blues, alguns daqueles brados e cantos de terreiro não eram muito mais do que letras com alta carga rítmica.)

Um dos resultados dessa "inserção" de ritmo na tecitura melódica do *bop*, assim como na música de vanguarda, é a subsequente liberdade permitida aos instrumentos que normalmente deveriam carregar todo o ímpeto rítmico da música. As linhas de bateria e baixo literalmente "brotam"... se afastam do fácil, e enjoativo, 4/4 que caracteriza as músicas que vieram imediatamente antes e depois do *bop*. E embora seja verdade que os músicos pós-*bop* pegaram seu ímpeto do *bop*, creio que o desenvolvimento da *escola do cool jazz* serviu para obscurecer os legados realmente valiosos do *bop*. E o seu verdadeiro legado reside na diversidade rítmica e liberdade. O *cool jazz* tendia a regularizar os ritmos e tornar a linha melódica mais suave, menos "irregular", apostando mais na variação "formal" da linha, no sentido estrito de tema e de variação. Mais e mais ênfase foi colocada em "gráficos" e partes escritas. A música europeia convencional começou a ser canonizada, não apenas como um meio, mas como uma espécie de *modelo*. A insistência de Brubeck, Shorty Rogers, Mulligan, John Lewis, entre outros, de que poderiam escrever fugas e rondós, ou até mesmo improvisar, exemplifica tal fenômeno. As harmonias quase autênticas que eram usadas no *cool jazz* ou pelo pessoal da Costa Oeste lembravam a tradição da música vocal europeia. E bandas como o Shorty Rogers' Giants faziam uma música que soava como se tivesse saído de um realejo[27], as variações e improvisações tão regulares e estáticas quanto o rolo de uma pianola.

Os "hard boppers" buscaram revitalizar o jazz, mas não foram longe o suficiente. De alguma forma perderam de vista elementos importantes adquiridos no *bop* ao substituir sua efetiva diversidade rítmica pela grandeza de timbre e a recente insistência em influências que beiram o gospel. Os ritmos usuais dos músicos *bop* mais rígidos, vindos do pós-*cool jazz* dos anos 1950, são incrivelmente estáticos e planos, em comparação com o jazz dos anos 1940 e 1960. A liberdade rítmica dos anos 1940 desapareceu nos anos 1950 para ser redescoberta nos

---

[27] N. d. T.: "Organ grinder", conforme o original. O "realejo" é um instrumento musical que toca uma música predefinida quando se gira uma manivela, i.e., uma espécie de órgão mecânico portátil que tem um ou vários foles, com um teclado. Funciona por meio de uma manivela que aciona simultaneamente os foles e um cilindro dentado munido de pontas de bronze que abrem as válvulas dos tubos do órgão, para a produção das diferentes notas. Em algumas regiões do nordeste do Brasil e Portugal, a "harmônica" é chamada realejo. Não creio que seja preciso explicar a ironia de Baraka ao apontar o sentido mecânico aplicado à música feita pelo *cool jazz*.

anos 1960. Como o ritmo e a melodia se complementam tão intimamente na "nova" música, tanto o baixista quanto o baterista também podem tocar "melodicamente". Já não precisam mais se preocupar estritamente em martelar o acompanhamento, ou apenas seguir a batida. A própria melodia contém ênfase rítmica o bastante para impulsionar e estabilizar o movimento horizontal da música, dando ao mesmo tempo direção e ímpeto. Os instrumentos rítmicos podem assim servir para elaborar a própria melodia. O estilo de Wilbur Ware é um exemplo perfeito disso. E é assim que bateristas como Blackwell, Higgins e Charles podem deambular pela melodia, dando ênfase aqui, deduzindo a melodia presente acolá. Elvin Jones, em seu recente trabalho com John Coltrane, também mostra que entende a diferença entre tocar uma melodia e uma elaboração "elegante" em torno de um ritmo estático.

Portanto, se a melodia brota na seção rítmica por haver bastante peso em suas acentuações, ela também dá aos demais solistas maior espaço para *suingar*. O inflexível 4/4 está desaparecido, e a galera do sopro já pode até improvisar esforços melódicos na seção rítmica. Essa é uma das razões pelas quais parece, em uma banda como a de Coleman, que tenha sido retomado o conceito de improvisações coletivas. Ninguém tem um papel *definido* na banda, como acontecia, por exemplo, com os "grupos vocais"[28] dos anos 1950. Todos têm a chance de tocar a melodia ou o ritmo. A mão esquerda de Cecil Taylor é usada tanto como uma insistência puramente rítmica, quanto para a criar zonas de descanso melódico-harmônicos dos acordes. A mão esquerda varia ininterruptamente os ritmos que são articulados em sua música. Tanto Taylor quanto Coleman utilizam, de maneira constante, modulações melódicas baseadas em figuras rítmicas. O *bebop* demonstrou que as

---

[28] Pensar, particularmente, na ascensão do estilo *doo-wop* nesta mesma década.

chamadas "mudanças", i.e., a ocorrência repetida de determinados acordes básicos da estrutura melódica e harmônica de um tema, são quase arbitrários. Ou seja, não precisam ser *estabelecidos* — e, uma vez que certos acordes inferem, a partir deles, determinados usos improvisatórios, por que não improvisar sobre o que se infere dos acordes, em vez de tocar a inferência em si mesma?

A maior contribuição da vanguarda é melódica e rítmica; apenas alguns poucos realizaram movimentos harmonicamente notáveis, embora Coleman e Dolphy tendessem a utilizar algumas ideias que também estavam em uso na música "europeia" contemporânea, especialmente o timbre como um princípio harmônico. Ou seja, onde o som efetivo do instrumento de sopro, independentemente da nota tocada, contribui com uma diversidade harmônica *desmesurada*. (Pense, nesse aspecto, no cantor de "hard blues" como um *pioneiro*. John Coltrane também fez um trabalho maravilhoso em harmônicos.) Nelson, Shepp e Shorter, embora em menor grau, também utilizam esse conceito e, ainda que pareça estranho, Shorter e Nelson aprenderam o *honking* [buzinaço], como é conhecido, com melhores efeitos do que os utilizados pelas bandas de *rhythm & blues*. Não é que houvesse, a princípio, nada de errado em produzir "buzinaços", exceto pelo fato de que a maioria dos músicos no *R&B* buzinavam um bocadinho demais.

Também é importante assinalar que todo naipe de sopros, entre os instrumentistas que indiquei, esteve intrigado com o som da voz humana. E, na minha opinião, o jazz não pode ficar muito distante da voz, já que todo o conceito de música afro-estadunidense é baseado em referências vocais. Mencionei, anteriormente, minha crença de que o *bebop* e o blues são gêneros musicais quase autônomos. Para adicionar algum peso à afirmação, ou, pelo menos fornecer uma medida de esclarecimento, eu acrescentaria que: o blues e o *bebop* não são apenas duas facetas da música afro-estadunidense que, mais diretamente, utilizaram os potenciais rítmicos em seu som, mas também são os dois gêneros em que as tradições vocais da música africana são mais evidentes. O blues puramente instrumental ainda é o mais próximo que podem chegar os instrumentos ocidentais de soar como a voz humana, e os saxofonistas Charlie Parker, Sonny Rollins, John Coltrane, bem como a maioria dos que tocam os sopros da nova vanguarda preservam, também, essa tradição. Os timbres dos instrumentos de sopro sugerem muito mais a voz humana do que o som supostamente "legítimo", i.e., o som da branquitude instrumental do *swing* ou os timbres sóbrios, e relativamente frios do *cool jazz*, que estavam em evidência no pós-*bop*.

Menciono esses aspectos gerais do que denominei como vanguarda — i.e., seus conceitos rítmicos e melódicos, também o uso de efeitos tímbricos, para evocar os primórdios vocais do jazz —, apenas para traçar uma linha de demarcação. Há, certamente, muitas características "novas" que os músicos possuem individualmente, mas que não são comuns ao grupo como um todo; descobertas individuais e/ou idiossincrasias que dão a cada instrumentista uma assinatura facilmente identificável. Para citar alguns: as harmonias incomuns que Wayne Shorter emprega em suas composições, também a integração do que faz Rollins no uso do espaço, bem como o desdém de John Coltrane com o mesmo elemento. (O principal problema de Shorter, ao que me parece, é o *The Jazz Messengers*.) A adorável descoberta do vibrafonista Earl Griffith de que se pode tocar as vibrações como Lester Young, em vez de continuar imitando a apropriação de Coleman Hawkins que fez Milt Jackson. O tom diáfano de Griffith e sua linha sempre um pouco atrás da batida, que apontam para Pres, dando uma nova abordagem ao vibrafone. O modo como Charlie Haden toca o baixo como se fosse guitarra, indo às vezes tão longe, *lascando a dedilhado* o enorme instrumento. O fantástico senso melódico de Don Cherry (acho que Cherry é o único inovador *real* de seu instrumento). A recusa de Archie Shepp em admitir, na maioria das vezes, que há uma melodia, ou o uso de *R&B* e os chamados timbres de "Mickey Mouse", realizados por Oliver Nelson com belo efeito. São facetas distintas, todas essas, do que chamo nova música, uma massa de talentos e ideias que indicam um novo caminho para o jazz.

A primeira música que os negros fizeram neste país deve ter sido africana; sua subsequente transmutação, no que hoje conhecemos como blues e o desenvolvimento paralelo do jazz, demonstrou a incrível flexibilidade dos traços básicos dessa música. Sem dúvida, quando se afasta demais da música progenitora, como aconteceu com a popularização do *swing*, ou o chamado jazz da Costa Oeste, ou mesmo quando se segue em direção a ritmos mais regulares, relativamente sóbrios e artificialmente provocantes, do tradicionalismo mais engessado do *bop*, demonstra como os elementos africanos da música são levados quase à neutralidade em sua rendição. O blues foi a música afro-estadunidense primordial, enquanto o *bebop* foi a reenfatização da tradição não-ocidental. E se este último nos salvou do desperdício modorrento do *swing*, por sua própria conta, a nova vanguarda (e John Coltrane) têm nos salvado dos igualmente insípidos anos 1950. Ambos utilizaram os mesmos métodos gerais: trazer a música de volta ao seu ímpeto rítmico inicial e distanciá-la dos intentos de regularização rítmica e previsibilidade melódica que os anos 1930 e 1950 lhe haviam imposto.

Nota: *Este texto propunha um quadro de uma nascente vanguarda, ali por volta de 1961 ou algo assim. Na sua maior parte, provou ser acertado, embora alguns dos músicos listados tenham recebido mais crédito do que suas performances e apresentações posteriores, etc., demonstraram merecer, em geral devido a que, nessa época, estavam se movimentando sob a influência de alguns dos verdadeiros dínamos e inovadores. Alguns músicos dessa lista já morreram (Scott LaFaro, um dos vários baixistas brancos que tocaram com Ornette; Earl Griffith, um baita vibrafonista que chegou lá muito antes de Bobby Hutcherson… e, claro, Eric Dolphy, cuja morte em tenra idade foi uma tristíssima perda musical), outros abandonaram o jazz por motivos diversos: Buell Neidlinger, para trabalhar em uma orquestra sinfônica — contudo, quando estava escrevendo esse texto, ele estava trabalhando com Cecil Taylor. Quando alguém pergunta acerca do que fez da vida algum músico branco depois de haver se metido no jazz com algum sucesso, respondo: "Bem, o que aconteceu com fulano foi…" — e são grandes as chances de que tenham voltado a trabalhar com música eurocidental, de uma forma ou de outra, vejam o caso de Neidlinger, ou Don Ellis (e para cada dois, há muitos mais); alguns migraram para as lucrativas gravadoras, outros partiram para grandes estúdios de televisão, rádio, filmes (há, também, os que se tornaram grandes executivos da música como "Diretor de Música dos Clubes da Playboy" ou da MGM), que nunca se abriram realmente para músicos negros. Ainda há sujeitos como Wilbur Ware, que tinham dívidas impagáveis, ou como Oliver Nelson, que pegavam seus talentos e seguiam para Marlboro Country, onde estava o dinheiro de verdade.*

1959 Apresentando Wayne Shorter

Meu primeiro contato com Wayne Shorter foi em Newark, onde nós dois nascemos, na malevolência. Ele era um dos dois "misteriosos" irmãos Shorter que as pessoas mencionavam ocasionalmente, geralmente como uma referência metafórica: "... tão misterioso quanto Wayne". Ele e eu nunca andamos juntos ou tivemos relações muito próximas; morávamos em lugares distantes da cidade, estudávamos em escolas diferentes.

Wayne foi para a Newark's Arts High School. Eu costumava vê-lo com seu apertadíssimo uniforme da banda, nas cores verde e cinza, tirando um som do seu saxofone prateado. De vez em quando o encontrava na High Street, sempre "limpo", um bocado distante e sorridente, o que mais tarde consegui entender aquele sorriso como algo realmente "secreto". Ele tocava sax-tenor com um grupo de jovens que se apresentava na maioria dos bailes de escola por toda a cidade. A banda era do Nat Phipps, e eu gostaria que alguém tivesse gravado. Todos eles aos quinze, dezesseis, dezessete anos, tocavam, desde então, com uma maturidade musical que, receio, faria a banda da Farmingdale High School empalidecer. (A propósito, a banda Phipps ainda toca em Newark e mantêm vários músicos muito bons.)

Wayne era um precoce; ouvi-o fazer muitas coisas impressionantes ali pelos seus 17 e 18 anos. Mesmo assim, quando parecia não ter mais o que mostrar, ele ainda tirava mais um coelho da cartola e fazia você suspirar ante sua pura infalibilidade técnica. Isso quando quase todo adolescente da época tocando qualquer tipo de instrumento, até mesmo os tocadores de bongô, queria soar como Charlie Parker. Wayne também. Mas mesmo sendo um fanático por Bird que tocava em uma banda escolar, Wayne conseguia se destacar com muita força. Lembro-me de dizer a alguém: "Bem, essa é a imitação mais bacana de Parker que você já ouviu". Hoje em dia, Wayne não tem mais nada a ver com Charlie Parker, exceto, talvez, no sentido de que Bird é uma "influência" em todo o jazz preto.

Quando me mudei de Newark definitivamente, depois da faculdade, ouvia falar de Wayne de vez em quando. Normalmente, conversando sobre os velhos tempos com velhos amigos recém-saídos da adolescência e mencionando, quase com os olhos marejados: "Você se lembra de como Wayne Shorter costumava tocar aqueles solos fantásticos no Templo Maçônico?", isso batucando com os dedos a mesa, num ritmo tão rápido que, provavelmente, mesmo Wayne ainda teria problemas para tocar. Mas essa era a ideia: o tipo de aura que ele projetava mesmo quando adolescente, talvez porque éramos todos adolescentes... mas acho que não. Acredito que Wayne carrega essa aura ao seu redor como uma caríssima poltrona Chesterfield. Conversando com ele, sente-se imediatamente uma atmosfera de "invencibilidade". Ao ouvi-lo tocar, fica-se convencido de que não é uma atmosfera qualquer.

Wayne foi para N.Y.U. e formou-se em Educação Musical. Mas durante todo esse tempo, seguiu tocando com a banda de Phipps, participando de altas sessões em Nova Iorque tocando com os grandes nomes. Foi numa dessas sessões que ele conheceu John Coltrane e se tornaram amigos muito próximos. Foi também nessa época que Coltrane tinha se juntado a Miles Davis. John falava e tocava; Wayne ouvia e também tocava.

Depois da faculdade, Wayne passou um tempo tocando por aí e, então, devido em grande parte a uma temporada em que estava em um local de Newark, chamado Sugar Hill, foi convidado para o Horace Silver Group. Wayne fechou algumas datas com eles, incluindo o BIRDLAND e o NEWPORT em 1956, mas então o

Exército o convocou. Por sorte, ele conseguiu entrar na banda de Fort Dix e ficar por lá. Ele vinha a Nova Iorque todo fim de semana, fazendo sessões e sendo ouvido. Ele saiu do Exército no final do ano passado e, nas palavras de seu irmão Allen: "Cara, ele foi para o Exército e tratou de fazer uma pá de negócios". Wayne começou a compor, praticou muito e, acima de tudo, saiu disso tendo se encontrado como sujeito, tocando seu instrumento como *ninguém mais* o fazia ali na época. Ele havia passado por dois estágios muito críticos de sua vida: o moleque precoce imitador de Bird e o jovem músico "bom", cujas ideias ainda não tinham se consolidado. Ele está, agora, quase naquele terceiro estágio, ainda mais crítico, de sua carreira: o Inovador. Ele ainda tem um longo caminho a percorrer, mas não tanto, a ponto de fazer alguém duvidar por um segundo sequer que ele conseguirá.

Diria que o estilo de Wayne está vinculado aos dois mais importantes saxofonistas tenor de nossos dias: Sonny Rollins e John Coltrane. Com Rollins, ele aprendeu o que a utilização adequada do "espaço" pode fazer na improvisação (pausas, tempos duplos, "percorrer" as linhas do compasso, etc.). Como os de Rollins, seus solos são ordenados e precisos, mas observando Wayne tocar, ambos os olhos bem fechados e sorrindo durante seus curtos intervalos, é óbvio que o único esquema que ele usa está em algum lugar atrás de seus olhos. Mas Rollins parece estar, como Joyce, acima e além de seu trabalho, aparando as unhas, enquanto Wayne e Coltrane estão bem no meio da música, colocando em fervura o que parece ser um impulso emocional fantástico, mas nunca se injuriando ou abanando os braços sem sentido.

Mas a música de Wayne (a execução, as composições) é única e parece, acima de tudo, essencial. A execução caracteriza-se por um arranjo quase "literário" (no melhor sentido da palavra) das relações musicais. Tudo o que sai do saxofone parece não apenas "premeditado" (o fogo e a surpresa da improvisação instantânea estão sempre presentes), mas definido e assimilado... não importa o quão selvagem ou improvável aquele som possa parecer a princípio. Ele dá a impressão de estar disposto a tentar qualquer coisa. Ele geralmente consegue.

Quando comecei este artigo, Wayne tocava tenor com a *big band* de Maynard Ferguson, mas desde então ele entrou para a Art Blakey's Messengers. Na noite em que fui vê-lo com os Fergusons, conversei com Wayne após cada um dos três sets, com vontade de colocar sua voz neste texto:

"Assim, claro, ninguém consegue tocar tantos solos quanto gostaria, mas nos grupos pequenos muitas vezes as coisas acontecem e, além disso, temos um bocado de gente nessa coisa que manda bem de verdade. Slide Hampton, o trombonista, compõe algumas coisas bem legais. Provavelmente tocaremos algumas das coisas do Slide mais tarde. Sabe, eu também tenho alguns temas no repertório..."

"O que importa é seriedade! Nada vai levar a lugar nenhum, a menos que você esteja falando sério. Cara, essas são as únicas coisas que me importam e vou fundo... pessoas sérias fazendo coisas sérias... caso contrário, não há muito que fazer. Claro, também existe humor sério. Né, não? Como o Monk. Cara, as piadas desse malandro são de matar, sério! Para mim, é isso que gente como Sonny e John representam: uma abordagem musical séria de verdade. E com pessoas que estão constantemente improvisando, você pode ver a verdadeira realização. É incrível! Pelo menos, isso me surpreende. John, especialmente. Quer dizer, ele nunca para de cuidar dos negócios".

"E sobre os músicos tradicionais do jazz? Você já ouviu Jelly Roll Morton ou Louis ou Duke, com um desejo consciente de incorporar suas abordagens?"

"Bem, não. Embora eu tenha ouvido um bocado de gente, entre os tradicionais, especialmente Louis e Duke, e possa ter tirado dali algumas coisas que estavam fazendo, ainda que inconscientemente; mas posso sacar o que eles estavam fazendo, descobrindo por mim mesmo, sem ter que tocar da maneira deles. Você sabe qual é: o que Bird tocava batia forte, e atravessou todo mundo. Essa galera toda, falando um monte de lorota, toca como se já tivesse ouvido todo mundo. Eu gostaria de gravar as músicas de Monk, e uma de Tad Dameron. Claro, as de Monk são soberbas, mas Tad fez muitas coisas que ajudam a todos os compositores. Mas o Monk, ô!"

"Bem, se você gravar as músicas de Monk, gostaria que fizesse algumas daquelas grandes coisas que ninguém faz porque são tão difíceis de fazer, 'Four in one', 'Humph', coisas assim."

"Cara, esse lance que você disse. Geral tem medo desses temas". Ele riu: "Não sou eu quem vai culpá-los".

"Você sabe qual é, quando você está metido numa parada… como John, você pode fazer um monte de patacoada, dar uns moles… mas isso também é parte da conversa. Toda essa parada conta. Se você está realmente fazendo algo, não dá pra estar sempre a salvo… só precisa soprar até explodir… e tentar cuidar do negócio, de algum jeito (sorrisos). Puxa, espero que possamos tocar essas músicas do Slide e também as minhas na próxima entrada. Estou com vontade de tocar alguma coisa".

"Maynard aceita pedidos?"

"Sim, claro… ele vem para isso. Sabe qual é? Como se você fosse um fã!"

"O.K., que músicas devo pedir?"

"Assim, a melhor música do Slide se chama 'Newport'; a minha é 'Nellie bly'".

Depois de "Oleo", a banda partiu para "Newport", de Slide Hampton: suingante, exuberante, ousada. No meio da música, Wayne começou um solo; depois de suas primeiras notas, ficou evidente para quase todos no Birdland que aquele jovem tocando era a coisa mais interessante que acontecera a noite toda. A única coisa errada com o solo era que era muito curto. A levada num ritmo em tempo duplo, aparentemente impossível, ainda estava cheio daquele tipo de humor feroz, certamente satírico, que caracteriza um Monk ou um Rollins. Quando Wayne terminou o solo, a maior parte da clientela no Birdland irrompeu em alegria e altos aplausos. No minuto em que a banda começou a tocar "Nellie Bly", de Wayne, um tipo de bacana dos anos 1930, atrás de mim, gritou animadamente: "Oh, oh… Lá vem mais um daqueles petardos da Uptown". Daí começou a estalar os dedos ruidosamente. O solo de Wayne, desta vez, foi ainda melhor. Metade do solo em tempo duplo. Os companheiros da banda deram aquele breque. A coda deveria ser uma coisa em uníssono com Wayne e Ferguson, mas Ferguson mandou tão mal que Wayne deu uma empacada e soprou um longo, longo e sustentado "buzinaço", tipo Ammons, durante toda a passagem. O veterano atrás de mim até caiu da cadeira.

Caminhei em direção ao metrô com aquele coroa me seguindo. "Quer saber?", ele disse, "Você se dá conta muito rápido quando vê um craque, e aquele moleque, com certeza, é um desses".

Eu concordei, bem animado, e ele apertou minha mão calorosamente quando nos separamos, pegando os vagões na estação A, um indo para o norte e o outro para o sul.

Nota: *Wayne Shorter passou, desde que escrevi este artigo, a se tornar um dos "grandes astros" em grupos muito ilustres, tais como: Jazz Messengers, de Art Blakey; The Miles Davis Quintet, no qual ele ainda toca. No entanto, ele nunca se tornou realmente "grande", tanto quanto sua aparição como promessa parecia exigir. Ainda acho que, em 1959, Wayne tocava tão pesado quanto Coltrane, mas talvez o peso de se apresentar constantemente dividido em dois grupos (com Blakey e Miles) o encaixotou em mais do que a saúde aguentava.*

L. J.

1963 Apresentando Dennis Charles

Dennis mora em um prédio sem elevador de quatro andares, na Rua 118 entre a Quinta Avenida e a Lenox (perto do coração do país das drogas). Quando cheguei lá, por volta das duas da tarde, com cerca de uma hora de atraso, ele havia acabado de sair da cama, "alguns segundos antes".

Dennis Charles nasceu em St. Croix, nas Ilhas Virgens, em 1937; e vive nos Estados Unidos desde 1945. Seu pai ainda está em St. Croix, mas sua mãe saiu de lá após a separação, e veio para Nova Iorque. Dennis foi criado no Harlem com dois irmãos. Seu irmão mais novo, Frank, também toca bateria. E em muitos fins de semana, Frank e Dennis se juntam para tocar com bandas de calipso — ambos tocam congas e também bateria.

Dennis começou a tocar bateria em 1954. Estudou na New York Vocational School e também tocava congas quando ainda vivia nas Antilhas caribenhas. Seu pai e seu avô também tocavam congas (e suponho que quase todo mundo da região).

Teve alguns problemas com a lei, ali pelos dezessete anos, idade que parece a mais adequada para quase todos os moleques pretos. Tais problemas o tiraram das ruas por dois anos. Quando voltou, a primeira coisa de que se lembra, conforme conta em suas próprias palavras, é "Tempus fugit", de Blakey. "A atuação de Blakey naquele tema realmente me tocou fundo". Ele continua: "Eu estava perdido, então… Eu não tinha a menor ideia. Especialmente neste ambiente… vindo do Caribe… onde, lá na área, eu vivia tipo um moleque meio que bicho solto"[29].

---

[29] N. d. T.: Conforme o original, "nature boy", terminologia comum na maior parte do Caribe anglófono, que acaba tendo relação com a ideia de alguém, particularmente jovem, vivendo com certa liberdade, mas intimamente ligado à urbanidade crescente e cercado por toda sorte de gentrificação. Uma aproxi-

"Os assistentes sociais costumavam vir aqui e ficar junto com a gente. Nos levavam ao cinema… organizavam festas, convidavam outras gangues… e antes que alguém pudesse se dar conta, o circo já estava armado e o pau quebrava. Daquele jeito, bem por isso que me metia em encrencas, porque não tinha nada para fazer".

"Nunca tive uma bateria, até que Buell (Neidlinger) me comprou uma quando estávamos abrindo apresentações no Five Spot, por volta de 1957. Eu usava a bateria do meu irmão, até então. Quando comecei a aprender, depois de uns quatro meses com a bateria do meu irmão, costumava ouvir Art e tentava imitar o que ele fazia. Pois é, costumava escutar aquilo feito um cão no cio. Os discos do Bird! Todo mundo costumava ouvir Bird, Monk e Blakey".

"Era muito diferente naquele tempo… não tinha *rock & roll* naquela época. Tinha uma porrada de festas nas ruas da vizinhança… era uma cena muito mais descolada naquela época, a galera tomando Sidra. Exceto pela bandidagem. Todos aqueles caras viciados… costumavam rodar por aqui montando facções, matando uns aos outros, agora estão por aí de nóia, zumbizando, chapados".

"Toquei com uma banda de calipso no Blue Room, situado na Rua 126. Calipso, Cha-Cha-Cha… uma noite, todas as sextas-feiras. Mas eu seguia escutando. Eu não tinha nenhum domínio sobre o jazz. Eu poderia tocar calipso de olhos fechados. Mas sempre fui uma aberração no jazz. E tocar naquelas apresentações de Calipso era bom, porque aprendia todos os tipos de ritmos.

---

mação possível é "bicho solto", mantendo a ideia de "nature". Possível, também, que haja relação com o "homem natural romântico", via Rousseau, mas com certa malícia programada pelo pensamento preto diaspórico.

"Depois que comecei a sacar melhor algum caminho, costumava ir até a casa de Connie. Eu conheci Cecil (Taylor) e ele me pediu para ir até a casa dele. Conheci Buell, Steve Lacey e foi aí que realmente comecei. Eu costumava ir lá para praticar. Eu tinha uma caixa de bateria.

"Eu falei com Buell, antes da empreitada no FIVE SPOT, que não poderia trabalhar porque não tinha bateria. E ele me disse para não esquentar a cabeça com aquilo. No dia seguinte me levou a uma loja de instrumentos e comprou uma bateria para mim. O engraçado é que acabamos sendo roubados quando ainda estávamos no FIVE SPOT. Acabei perdendo dinheiro na jogada, porque o cara da loja de instrumentos me cobrou bem mais caro pela nova bateria, e Joe Termini (proprietário do FIVE SPOT) pensou que eu estava apenas tentando arrancar mais grana dele".

O trabalho no FIVE SPOT os levou ao Festival de Newport (um presente de George Wein para George Wein) e a uma gravação pela VERVE RECORDS. O primeiro disco de Dennis, no entanto, foi o *Transition,* último disco do *Cecil Taylor Quartet*; com Steve Lacey no sax soprano, e Buell Neidlinger no baixo.

"Eu consegui alguns trampos depois disso... muitos shows de *rock & roll*... Até voltei a tocar Calipso. Só tinha gravado com Cecil e a *Gil Evans Big Band*. Fiz quatro discos com Cecil, mas nem todos foram lançados. Pode ser que nunca saiam. Trabalhei com Jimmy Giuffre por um tempo no FIVE SPOT e com Wilbur Ware no BIRDLAND.

"Mas Blakey é o meu favorito. Gosto bem de outros monstros, Philly (Joe Jones) e Max (Roach); e Billy Higgins e Eddie Blackwell entre os craques mais jovens. Mas Blakey mexe comigo de verdade. Uma pá de gente consegue tocar aqueles 'papa-mama'[30]

---

[30] N. d. T.: Conforme o original, "paradiddles". A convenção brasileira chama de "papa-mama", um dos rudimentos principais na bateria. O termo remete

e outros rudimentos, mas Art leva a outro nível… acho o que ele faz selvagem. Talvez por eu ser do Caribe e por lá o pessoal toca desse jeito, tudo muito puro e cru. Tocam o que ouvem. É isso o que eu quero".

"Elvin (Jones) também. Ele realmente se recompôs nos últimos anos. Essas pequenas figuras intrincadas e *riffs* esquisitos. Casa muito bem com o Trane. Ele soa como uma crepitação atrás de Trane.

"Billy Higgins e Blackwell têm feito muita coisa acontecer. Eu costumava ir à casa de Blackwell e ouvia as coisas que ele me mostrava. Mas ele costumava ficar chateado comigo porque eu não sei ler. Eu nem quero aprender, na real! Quero tocar o que escuto, sabe, o que vem aqui de dentro".

"Eu me amarro muito na banda de Ornette… me arrebenta. Eu curtia mais quando ele tinha Blackwell ou Higgins, no entanto. A música de Ornette e Cecil realmente abre sua escuta. Às vezes escutava coisas que nunca escutei antes. E ambos começavam a tocar seus instrumentos. Eles realmente entram em transe quando tocam, e isso é lindo de se ver".

"Eu costumava ficar vidrado porque tudo que eu queria fazer era tocar aquelas paradas normais. Mas quanto mais eu tocava, e mais eu entendia, mais e mais queria tocar. Você tem que escutar toda a malandragem de bamba para entendê-los".

"Gostaria de ficar forte, ter maior controle sobre a bateria. Eu tenho que me cuidar na parte física. Já não tenho controle sobre o instrumento. Cada vez que me sento ali, é uma luta. Quando estava tocando mais sossegado, a coisa toda ia bem, mas ultima-

---

ao som da sequência DEDD-EDEE. Os "paradiddles" normalmente são escritos em uma linguagem simples, onde as letras D e E reapresentam respectivamente a mão direita e, a mão esquerda.

mente me sinto esquisitão. Preciso praticar por conta própria. Você ouve uma porrada de outras coisas. É como experimentar."

No momento, Dennis está no The White Whale Coffee Shop, na Rua 10 da East, tocando com outros dois pesos-pesados em ascensão: Archie Shepp e Don Cherry. Mas o Whale é, na maior parte do tempo, muito soturno e vazio, exceto para os mui bem ajustados. E quando os noiados aparecem aos bandos para fortalecer na plateia, geral se caga de medo… faz parte da vida esse tipo de efervescência.

Conversando com Dennis, tem-se a sensação de que ele não está muito seguro de ser o puta baterista que é. Ele parece não ter certeza, ou talvez seja apenas a pilha de barracos deprimentes e gente maltrapilha que fazem qualquer "história de sucesso" parecer muito, mas muito precária. E mesmo quando Dennis está trabalhando, é como se soubesse que é um tiro muito curto, e que logo voltará a estar sentado na Rua 118 sem nada para fazer.

Mas quando você o vê e o ouve tocar, não restam dúvidas na sua cabeça. Este moleque é, de fato, embrasado. Ele tem braços curtos e poderosos, lembrando um pouco Blakey, com a baqueta na mão esquerda mantida quase verticalmente. É como se ele apunhalasse a pele da bateria, em vez de um golpe "legitimamente" regular… o que causa um som explosivo, errático e cantante, com um sotaque incomum em todo o seu trabalho. O melhor de Dennis pode ser ouvido em *Looking Ahead!*, de Cecil Taylor. Experimente, sem medida.

"Quando eu era mais moleque e só me fodia (fui expulso do colégio por ser 'muito agressivo'… eu era jovem e confuso), o pessoal daqui costumava me dizer: 'Por que você não faz alguma coisa que preste?'. Daí quando comecei a descer para o porão e passei a praticar todos os dias… começaram a falar que eu estava pirando. Minha mãe foi até o dono da casa e me arrancou de lá.

Todo mundo por aqui recebe assistência social, então não fazem nada o dia todo. Calha que são obrigados a me ouvir quando eu pratico. Eu tinha um lugar pra ensaiar no centro da cidade, mas quando fui para a Alemanha, perdi… é por isso que estou aqui agora… fazendo nada."

Nota: *Dennis Charles foi um dos músicos que incluí na lista da "Vanguarda do Jazz", em 1961. Desde que deixou o grupo de Cecil Taylor, Dennis conseguiu vários trabalhos, mas nunca obteve o êxito que seu talento deveria ter facilitado. Mas, então, mesmo os mais reconhecidos inovadores da nova música, ou da velha música, neste caso… Não, não, espera só um cadinho, digamos que a maioria dos negros, isso… a maioria dos negros também não lograram muito êxito, tampouco fizeram dinheiro ou encontraram fama.*

1963 Cena *loft*[31] em Nova Iorque e o jazz nas cafeterias

Quando este artigo foi escrito, a nova música quase não era ouvida publicamente. Nas redondezas da Lower East Side, os lofts dos artistas e algumas cafeterias clandestinas eram literalmente os únicos lugares em que se podia escutar o que estava rolando.

Hoje em dia as coisas andam um pouco melhores. Ornette, depois de voltar do seu afastamento, fez uma turnê triunfante pela Europa, gravou alguns discos aclamados pela crítica e agora trabalha, suponho, quando quer. Shepp trabalha de vez em quando; Cecil e Albert Ayler começaram a aparecer, ocasionalmente, em grandes concertos, e ambos fizeram turnês europeias significativas. Sun Ra, no momento em que escrevi o artigo, estava trabalhando nas noites de segunda-feira com sua big band *("Astro-Infinity Music") no* Slug's, *ali pelo East Village.*

O Slug's *parece ser a única casa noturna de Nova Iorque que contrata os músicos novos com algum tipo de consistência. Embora Ornette e, é claro, John Coltrane tenham estado no* Village Vanguard.

Mas, definitivamente, houve uma abertura geral para a Nova Música, uma abertura que permitiu que algumas gravações fossem feitas, além de conceder que alguns músicos de renome trabalhas-

---

[31] N. d. T.: A "cena loft" foi uma espécie de fenômeno cultural ocorrido ali pelos finais da década de 1960, avançando pela década seguinte (1970), e consistia, mais ou menos, na tomada de grandes espaços, anteriormente projetados para o setor fabril, e que passaram a ser utilizados como apartamentos — nesse caso, em algo um pouco maior que isso, pois os músicos que passaram a fazer tais ocupações começaram a utilizar esses mesmos espaços como lugares de apresentação, ensaios abertos, entre outras atividades. Há músicos do período que acenam para o cenário dizendo que havia, por ali, mais do que só tocar música, um modo de viver. Cabe a leitura de Michael C. Heller, *Loft jazz: improvising New York in the 1970s*, publicado pela University of California Press. Há também o documentário escrito e dirigido por Sara Fishko: *The jazz loft according to W. Eugene Smith* (2015).

sem... embora tenham sido poucos com maior regularidade... Contudo não há muito dinheiro nem trabalho dando bobeira por aí.

L. J. Março de 1966

Foi Martin Williams quem chamou a atenção recentemente sobre uma das razões pelas quais a cena do jazz em Nova Iorque estava tão ruim: simplesmente não havia clubes suficientes para apresentar os músicos mais jovens e empolgantes. É claro que Coltrane e Rollins podiam tocar onde quisessem, mas quando a THE JAZZ GALLERY fechou no ano passado e o FIVE SPOT teve que se mudar, quase todo mundo que tinha algo a ver com o jazz contemporâneo sentiu o golpe.

Mas mesmo quando a GALLERY funcionava, raramente havia a chance de ouvir alguma música realmente empolgante. Obviamente que Monk aparecia por ali, Coltrane e Rollins passavam por lá, e com sorte era possível vê-los umas três ou quatro vezes. Mas a maioria das atrações da GALLERY eram aqueles *nomes* que eram mais importantes para colunistas e gente do mundo do entretenimento, do que para o público sério do jazz. Os clubes do centro, como THE GALLERY e FIVE SPOT, até mesmo o HALF NOTE e o VILLAGE GATE, em seus melhores momentos, em geral não atraíam o tipo de público que queria ouvir Lambert, Hendricks & Bavan, ou mesmo Dave Brubeck. (Na verdade, acho que no Natal em que o GALLERY levou Brubeck, eles perderam muito dinheiro; embora na semana seguinte, ou algo assim, quando Dave apareceu no BASIN STREET, clube da parte alta da cidade, quebrou todos os recordes.) Mas fiquei impressionado por um bom tempo com o fato de que o dono do clube de jazz é o único empresário que não sabe absolutamente nada sobre o produto que está vendendo. Já sugeri inúmeras vezes aos meus amigos, alguns deles proprietários de clubes de jazz, que algum bom samaritano deveria publicar um guia do consumidor para melhor assessorar esses ingênuos na condução de seus próprios negócios. Não estou necessariamente dizendo nada depreciativo sobre Lambert, Hendricks & Bavan, nem de Brubeck; parece-me apenas uma observação bastante simples de alguém que frequenta esses estabelecimentos com alguma regularidade e conhece o público que provavelmente encontrará neles.

O Five Spot era o lugar onde se esperava ver os músicos mais jovens tocando. A impressão é que se tornaria tipo um Royal Roost[32] dos dias atuais para abrigar jovens músicos, tais como Ornette Coleman, Cecil Taylor, Eric Dolphy, Ted Curson, Oliver Nelson, Archie Shepp, Don Cherry, Billy Higgins, etc., bem como um lugar onde podia-se ouvir músicos mais velhos, tipo: Monk, Coltrane e Rollins. Mas depois de um período promissor, acabou não sendo o caso. Em uma cidade que está fervilhando de jovens músicos em plena ebulição, o Spot parecia estar confortavelmente descansado em berço esplêndido com Roland Kirk. Enquanto Monk, Coltrane e Rollins faziam suas aparições no Village Gate, um imenso ginásio parecido com uma caverna, onde a outra metade do espetáculo provavelmente ficava a cargo de um comediante *zoado das ideias* ou um músico pop africano.

O Half Note parecia, e ainda parece, ter a intenção de manter Zoot Sims e Al Cohn em sua lista na maior parte do tempo,

---

[32] N. d. T.: O Royal Roost, aberto por Ralph Watkins, começou como um restaurante de frango. Depois de um começo difícil, Watkins foi persuadido por Sid Torin (DJ Symphony Sid) a tentar apresentar jazz moderno no clube. A partir de 1948, o clube começou a apresentar nomes como Charlie Parker, Dizzy Gillespie, Fats Navarro, Dexter Gordon, Tadd Dameron e Max Roach. A presença de tantos músicos proeminentes do *bebop* se apresentando no Royal Roost levou o clube a ser apelidado de "Metropolitan Bopera House", um trocadilho referindo-se à proximidade do clube com o Metropolitan Opera House.

ou "grupos mistos" de fora da cidade; e o Village Vanguard é um caso de luxo onde, às vezes, entre vários entretenimentos, podia-se ver Miles Davis ou *The Modern Jazz Quartet* pelo preço de um terno de lã. É um clube da alta no centro da cidade. Os clubes "da alta", aqueles do centro, que antes eram mais associados ao jazz, agora estão voltados para entretenimentos populares… embora, neste momento, The Jazz Corner of the World, o que era o Birdland, tenha tomado algumas medidas para mudar seu estilo Count Basie–Dinah Washington–Maynard Ferguson, etc. e chamaram Thelonious Monk e John Coltrane para tocar logo após Pee Wee Marquette, o que passou a sinalizar a possível reorientação do clube. Os clubes do Harlem, contudo, seguem com aqueles sacais "trios de órgão".

Mas qualquer que fosse a propensão específica que os proprietários desses vários clubes pudessem mostrar, parece, francamente, não haver como fazê-los se interessar em contratar homens como Coleman, Taylor ou qualquer um dos músicos mais jovens associados ao que é chamado de "new thing". A maioria desses músicos não consegue nenhum trabalho, exceto de vez em quando numa festa ou uma sessão no *loft* de alguém. Mas alguns começaram a explorar a possibilidade de tocar nos cafés de Greenwich Village e Lower East Side. Um dos primeiros cafés a apresentar um bom jazz, apresentado por músicos mais jovens, foi o The White Whale, na Rua 10 da East. Os trompetistas Don Cherry e Ted Curson lideraram alguns grupos lá, assim como os bateristas Dennis Charles e Ed Blackwell, assim como o saxofonista Archie Shepp, também os pianistas Sonny Clark e Freddie Redd. O lugar era pequeno e o café era péssimo, mas a música geralmente era muito, mas muito boa. E o The Whale tornou-se, com bastante facilidade, um dos poucos lugares em

Nova Iorque onde era possível ouvir bons jovens músicos que não tocavam apenas para melhorar suas condições de vida.

Outros cafés ao redor do THE VILLAGE e do LOWER EAST SIDE adotaram as políticas do THE WHALE muito rapidamente, embora a polícia e os bombeiros fizessem tudo o que podiam para desencorajar a tendência. (Eles finalmente desencorajaram o THE WHALE, que acabou fechando as portas. Parece que a polícia e os bombeiros de Nova Iorque se tornaram extraordinariamente "eficientes", quando souberam que o dinheiro que estava sendo gasto numa cafeteria qualquer para ver um jovem músico era um dinheiro que muito bem poderia ser gasto nalgum estabelecimento maior de entretenimento.) TAKE 3, um "teatro-café", foi uma das cafeterias que respondeu de imediato, contratando o trio de Cecil Taylor (Jimmy Lyons no contrato e Sonny Murray na bateria) para uma residência mais prolongada. Desde que Taylor voltou a este clube logo que regressou da Europa, e ainda é possível, neste momento, ir até lá e ouvi-lo, i.e., o jazz mais incrivelmente empolgante feito neste país, e custando apenas um dólar. A única desvantagem dessa configuração, é claro, seja lá quanto for que essa cafeteria esteja pagando a Taylor, certamente não é suficiente. O dinheiro está em outro lugar.

O PLAYHOUSE COFFEE SHOP era outro lugar oferecendo um jazz vital. Embora eu não o tenha ouvido, muitas pessoas que respeito me disseram que o esquisitíssimo Sun Ra (a quem eu sempre considerei uma espécie de seguidor da moda "modernista") havia reunido um grupo realmente cheio de suíngue e estava transformando o THE PLAYHOUSE em todas as noites da semana. As cafeterias AVITAL e METRO, ambas no East Side, receberam por lá o *Archie Shepp-Bill Dixon Quartet* durante um tempo. Shepp é uma das vozes do sax-tenor mais revigorantes que já ouvi, combinando o furor do estilo de Coltrane, com o tom sólido e o gênio blueseiro sempre presente de um Ben Webster. E dos pouquíssimos lugares em que geralmente é possível escutá-lo (além de um show malfadado que ajudei a organizar, no ano passado, no THE MAIDMAN THEATRE, situado na Rua 42, onde Archie conseguiu juntar uma banda e tanto, com: o trombonista Bernard McKinney, reunido com um grupo liderado por Ted Curson, que apresentava um jovem contralto muito bom, chamado Pat Patrick) e a outros jovens músicos como ele, são: ou as cafeterias ou nos lofts de alguém. (HAROUT'S, THE SPEAKEASY, THE NINTH CIRCLE, THE CINDERELLA CLUB e THE CENTER são alguns outros pequenos clubes que não estão ligados diretamente ao jazz, mas que ainda colocam em cartaz um jazz do bom de vez em quando.)

Quase concomitantemente ao desenvolvimento dos "Cafés com Jazz"[33] (uma ideia, aliás, que ainda não decolou totalmente ou não foi organizada da melhor maneira possível), outra manifestação da zoneada cena jazzística de Nova Iorque, foi o início da *cena loft* no jazz, i.e., não apenas sessões, mas concertos formalmente montados em lofts, apresentando alguns dos melhores jovens músicos de Nova Iorque. Fazia-se muito pouca publicidade para os shows, devido às finanças, postas à disposição por seus patrocinadores, serem extremamente apertadas (e os patrocinadores eram, em muitos casos, os próprios músicos); um pequeno anúncio era colocado no *Village Voice* e alguns cartazes, escritos à mão, eram colocados em locais importantes por todo o centro da cidade. Mas quase sempre havia um público muito entusiasmado e empático, se não esmagadoramente grande, que respondia. E

---

[33] N. d. T.: Venho por meio desta nota pedir encarecidamente desculpas por utilizar um modo de traduzir "jazz coffe houses", com algo tão aproximado aos "Cafés Filosóficos", tão em voga nas primeiras duas décadas do presente século, o XXI, em terras brasileiras. Contudo, não havia também tanta melhor solução, afinal "cafeterias jazzísticas" quase lembra uma cena animada da Disney com talheres & xícaras cantando.

eles geralmente eram recebidos com um jazz muito empolgante. Um tipo de jazz cada vez mais difícil de encontrar em qualquer clube regular de Nova Iorque que exibisse jazz. Como disse o crítico Williams, o que esses proprietários de clubes não percebem é que o público muda, e agora, seguramente, em Nova Iorque, há um público de jazz cada vez mais jovem que não quer gastar seu dinheiro, especialmente para ouvir os sons cansados que oferecem os clubes que os estão tutelando.

Dos concertos em loft, dois dos mais recentes e, sem dúvida, os melhores que ouvi foram da mesma banda: um trio "improvisado", composto por Don Cherry, Wilbur Ware e o baterista Billy Higgins. Ao escutar esse grupo, alguém poderia apenas desejar que eles pudessem permanecer juntos de alguma forma. A música que eles fizeram era simplesmente linda. Cada cara daqueles é um estilista muito singular, e cada qual está envolvido na busca, em grande medida, de uma expressão extremamente pessoal — mas, ao mesmo tempo, tocando todos precisamente juntos. Era um jazz extraordinário. No primeiro concerto com este grupo, que foi realizado em um grande loft na Rua Great Jones, com pessoas sentadas em cadeiras dobráveis de madeira ou agachadas no chão, a música era tão linda que quase não havia som do público, surpreendentemente grande. Mas cada solo era aplaudido alucinadamente, e tenho certeza que os músicos podiam sentir o impacto direto que sua música estava causando. Mais tarde, à noite, um guitarrista apareceu e tocou um Raga indiano, daí Cherry e Higgins improvisaram sobre seus compassos fixos, produzindo uma música sensacional e revigorante. Um alto e jovem sax-contralto, John Tchicai, sentou-se com o grupo original para tocar os últimos temas e sacudiu o público, que aplaudiu de pé. Apesar de ser negro, Tchicai é um cidadão dinamarquês. Ele sopra aquele sax-alto como se quisesse soar tipo Coleman Hawkins tocando como Ornette Coleman. Mas, na real, ele soa como nada que você já tenha ouvido antes. Não tenho dúvidas de que muito mais pessoas irão ouvi-lo em breve.

O outro concerto que presenciei num loft apresentava, em teoria, o trio Cherry-Ware-Higgins nos cartazes, mas na maioria das vezes era Henry Grimes quem tocava baixo para Don e Billy. Ainda assim era maravilhoso e, embora o baixo de Wilbur Ware fosse algo que me fazia voltar para casa e tentar escrever poemas, Grimes era mais do que adequado. Outro grupo na jogada era o Archie Shepp-Bill Dixon Sextet, desta vez com uns carinhas novos, Tchicai no contralto e Charles Moffet, o último baterista de Ornette Coleman. Eles detonaram e deliraram, geral na plateia batendo os pés e estalando os dedos. Houve um longo solo de Shepp que quase abriu minha cabeça.

Mais um dos baratos que rolaram neste último show, e um dos mimos mais improváveis que recebi em muito tempo, foi o "retorno de Earl Coleman", como foi anunciado nos poucos cartazes que umas garotas colaram por bares, cafés e lojas. Tenho um disco, do tipo 10 polegadas/78Rpm, de Earl cantando "Dark Shadows" com Charlie Parker, que toco de vez em quando, mas não conheço ninguém que tenha ouvido Coleman cantar ao vivo nos últimos, e muitos, anos. Mas ele estava muito presente neste show, que foi realizado em um loft na Rua Clinton, que fica bem no Lower East Side, onde ninguém vive, exceto pobres, imigrantes ou artistas. Wilbur Ware tocou junto com Earl, e fez aquela cozinha mais brutal no suporte de um cantor que eu já ouvi, e a voz de Earl parecia tão boa quanto nos velhos tempos.

Os biricoticos (formais ou informais) pareciam ser os lanchinhos mais presentes nos lofts, embora o pessoal da Rua Clinton servisse café de graça e até alguns sanduíches. A entrada, desta vez, custava $1,50, o que era um dinheiro bem gasto. E muitos dos jovens e sérios aficionados por jazz agora pareciam mais dispostos a sentar no chão de um loft e escutar boa música, do que ir aos clubes tradicionais no centro da Downtown e ouvir aquela bobajada das celebridades, ou subir até Uptown e ter enfiado, goela abaixo, um Pee Wee Marquette.

Williams tinha razão, o público do jazz, pelo menos aqui em Nova Iorque, está mudando — melhor dito, já mudou bastante. É bom que alguns dos clubes tradicionais do jazz leve essa mudança em consideração ao contratar seus talentos e leve alguns dos músicos mais jovens para seus estabelecimentos. Há muitos deles em torno da "Grande Maçã" neste momento, que podem até ser usados como bandas de abertura, ao lado de algum grande nome. Já é ruim o suficiente desperdiçar tanto talento, mas é pior ainda deixá-lo morrer de fome.

1962 Apresentando Bobby Bradford

Bobby Bradford representa parte de uma "nova onda" de trompetistas jovens e extremamente talentosos que surgiram recentemente. Junto com Don Cherry, Freddie Hubbard, Richard Williams, Lee Morgan, Ted Curson, Don Ellis, Marcus Belgrave e alguns outros, Bobby Bradford parece inclinado a criar um estilo completamente pessoal de tocar trompete no jazz. Todos estes trompetistas, cada um à sua maneira, parece que serão músicos que terão alguma influência no futuro. E enquanto alguns deles ainda são bastante dependentes de algum estilo ligado a seus predecessores (Williams, por exemplo, soa como se estivesse se desvencilhando do estilo Clifford Brown, e seus esforços são admiráveis), em sua maioria, esses jovens estão começando a tocar sua própria música. Bobby Bradford, dentro desse grupo de jovens músicos, parece ter o estilo mais pessoal.

Bobby nasceu em Cleveland, Mississippi, 27 anos atrás — ele acrescenta: "(…) a cerca de 160 quilômetros de Mound Bayou, uma cidade completamente negra". Sua família se mudou para Los Angeles quando ele cursava a quinta série, mas permaneceram apenas um ano e depois se mudaram para Detroit, durante mais outro ano. Os Bradfords e Bobby finalmente se mudaram para Dallas em 1946, onde, exceto por Bobby, eles vivem até hoje.

"Meu pessoal tentou me fazer tocar piano quando eu era criança. Tive que abandonar, no entanto. A malandragem ficava falando todo aquele lance de que só marica tocava piano, esse tipo de parada".

"Comecei a tocar trompete em 1949. Você não vai acreditar como isso aconteceu. Do outro lado da rua tinha um camarada que portava um trompete e tocava o tempo todo. Um tempinho depois comecei a ir até a casa dele e encher o saco com esse lance. Tipo assim, eu ia direto na casa dele. Sabe qual é, tipo, me mostra aí como faz essa parada e deixa eu bagunçar o lance todo… esses negócios. Finalmente, no Natal de 1948, ganhei um relógio; daí foi pá-pum, o carinha andando com meu relógio no pulso e eu com o trompete dele".

Em setembro de 1949, Bobby tocava com a banda da escola na Lincoln High School. (Cedar Walton, o pianista e James Clay, o famigerado sax-tenor, também estavam na Lincoln nessa época.) Bobby é o que poderia ser chamado de músico autodidata. "Em Dallas", lembra Bobby, "tinha um carinha, daí que o pai dele era dono de uma loja de música e costumava me ensinar um cadinho de trompete. Sabe qual é, umas dicas básicas sobre como tocar. Na época, eu trabalhava na farmácia do meu pai e guardava o instrumento embaixo do balcão. Eu praticava entre os atendimentos aos clientes".

"No ensino médio não me deixaram levar a banda. Minha orientadora pedagógica me obrigou a fazer toda uma rotina acadêmica mais rígida, de latim a geometria, porque ela me achava brilhante. Mas no trompete sou, sobretudo, autodidata. Primeiro aprendi escalas, só mais tarde descobri as figuras cromáticas. Eu tocava escalas quando estava praticando, porque sabia que quando você estava aprendendo um instrumento, era bom saber tocar escalas".

Após o colegial, Bobby foi para o Tillotson College, em Austin, por um ano e meio, depois ingressou na Força Aérea. Embora tenha permanecido servindo a Aeronáutica por quase quatro anos, quarenta e seis meses para ser exato, Bobby nunca conseguiu deixar o Texas. Ele, no entanto, tocou com várias boas bandas da Força Aérea e, assim, adquiriu uma grande e valiosa experiência musical. Quando finalmente saiu da Aeronáutica, Bobby deixou o Texas e foi para Los Angeles. Trabalhava numa loja de departamentos, e participava de várias *jam session*. Numa dessas esbarrou com Ornette Coleman, um músico com quem havia tocado no Texas alguns anos antes. Bobby se juntou ao quinteto recém-formado de Ornette e conseguiram alguns trabalhos no bairro da luz vermelha de Los Angeles. No entanto, quando Ornette afinal se mudou para o leste, Bobby não o fez porque queria ter certeza de que poderia sustentar sua família, que vinha crescendo. (Essa família, hoje, inclui uma esposa e três filhos.) Mas nesse verão Bobby finalmente se mudou para Nova Iorque, a fim de se juntar ao novo grupo de Ornette, logo depois que Don Cherry saiu para formar seu próprio trio.

O estilo de Bobby é descaradamente romântico, i.e., ele nem sempre vai às gavetas do blues buscar a matéria de suas improvisações. Mas o uso de elementos "não-jazz" em seus solos é geralmente inovador e sempre interessante. Por exemplo, muitas vezes ao ouvir Bobby tocar, fico impactado com sua capacidade de soar como se estivesse manejando música "popular". A improvisação é sempre muito melódica e lírica (como se houvesse, de verdade, palavras que pudessem dar conta do solo). Seu tom é mais arredondado e exuberante do que a maioria dos trompetistas mais jovens influenciados por Miles Davis. Contudo, o tom não é tão cheio e impetuoso quanto o dos seguidores de Dizzy e Clifford, como, e.g., Freddie Hubbard ou Richard Williams. É uma sonoridade lírica apaixonante, vasta, mas quase terna. E se move em um belo contraste com a linguagem incisiva e acutilante de Ornette Coleman.

Questionado sobre suas influências, Bobby respondeu rapidamente: "Respeito todos os grandes. Achava que Fats (Navarro) era Deus. Dizzy era foda... mas eu curtia mais o Fats. Ele tinha um som cheio, belíssimo. Também gostava de Miles. Fui fanático por Miles durante um tempo... copiava todos os seus solos. Dizzy, Miles, Art Farmer, gosto dessas feras todas… mas nunca quis tocar como nenhum deles. Quer dizer, quando meu estilo de tocar estava sendo moldado, eu queria fazer como Fats. Mas não acho que você pode tocar como alguém, além de si mesmo. As pessoas dizem que Sonny Stitt soa como Bird… mas eu não acho isso, não".

"Vivendo no Sul a vida toda, você nunca consegue ouvir os grandes. Exceto nos discos. Quiçá, ocasionalmente, em alguma turnê — sei lá, Bird e Diz num pacote conjunto com Stan Kenton. Por isso deu um gás vir aqui e ver ao vivo esses caras que eu idolatrava… como John Lewis, Kenny Dorham ou Roy Haynes. Sabe como? Assim, eu tinha uma imagem mental de todos esses músicos. Sabe como?… tipo, como eles se pareciam. Charlie Rouse era exatamente como eu pensei que seria. Por outro lado o Miles, de perto, não parecia em nada do que eu tinha imaginado".

"E as pessoas, no mais, soam muito diferentes pessoalmente também. O engraçado é que o pessoal que tenta tocar como Miles, por exemplo, e só ouve os discos sem nunca tê-lo visto ao vivo, ficam muito confusas. Pode realmente ser frustrante demais. Ou seja, nem mesmo Miles consegue tocar do jeito que faz nos discos. Você sabe que por ali há muita eletricidade e engenheiros trabalhando também".

As ideias de Bobby sobre música, especialmente a sua própria música e a música de Ornette Coleman, são muito vitais e bem elaboradas. "Sempre pensei no trompete como um instrumento melódico. E penso que haja uma maneira de tocar melodicamente, mesmo com o tempo acelerado, mas não acho que tenha chegado nesse nível ainda".

"Agora que tenho a chance de tocar, quero tocar o que escuto. É uma ótima sensação subir no palco e tocar o que *você* escuta

— não apenas uma série de fraseados, ou os fraseados de outras feras por aí".

"As pessoas sempre me fazem perguntas, inclusive os músicos, sobre a música de Ornette. Eles vêm até mim e perguntam coisas como: *Ornette pode tocar músicas como 'Tea for two?'* — logo sobre um tema bobo como esse. Suponho que seja porque Ornette tem um sentido muito livre de ritmo e harmonia. E ele não fica nessa caixinha de tocar, sei lá, uma sétima menor o tempo todo. Um monte de gente só consegue resolver seus temas de uma certa maneira… aqueles fraseadosinhos de dois e quatro compassos. Às vezes, Ornette consegue algumas coisas bonitas de três compassos. Ele até tem um blues de onze compassos e meio. Uma coisa linda. Suas músicas não são escritas tendo certos acordes em mente. As melodias são como um estímulo para fazer a música avançar em uma certa direção melódica e rítmica. Elas não foram escritas para fazer você voltar. As pessoas pensam que ele está apenas tocando notas ao acaso. Mas há uma sequência harmônica lógica no que Ornette toca. No entanto, não vai tocar nenhuma de suas notas favoritas. Acho que, talvez, deva parecer ridículo para as pessoas que nunca tocaram dessa maneira. Mas é muito estúpido rebaixar as pessoas sem ao menos saber o que estão fazendo. Vou te dizer, se um cara aparecer tocando uma garrafa de Coca-Cola, antes de eu rir, vou escutá-lo e esperar terminar".

Bobby ainda não gravou com o novo quarteto de Ornette Coleman. (A banda agora conta com C. M. Moffett na bateria e Jimmy Garrison no baixo.) Mas há planos em andamento, agora, para uma data neste outono. Enquanto isso, Bobby está trabalhando com Coleman no famoso Five Spot Cafe de Nova Iorque, seis noites por semana — e também há a possibilidade de uma turnê europeia, pela qual Bobby está ansioso. Ele também espera trazer sua família para Nova Iorque o mais rápido possível… agora que ele está trabalhando regularmente. "Sabe", Bobby perguntou, genuinamente perplexo, "eu me pergunto como todos esses músicos fazem para conservar suas técnicas aqui em Nova Iorque, porque a maioria deles não está em atividade. É realmente incrível. Nem preciso dizer o quanto é bom ter trabalho. E é realmente um desafio tocar com Ornette, mas eu gosto".

Bobby Bradford nunca gravou com o grupo de Ornette Coleman. Não muito tempo depois dessa entrevista, ele voltou para o Texas com sua família — onde está agora (1968).

1962 Presente perfeito (Cecil Taylor)

>Gil Evans Orchestra, *Into the Hot* (Impulse A-9)
>(Em composições de John Carisi): John Glasel, Joe Wilder (apenas em "Moon Taj"), Doc Severinsen (apenas em "Angkor Wat"), Clark Terry (apenas em "Barry's tune"), trompetes; Urbie Green, Bob Brookmeyer (apenas em "Moon Taj" e "Barry's tune"), trombones; Harvey Phillips, tuba; Jim Buffington (apenas em "Angkor Wat"), trompete francês; Gene Quill, Phil Woods, sax-alto; Barry Galbraith, guitarra; Eddie Costa, piano e vibrafone; Milt Davis (apenas em "Angkor Wat"), Art Davis (apenas em "Moon Taj" e "Barry's tune"), baixo; Osie Johnson, bateria.
>
>(Em composições de Cecil Taylor): ("Pots" e "Bulbs") Taylor, piano; Jimmy Lyons, sax-alto; Archie Shepp, sax-tenor; Henry Grimes, baixo; Jimmy Murray, bateria; ("Mixed") Ted Curson, trompete; Roswell Rudd, trombone.
>
>"Moon Taj," "Angkor Wat," "Barry's tune" (John Carisi)
>"Pots," "Bulbs," "Mixed" (Cecil Taylor)

Este disco, que inclui composições de Cecil Taylor, é um dos três discos mais importantes lançados este ano (sendo os outros dois *Free Jazz,* de Ornette Coleman, e *Live,* de John Coltrane). E não causa estranhamento que cada um desses discos mostre uma postura e direção totalmente diferentes, mas absolutamente válidas, para o jazz contemporâneo. Em certo sentido, entretanto, Coleman e Taylor estão mais próximos um do outro nas implicações de seus movimentos, do que de Coltrane. Taylor e Coleman representam começos, novas formas para a tradição musical afro-estadunidense, enquanto Coltrane representa um amadurecimento, ou *encerramento*, de um tipo particular de jazz. Coltrane busca, a cada nova investida, destruir por completo a canção popular. Taylor e Coleman estão procedendo como se o trabalho de Coltrane tivesse sido concluído há muito tempo. *Live*, um blues rudimentar, é misterioso para os ouvidos que escutam as mudanças mais pujantes de "My favorite things".

Quanto ao *Free Jazz* e a música de Cecil nesse álbum, levará anos até que a maioria dos "ouvidores da mudança" consiga admitir que Cecil e Ornette estão tocando jazz. (Mas ainda há críticos que falam a respeito da "heresia do *bebop*".)

O *Free Jazz* é muito importante porque restabelece a hegemonia absoluta da improvisação no jazz. *Live*, porque prova que o blues ainda pode funcionar em qualquer nível como uma música *autônoma* (e que não se limita apenas a tocar versões funky de "Melancholy baby"). As contribuições de Taylor neste álbum demonstram, mais uma vez, que o talentoso solista de jazz, inclusive o inovador, pode funcionar em um nível altamente criativo no contexto da composição tradicional. E que, sem dúvidas, o estilo de assemblagem suingante ainda é muito útil para o jazz. É como se parecesse que, em certo sentido, Ornette fizesse o papel de Armstrong dos últimos tempos; e Taylor vestisse o manto de J. R. Morton. Ornette, embora seja um compositor talentoso, é um inovador devido a sua *forma de tocar*, sua abordagem do solo no jazz e, por conseguinte, de toda a música. Cecil é um solista fantástico, mas suas composições demonstram até que ponto suas variações musicais se manterão preservadas como música de pauta. Cecil parece ser muito mais consciente da possibilidade de sua música ser tocada por *outros*, não por Coleman. As composições de Ornette, como as de Charlie Parker, são emitidas por uma mente musical muito mais controlada pelas exigências da performance do solo, bem como pela constante variação da música puramente improvisada. A maioria de seus temas parecem ter surgido *depois* que ele os improvisou. Os de Taylor parecem muito mais obras de composição, do que solos escritos. Já pessoas como Gil Evans (que pouco teve a ver com a música desse álbum — um dos instrumentistas me disse que o máximo que ele fazia era sair para buscar sanduíches) querem gravar as composições de Cecil... podem, afinal, visualizá-las como peças para grupos maiores. As melodias de Ornette, por serem puramente o resultado de um solista, e não de um compositor, provavelmente lhe parecem muito mais distantes.

Uma coisa que Coltrane tem em comum com esses outros dois caras é sua capacidade de recriar um jazz tão anárquico quanto o grito do blues. Um jazz onde as "mudanças" são formais, apenas na medida em que são determinadas pelo *ritmo* definidor e por qualquer previsibilidade emocional, implicadas, tanto quanto possível, ao caráter total da música. Como o blues, "uma música com ou sem motivo", que não é de forma alguma determinada pelas limitações dos trinta e dois compassos da música popular — ao menos para quem lida a sério na área. Mas Coltrane, óbvio, ainda se incomoda, ou se encurrala, por conta do resíduo ativo dessa música, tal como ela se manifesta em sua interminável obsessão com a estrutura de linhas de acordes regulares e recorrentes. Tem-se a sensação de que Coltrane gostaria de pegar cada um dos acordes que já ouviu, reformulá-los e reestruturá-los, de modo que pudesse escutar esses acordes em todas as suas outras formas possíveis. A escala, aterradoramente restringida, de "My favorite things" é Música Anciã para Coleman e Taylor. Era uma escala útil para Trane porque as mudanças nela são tão regulares que implicam um ritmo que lhe deixava enamorado daquilo. Ele fez "Greensleeves" e "Inchworm" à sua imagem e semelhança. A salvação de Coltrane só virá sob a forma de um assassino ou anarquista, cuja anarquia pareça ainda mais radical porque as referências à "música antiga" ainda restarão. *Live* é um exemplo disso.

Parece que Taylor e Coleman desabaram sobre nós direto do *bebop*. Sua dívida como solistas para com Monk e Powell, por um lado, e Charlie Parker, por outro, é constantemente reconhecida. Parece que eles nunca aceitaram a podridão cerebral pós-*bop* do *cool jazz* ou o equivocado culto ancestral do *funk-groove-soul*, mas pegaram o novo aprendizado do *bop* e o colocaram em usos mais lógicos. Muita gente vai usar Coltrane para bater na cabeça de Ornette e Cecil, sem entender que na verdade Trane funciona como seu assassino de aluguel. Ele emprega as várias reações pós-*bop* para preparar, por assim dizer, uma área para Taylor e Coleman. E é seu poder como solista que torna seus esforços tão significativos. Taylor e Coleman não precisam se preocupar com as palhaçadas sem sentido de um Cannonball Adderley, quando há a contínua confissão pública de Coltrane explicando o quão perto do esquecimento tem ficado do jazz os músicos como Cannonball (ou Art Blakey, ou Bobby Timmons, ou *The Jazztet*). (Mas o verdadeiro matador ainda pode vir a ser Sonny Rollins, que desenvolveu uma música "perfeita" e agora — pelo menos em suas performances ao vivo — a abandonou em favor de um belo e eficiente "niilismo". Seu grupo, ademais, pode ser capaz de forçar um entendimento do jazz *contemporâneo* nessa melancólica multidão de bebês chorões. Don Cherry e Billy Higgins, diplomados do primeiro e mais malvado dos grupos de Coleman, têm tido grande influência na forma que a nova música de Sonny está tomando recentemente. Agora que *The Bridge* está fora do caminho, e a Victor e mais alguns novos compradores se convenceram de que Sonny pode "tocar bonito", a música gravada vai ficar mais próxima da executada ao vivo. Haverá berros de agonia e gritos de "Traidor!" quando a sessão ao vivo do Village Gate for liberada. Aguardo ansiosamente, e oxalá me peçam para identificar alguns dos cadáveres.)

As melodias de Cecil neste álbum criam, pelas suas tentativas sinceras de alcançar a perfeição de uma forma ainda não totalmente compreendida, uma atmosfera musical que venha a estremecer os emocionados do rolê. É toda uma linguagem orquestral para onde Cecil aponta; uma linguagem que ainda concebe a força do verbo, i.e., a exclamação do solo convertida em pura ferocidade pela improvisação. Será uma linguagem tão completa quanto a de Ellington, com aquele estilo solto da assemblagem suingante que fez da banda de Basie o verdadeiro paraíso do solista. Em "Bulbs", o conjunto dá o tom orquestral da música e estabelece a profundidade harmônica. Então Cecil, depois de servir como o cromatismo harmônico mais profundo, salta para a frente e, usando a seção rítmica como um estandarte, faz um solo que parece ter sido proposto pela "orquestra". (Embora este grupo, em "Bulbs" e "Pots", seja apenas um quinteto, soa consistentemente como uma banda muito maior.) O sax-altista Lyons parece ter certeza de que o estilo de Bird ainda se encaixa nesse tipo de música, e ele está certo na maioria das vezes. Mas é o sax-tenor de Shepp que é o sopro mais impressionante nesta música. Quem pensou, alguma vez, que Ben Webster e John Coltrane poderiam soar completamente como outra pessoa? Shepp pegou influências mais antigas e as fez se encaixarem no escopo emocional dessa música, e ele certamente não tem medo de tocar "fundo" a verdade nua e crua[34]. O baixista

---

[34] N. d. T.: Conforme o original: "(…) to play low down". Nesse passo as imbricações de sentido geram alguma dificuldade. Numa primeira entrada, quase que com o tom de termo jurídico, cumpre o sentido de "verdade nua e crua" sendo revelada pelo modo de tocar, se se toma a acepção usual da expressão. Contudo, também há uma entrada mais afeita à música, particularmente aos sentidos emocionais expressados pelo blues, que é "tocar fundo". Embora misture ambos os sentidos, achei válido não perder as duas possibilidades, ainda que com algum alargamento da frase.

Grimes mantém o grupo coeso e recolhe as diversas propostas rítmicas de Cecil de maneira perfeita.

"Mixed", a mim me parece, é a composição mais ambiciosa e aventureira do álbum. Dois outros instrumentos de sopro são adicionados, para avolumar o grupo com sete membros: o trompetista Ted Curson, que cria o clima e o termo emocional da seção inicial da peça, junto com o piano exuberante e arrebatador de Taylor, mais a constante reformulação desse tema por Shepp, tocando sob o som do piano. O outro sopro é o trombone de Roswell Rudd, que dá um corpo à música, o que de fato lhe outorga uma sonoridade orquestral. A própria peça parece estar formalmente dividida em seções que se repetem. A primeira, uma espécie de balada torturada, na qual Shepp, Taylor e Curson são apresentados como vozes solo em separado, mas relacionadas por contraste. A segunda seção, que também serve como uma espécie de liberação, ou plataforma de lançamento, a partir da qual os solos são de fato disparados, parte de um *riff* de blues ajustadíssimo e arrebatador. O tipo de *riff*, ao menos na forma de seu uso, que lembra muito as bandas anteriores de Basie, em que o *riff* era a forma desencadeadora que exigia alívio e resolução dos solos. Os solos de Taylor, logo após esses *riffs*, e à medida que se sucedem ao longo da composição, quase que moldando o ritmo, são soberbos.

"Pots" contém alguns dos melhores momentos de piano realizados por Taylor ao longo de todo o álbum. O solo inicial é o tipo de pianística feita por atropelos, mas ainda muito precisa, e é a marca registrada de Taylor, é um solo estritamente virtuoso, mas Taylor, Coltrane, Rollins e Coleman estão entre os poucos músicos que podem transformar exercícios técnicos em experiências emocionais. Murray, o baterista, também tem seu melhor momento na audição desse esforço, assim como o sax-alto de Jimmy Lyons.

Taylor e os outros estão fazendo uma música exatamente de onde nós estamos. É tão exato em seus registros emocionais, e tão estritamente contemporâneo em sua estética, quanto qualquer outra arte ocidental. É uma vergonha que haja tanta gente nessa só a fim de passatempo, e também os engomadinhos e aqueles tipos de caras "você-sabe-com-quem-está-falando", que estão ligados, de uma forma ou de outra, à música — muito porque ajuda a ofuscar a área em que o trabalho dos legítimos inovadores está sendo feito. Mas o que se pode dizer de uma sociedade que envia Benny Goodman e Robert Frost para a Rússia como "vanguarda cultural"? Tenho tentado me convencer de que essa é a menor das nossas preocupações. (*Adendo*: a música de John Carisi é um *cool progressivo*, saca?)

1962 Cecil Taylor (*The world of Cecil Taylor*)

> *The World of Cecil Taylor* (Candid 8006).
> Taylor, piano; Archie Shepp, sax-tenor (apenas em: "Air" e "Lazy afternoon"); Buell Neidlinger, baixo; Dennis Charles, bateria. "Air," "This nearly was mine," "Port of Call," "E.B.," "Lazy afternoon".

A primeira coisa que este álbum me traz à cabeça, especialmente o título, foi uma ideia que venho tentando desenvolver há um bom tempo. Existe realmente um "mundo" de Cecil Taylor? Ou, para colocar exatamente da maneira que eu vinha pensando sobre isso: terá Cecil Taylor realmente conseguido encontrar uma cisão ou um *novo* tipo de jazz? Ou ele está apenas aplicando uma personalidade musical incrivelmente revigorante a uma forma bastante "tradicional"? Na verdade, com base neste álbum, eu diria que a última ideia parece verdadeira.

Por exemplo, o melhor tema do álbum, "This nearly was mine", é uma música que, em circunstâncias normais, não passaria de uma das músicas pop mais terrivelmente piegas de nosso tempo. Mas Taylor parece rumar pelo tema com isso em mente, porque ele rearranja quase completamente os recursos melódicos, harmônicos e rítmicos, de tal maneira que consegue fazer uma música tão pessoal e íntima que dá a sensação de que o tema original de "This..." nunca tenha existido de fato, exceto como uma espécie de pesadelo dispéptico. Mas a grande questão é que Taylor pode, e vai, fazer com que velhas formas e velhos pesadelos se tornem sua própria música. Uma música, começo a pensar, que é tão "tradicional" quanto qualquer carne fresca e excitante naquilo que o jazz pode vir a ser. E por tradicional não quero dizer que haja aqui reacionarismo ou academicismo, mas da *utilização* de materiais e ideias que são talvez heranças culturais... coisas que Taylor tirou da "história" extraordinariamente vital do jazz e transformou em algo para si mesmo.

Outro exemplo, nesta mesma música, "This…", como eu disse antes, é uma peça assustadoramente frágil, aquele tipo de futilidade dos "grandes centros", que Cecil transformou em um blues sutil — mas blues do mais genuíno. O tipo delicado de blues que Montana Taylor sabia fazer tão bem. A insistência "blues"… que opera mais por acréscimo do que por um iminente exagero (o tipo de exagero que passei a chamar de superfunk).

Mas as outras músicas desse álbum também são admiráveis. "Port of Call" e "Lazy afternoon" são próximas em excelência (a "This…", por exemplo). O sentido rítmico de Taylor é talvez a coisa que mais me entusiasma. Ele parece acertar o ritmo na superfície melódica de sua música. E isso é visto imediatamente em temas de sua autoria como "Port of Call" ou "E.B.". (Em um álbum anterior de Taylor, *Looking Ahead*, que na minha opinião talvez contenha o que há de melhor em Taylor, considerando suas gravações, e um dos seus temas originais, "Of what", mostra exatamente como a melodia e o ritmo podem estar integrados para formar um objeto musical de poder extraordinário.) Mas essa insistência, i.e., a inserção direta do pulso rítmico na melodia, não é propriamente uma inovação. (Embora, bom que seja dito, a maioria dos comerciantes do funk que está na moda tenha quase esquecido que os elementos rítmicos de uma música devem *se mover*, quiçá fluir… não em sua textura, mas no que diz respeito às *ideias* que esses elementos contêm. Ou seja: um ritmo estático que esteja relacionado à superfície melódica por um arranjo arbitrário que não produz nada que tenha valor musical, embora possa, sim, aumentar o padrão de vida de alguém.) Thelonious Monk e Charlie Parker utilizaram esse conceito em suas composições e performances, assim como a maioria dos músicos *bop*. Ornette Coleman, Taylor, Eric Dolphy e alguns outros estão tentando reenfatizar essa crise atual. (E é uma conclusão muito simples que o chamado canto *scat*, adotado e modernizado pelos músicos *bop*, tentou criar melodia a partir de elementos rítmicos da música.)

Os outros membros do grupo de Taylor também se mostram como bons músicos. Acho que Dennis Charles é um dos jovens bateristas mais interessantes que há por aí, e ele certamente ficará ainda melhor. Archie Shepp, sax-tenor, está empregando, com boa utilização, algumas influências de Coltrane, no entanto não estou de todo convencido de que ele tenha entendido a música de Taylor ritmicamente, ainda. Mas, pelo menos, mostrou que é capaz de se mover em círculos musicais bastante sofisticados. O baixista Buell Neidlinger tira um som maior e mais musical a cada vez que o ouço, embora não haja nada dele neste álbum que corresponda à sua fantástica performance no disco de que falei anteriormente, *Looking Ahead*, exceto talvez em algumas partes de "This…".

Uma nota final. Hoje em dia, há um pequeno grupo de frequentadores regulares andando por aí dizendo que não podem "estalar os dedos" com a música de Taylor (ou Ornette Coleman, etc.). Para eles só posso dizer que, definitivamente, se há algo errado, certamente é com seus dedos.

1964 Miolo da maçã #1

Introdução ao Miolo da Maçã

Os textos seguintes foram escritos como colunas ocasionais para Down Beat e Wild Dog. Eles aparecem aqui um tanto editados, mas essencialmente são os mesmos.

São destinados não apenas como reconhecimentos e registros passageiros, mas também como pontos de apoio para a nova música e reações ao Jazz Estadunidense em geral.

L.J. Março de 1966

Onde os novos músicos vão tocar, afinal? Os donos de clubes, na melhor das hipóteses, são homens de balcão "moderninhos", e não podem ser realmente os "encarregados". Eles não sabem nada (exceto o som das caixas registradoras e, nos últimos tempos, parecem incapazes de descobrir "para onde foi o público do jazz", se é que já pensaram sobre isso... e.g., abrir somente aos finais de semana, *rock & roll*, números musicais com comediantes, literatos chauvinistas e saraus afrescalhados... nada disso bota moeda no porquinho, tão surradinho, que acabam voltando para seus velhos companheiros do jazz). É uma pena, porque agora era a hora, de fato, de alguns desses empreendedores começarem a contratar os grupos mais novos e conquistar um público que está apenas esperando um lugar para ir. Cafeterias e lofts, como mencionei em um texto anterior, ocuparam espaço a partir dessa negligência, mas ainda há muitos músicos originais andando por aí sem nenhum lugar para tocar.

Em sintonia com esse problema, alguns cidadãos tentaram organizar clubes de jazz ao estilo europeu: organizar encontros em lofts nos finais de semana, com algum tipo de estrutura comercial, para tornar tudo "oficial". Até que haja lugares públicos, a música terá que ser ouvida na cena alternativa. Outra ideia era abrir uma igreja. Apenas dezessete cidadãos, acredito que é tudo o que você precisa para começar uma religião — ou, pelo menos, abrir uma igreja de fachada. As santas igrejas santificadas (metodistas, pentecostal, Deus em Cristo, etc.) perdem metade da noite. Se alguém consegue armar uma aparência de igreja, pode fazer quase qualquer coisa e a lei não poderá impedi-lo.

Um cidadão recentemente deu uma festa no antigo, e já fechado, Jazz Gallery. (Desde os tempos do Gallery houve uma porção de cafeterias malsucedidas… a última delas foi a Ski Lodge, então decorada por todo o lugar com equipamentos de esqui, etc.) Albert Ayler, com Sonny Murray e Gary Peacock, formavam um grupo. Don Cherry esteve com eles grande parte do tempo, embora liderasse outra banda. Muitos jovens músicos tiveram a chance de tocar. Archie Shepp tinha um grupo que apresentava: Allen Shorter no trompete (irmão de Wayne… e definitivamente, a esta altura, tão bom quanto ele); Don Moore, que tocou baixo com o *New York Contemporary Five*, na Europa; e Edgar Bateman, na bateria. A banda de Cherry tinha um sax-tenor de Little Rock, muito forte e bonito, chamado Pharoah Sanders. Eu o tinha escutado alguns meses antes, numa cafeteria de East Side, com o quarteto de Charles Moffet, que trazia Carla Bley no piano. Pharoah é da linhagem de Coltrane, e essa linhagem faz tempo que se tornou maior do que Trane imaginava. Sanders está juntando as peças muito rapidamente; quando o fizer, alguém lhe contará sobre isso. Mas, nesse momento, o que ele faz é tocar. Paul Allen era o outro sopro, tocava como se ventasse em direção a um balanço mais suave, mas um pouco confuso… e sossegado, tanto quanto se pode dizer. Billy

Higgins era o baterista e Jimmy Garrison chegou junto em metade dos temas naquela noite. Teve uma pancada de gente forte tocando, uma pancada de imagens belíssimas. Até que foi uma boa noite.

Nas tardes de segunda e sexta-feira, uma *big band*, reunida no Five Spot, ensaiava sob a "liderança" de Cedar Walton. Músicos como: Clifford Jordan, Roland Alexander, Pat Patrick, Don Moore, Frank Haines, Reggie Workman, Martin Banks, Clarence (C) Sharpe, Garnett Brown, Julian Priester, Tommy Turrentine, Pharoah Sanders, J. C. Moses e muitos outros, até agora muita gente tem aparecido. O repertório que a banda vem tocando é algo de Clifford Jordan, é tipo as coisas de Basie, mas mais complicadas. De todo modo há coisas no repertório que são próximas de Basie sendo revisitadas também. Mas a ideia, em si, é toda muito boa, especialmente porque tantos músicos não tem outro lugar onde tocar, de qualquer forma.

guia do consumidor: Alguns LPs muito bons passaram pelas minhas mãos recentemente (nem todos são recentes, mas a maioria é). *Evolution* (Blue Note 4153), que é de um sexteto liderado por Grachan Moncur, a nova estrela do trombone, segundo a crítica. É o núcleo do mesmo grupo (Jackie McLean, sax-contralto; Bobby Hutcherson, o vibrafonista preferido dos críticos; Tony Williams, a nova estrela da crítica na bateria) que tocou no último álbum de Jackie McLean, *One Step Beyond* (Blue Note 4137), que é também uma coisa muito, muito maravilhosa. Em *Evolution*, Bob Crenshaw é o baixista, substituindo Eddie Khan. Lee Morgan soma no trompete e também agrega muito. O mel do melhor que já ouvi de Lee: toda aquela velocidade em frases rabiscadas e a manha no uso dos lábios, que ele transforma num artifício musical útil, cantando! Mas o grupo inteiro é forte e dá um sentido estimulante ao que a malandragem chama de "suingante". Jackie toca de um jeito pesado e cru, com muita fibra e na cabeça do ritmo. Já faz tempo que ele chega pesado. Tony Williams já é um mestre naquilo que faz. Seus solos — como o de "Saturday and sunday", quando gravou com McLean; ou seu trabalho em "Air raid" ou "Evolution", na reunião de Moncur — mostram o quanto ele está bem na sua própria parada. Williams quebra o ritmo em intervalos pessoais, como se ele tratasse o pulso em vez de batida, ainda que a batida esteja lá, afinal. A diferença em relação a qualquer outro jovem baterista, é que Sonny Murray — que tocou com Cecil Taylor por quatro ou cinco anos, e agora anda com Albert Ayler, Gary Peacock e Don Cherry pela Europa — leva a bateria, pelo que ouvi, para terrenos desconhecidos. Os intervalos de Murray, suas pulsações, são completamente "arbitrários". As coisas de Williams até são parecidas… mas, com certeza, são bateristas muito diferentes, e cada um está dizendo algo muito importante. Na real, são provavelmente os dois bateristas mais jovens e empolgantes da cena atualmente. (Citaria alguns outros, é claro: Billy Higgins, Dennis Charles, Eddie Blackwell, Joe Chambers, J. C. Moses, Charles Moffat.) Onde Williams "coloca" seus sons, i.e., arranjando-os em relação ao todo do organismo musical e, ainda assim, fazendo seus solos parecerem, por momentos, quase completamente autônomos (e.g., "Saturday and sunday"), mas sempre havendo um impulso rítmico que torna o solo uma conversa em constante variação sobre o restante da música, além de servir para "equilibrar" a improvisação. Murray, no entanto, não coloca seus sons, ele cria a bateria como uma entidade musical completa, inseparável de todo o sentimento musical, equilibrada apenas pela ordinariedade da mais profunda sensibilidade musical do músico. Murray toca bateria sem pensar em servir a qualquer função, exceto a total liberdade e espontaneidade de sua constante improvisação. Ou seja, Murray improvisa "livremente" ao longo do tema e toca o tempo todo, sem qualquer recurso, digamos, à ideia tradicional de acompanhamento rítmico. Ele não "mantém o tempo", ele o faz, o move.

Um exemplo muito bom do estilo de Murray pode ser ouvido no novo álbum de Albert Ayler, *Spirits* (Debut 146), que também apresenta outro músico de Cleveland, Norman Howard, no trompete, mais Henry Grimes e Earle Henderson nos baixos, ora se alternando, ora fazendo duetos. (Este é o segundo álbum de Ayler na Debut, embora a distribuição tenha sido bem ruim; o primeiro foi *My Name Is Albert Ayler* (Debut 140), gravado em Copenhague, no ano 1963, com Ayler nos saxofones soprano e tenor; Niels Bronsted, no piano; Niels-Henning Orsted Pedersen, no baixo; e Ronnie Gardiner, na bateria).

Qualquer pessoa interessada em escutar o que está acontecendo agora no jazz deve adquirir esses dois álbuns. As interpretações de Ayler, como venho dizendo, são uma revelação. A abordagem de Ayler para com a música é semelhante à de Murray — no sentido de que ambos estão tocando a sua própria maneira. Os outros músicos em *Spirits* também parecem interessados em chegar junto com sua própria personalidade — em vez de apenas se mostrar como "o atualizado" tocando todos os *licks* da prateleira: "prato do dia".

O trompetista Norman Howard fará muita gente parar para ouvir. Suas fugas são como rajadas penetrantes em *staccato*, que deixam pouco espaço para encantadores produtos de pronta-entrega ou exibições preguiçosas de um falso virtuosismo. Henry Grimes (favor sacar, especialmente, o *Spirits*) pode soar como um quarteto de cordas, mas a complexidade e sutileza de sua execução nunca obscurece o coração rítmico no calor da condução de seus "acompanhamentos". Um dos temas, "Witches and devils", deve assombrar qualquer pessoa dada a envolvimentos místicos, ou mesmo a simples reações impressionistas. É uma melodia assustadora, indo muito a fundo naquilo que chamamos de existente, até àquela porção de nós mesmos que é, afinal, a realidade mais que real e muito daquilo que é o menos familiar.

No álbum *My Name Is Albert Ayler*, Ayler toca com uma seção rítmica surpreendentemente boa, composta por dois dinamarqueses e um estadunidense (Gardiner), que tem tocado pelos países escandinavos há alguns anos. O trabalho de Albert no sax-soprano é quase tão valioso quanto seu trabalho no sax-tenor (atenção a "Summertime" e "Green dolphin street"). O baixista, Orsted Pedersen, aparece muito bem nesse álbum... ele tocando em "C.T." é muito bom (Ayler, aqui, está fantástico). Mas toda banda tem uma forte empatia por Ayler, cujas fugas alucinadas, e a enorme explosão de som, soam ainda mais selvagens quando na escuta com essa seção rítmica: espíritos testemunham *Spirits*.

O que anda circulando por aí é que há de se escutar Betty Carter! Ela já está muito além daqueles duetos com Ray Charles. Ouvi uma gravação recente, em fita cassete, na casa de um cidadão que era realmente outra coisa, talvez mais do que isso. Ela conseguiu fechar algumas datas nesse verão, cantando com seu próprio trio no Five Spot. A senhorita Carter agora parece escutar sua própria voz de maneira mais pessoal, como uma extensão humana do sentimento do ser, em vez de, digamos, parecer algum artefato formal (revivido) que deva percorrer palavra por palavra das canções "populares" essencialmente insípidas. Dizer que ela "usa sua voz como um instrumento" seria baratear suas intenções. Ela usa sua voz até os limites de sua expressividade física (e emocional)... em que supera a mera melodia, como um tema anunciado de forma recorrente, percorrendo uma reunião de emoções sob facetas encobertas, dando características muito particulares (do mesmo modo que nossas gargantas têm tamanhos diferentes e, portanto, produzem sons diferentes a partir delas) gerando valores para cada uma de suas notas, descansos e ligaduras, etc. Quer dizer, ela soa muito bem.

Outro jovem muito importante é Archie Shepp, um sax-tenor que acaba de lançar *Archie Shepp and the Contemporary Five* (Savoy MG-12184). Shepp, de um lado do disco, e Bill Dixon, na outra metade do álbum, com um grupo liderado pelo trompetista. O lado Shepp, apresenta: John Tchicai, o Negro Dinamarquês, no sax-alto; Ronnie Boykins, no baixo; Sonny Murray, bateria; Ted Curson, artista convidado em duas músicas; e Don Cherry, o trompetista regular do NYC5, que toca apenas uma música, "Consequences" (que é a faixa campeã do álbum) — realmente, essa rapaziada é papo sério. Dois dos temas são composições de Shepp: "Where poppies bloom" e "Like a blessed baby lamb"; o outro, "Consequences", é de Cherry. Archie soa encantador a gravação inteira, mas em "Lamb" e "Consequences" o cara arregaça tudo. Ele combina uma amplíssima e elegante característica blueseira, com uma força rítmica que, muitas vezes, há gente que tenta ligá-lo a Ben Webster… o que não é, de todo, má relação. Mas Archie tem algo a dizer que é novo e poderosamente comovente. John Tchicai faz música de uma natureza muito diferente da de Shepp, mas também é uma música tão emocionante quanto. O estilo de tocar do Tchicai, o seu modo de pensar o saxofone, é mesmo fascinante. Seu tom é seco, acre, incisivo; sua linha é econômica e esbelta, como ele; seu fraseado às vezes me lembra as decisões geométricas de Mondrian, ou silogismos líricos. No lugar em que as intenções de Shepp são, no geral, de imediato aparentes — seja num blues afável, seja num blues safado, ainda assim será dotado duma persuasão selvagemente contemporânea — a escuta de Tchicai o leva a sutilezas de expressão, onde o sentimento do blues "puro" acaba substituído por uma tensão musical/emocional constantemente complicada, que é "cheia de alma" — alma, esta, que corre pelas veias do músico.

Shepp recentemente gravou algo para a IMPULSE (*Four For Trane*), que deve ser lançado ainda neste inverno. A gravação foi feita sob o "patrocínio" de John Coltrane e apresentará algumas das músicas dele. Mas Shepp tem um monte de músicas lindas de sua autoria e deveria ter permissão para tocá-las.

O maior buraco na cena musical continua sendo causado pela ausência pública de Ornette Coleman. (Ele tem, é claro, tocado em sua casa, e muitos dos jovens músicos de Nova Iorque aparecem por lá. Por esse motivo, Ornette tem uma das mais alucinantes coleções de fitas-cassete com novas músicas da galera que está por aí. Ele também tem aprendido a tocar trompete e violino, e já passou da fase puramente técnica e agora vai direto ao que interessa). Ornette anda de saco cheio das gravadoras, dos donos de casas noturnas e dos empresários do ramo, agora está tentando abrir seu próprio espaço… um lugar onde não apenas sua música poderá ser ouvida, mas também a de muitos outros músicos mais jovens e talentosos, mas publicamente silenciados. Mas, até o momento, ele teve pouco sucesso. Acho que já está mais que na hora de abrir o clube cooperativo de jazz, etc. Os músicos deveriam se reunir em torno de um "faça você mesmo". Seria uma revolução na cena do jazz, sem falar em toda a indústria do entretenimento. Músicos tocando para si mesmos… e tocando exatamente o que eles querem. Isso seria glorioso, de verdade. Mas há muito poucas pessoas fortes o suficiente para levar tal programa a cabo.

Um Pouco Mais de Guia do Consumidor (na batida do fechar das gavetas) Mary Wells:"Oh, little boy" e "My guy"; *The Supremes*: "Where did our love go?" (que é realmente linda); a adorável Dionne Warwick: "Any old time of day" e, por favor, escute: "Walk on by". Isso realmente vai mudar você por dentro. Mais uma de Dionne, "You'll never get to heaven if you break my heart". Uma banda bárbara é: *Martha and the Vandellas,* em "Heat wave" e "A love like yours".

Há uma chance de que a National Educational Television apresente toda uma série de programas sobre o jazz, que talvez não deva ser apresentada por Al Hirt ou Shorty Rogers. Mas como dizem: é ver para crer.

1965 Miolo da maçã #2

ESP Records, o novo projeto de Bernard Stollman, promete ser uma das novidades mais valiosas pro desenvolvimento do jazz contemporâneo em muito tempo. Stollman até agora gravou fitas-demo e discos de amostragem com alguns dos novos grupos mais interessantes da cidade, incluindo The New York Art Quartet, com John Tchicai, no sax-alto; Rosweel Rudd, no trombone; Louis Worrell, no baixo (recentemente, Eddie Gomez); e o baterista Milford Graves, que vale a pena ouvir. Graves chega a lembrar bastante o baterista de Albert Ayler, Sonny Murray, porque também mantém todos os seus dispositivos sonoros operando constante e simultaneamente. Mas Graves tem um impulso rítmico, um acúmulo de energias motoras, que fazem dele um estilista diferente. Ele também começou a usar a tabla indiana e está fazendo inovações no uso dos pratos — particularmente tocando o chimbal, e também às vezes atacando a face inferior do prato de condução [*ride*], ou explorando-o num ataque ruidoso de maneira que produza um ganido agudo — com sons que pontuam as frases da percussão como se fossem instrumentos orientais de corda. Graves estudou tabla por muito tempo com um professor indiano, e por isso o som que ele consegue da caixa soa completamente diferente do ratátátá típico daquele martelo marcial que a maioria dos bateristas usa.

Graves também toca em grande parte de outro disco da ESP, o do jovem saxofonista Giuseppe Logan, que toca sax-alto, tenor e trompete. Logan tem um quarteto no primeiro lado: Don Pullen, um pianista que ainda parece buscar seu próprio caminho através da aplicação de algumas formas típicas de Cecil Taylor; Eddie Gomez, baixo; e Milford Graves, bateria e tabla. Neste disco, Logan parece ter se inspirado na música da Índia, embora a espinha dorsal do disco seja ocidental, como tem que ser pra evitar que não seja jazz. Os nomes das músicas podem dar uma ideia do que esses jovens querem fazer: "Tabla suite", "Dance of satan", "Dialogue", "Taneous", "Bleecker St. Partita". Ainda não ouvi Logan ao vivo, mas depois desse disco me sinto compelido a fazê-lo. Este mesmo grupo, junto a um percussionista chamado Sahumba, vai dar um show no Judson Hall, dia 8 de fevereiro.

Ainda outro "achado" da ESP é Byron Paul Allen, que toca sax-alto, cujo primeiro lado nomeou como "Time is past". O grupo de Allen é um trio com Theodore Robinson, na percussão, e Maceo Gilchrist, no baixo. Esse grupo já soa como se estivessem tocando juntos há muito tempo, ou seja, já possuem uma forma sonora distinta e original como banda. E Paul Allen está se convertendo em um pensador profundo de seu instrumento, e talvez não tenhamos que esperar muito mais pra que se realize. Por exemplo, algo que ele declarou e, possivelmente, deve ser incluída nas notas do encarte deste primeiro álbum: "Somente pra os músicos: o tempo não é velocidade, é distância; e som é movimento calculado". O baterista Theodore Robinson também fez uma declaração que, creio eu, pode dizer quase exatamente onde está ou, ao menos, estava quando disse: "desde que Deus me concedeu o desejo de executar o som que sinto, prosseguirei". Só vai, avante!

A ESP também gravou Albert Ayler, sax-tenor (que acabou de voltar da Europa e de Cleveland, disposto a bagunçar a cabeça de muita gente). Agora, se o Sr. Stollman for sério, em breve teremos alguns sons da pesada pra nos ajudar a tolerar nossa estadia na América.

Algumas palavras do sax-tenor Pharoah Sanders, o cara cujo primeiro disco próprio (também gravado pela ESP) fará muita gente devota: "Aceites tudo. Aceites as outras pessoas, assim como aceitas a ti mesmo. Se não estás tocando o teu, estás tocando o solo de outra pessoa. Podes ser um receptor ou um doador. Podes ser espiritual ou outra coisa. A música é uma chave que leva a disciplina nas pessoas. Pode curar pessoas doentes. A música é como uma coisa espiritual. É como uma coisa do submundo. Toda a criação é feita por pessoas espirituais". A música de Sanders reforça essas afirmações.

Recentemente, Sanders tocou com o baterista Rashied-Ali (que também toca trompete) e o trompetista Dewey Johnson (que também é um excelente baterista). Um concerto, como parte de uma leitura de poesia patrocinada pelo jornal IN/FORMATION no St. Marks Playhouse, reuniu esses três importantes jovens músicos e um novo sax-altista, Marion Brown, que é um dos sopros mais empolgantes de Nova Iorque hoje.

Brown é o sax-alto (o "parceiro" de Archie Shepp) no novo grupo que Shepp está montando. O estilo de Brown, embora ainda em formação, pode ser descrito como pós-Coleman, mas ele está apenas começando a se expandir, ainda que, a partir do que se vê como padrão, já esteja em algo surpreendentemente próprio. Brown e Sanders têm feito alguns shows juntos, e cada um dos caras parece ter a intenção de colocar alguma humanidade na voz e na alma em sua forma de tocar. Na verdade, Brown e Sanders, por insistência de Sanders, têm praticado exercícios respiratórios de Yoga na tentativa de trazer mais corpo ao seu som. Brown disse a um sujeito: "Quero que meu instrumento soe cada vez mais como a voz humana... muito em breve este instrumento já não será mais só um instrumento...". Esses caras estão avançando em novas zonas de expressão, e o trabalho que eles já realizaram — até agora em grande parte semi-privado, devido à estupidez da indústria fonográfica mais comercial e casas noturnas — é inteligente e de uma beleza comovente.

Ninguém acha muito do esquisito que todos esses grupos britânicos do "pop" estejam operando grandes pilhagens de grana? É bem simples, na verdade. Eles pegam o estilo (as fundações, a energia, a forma geral, etc.) do blues preto, seja o rural ou o urbano, e o combinam com a imagem (o visual) do não-conformismo branco dos estadunidenses, i.e., o *beatnik* — e o caracterizam muito bem. Além disso, o fato de que esses garotos ingleses são literalmente "*mais moderninhos*" do que seus equivalentes brancos nos Estados Unidos, e são mais moderninhos porque, como se vê facilmente, souberam criar um modelo mais contemporâneo, ao contrário da maioria dos "cantores folk" estadunidenses brancos, que se limitam a imitar modelos "antigos" do blues e de antigos cantores, chegando a uma espécie de canção popular (mais hedionda em grupos como Peter, Paul and Mary, etc.), que não tem nada a ver com a realidade preta, que poderia ter mais força — se acaso houvesse referência a uma experiência emocional mais profunda. Como disse um jovem poeta: "Pelo menos os *Rolling Stones* se parecem com piratas ingleses".

Digo isso como uma maneira de adentrar em outro tema, a saber: mesmo a música de vanguarda estadunidense sofre quando se afasta demais da experiência do blues. Todos os jovens músicos de agora devem se certificar de escutar *The Supremes*, Dionne Warwick, *Martha and The Vandellas*, *The Impressions*, Mary Wells, James Brown, Major Lance, Marvin Gaye, *Four Tops*, Bobby Bland, etc., só pra ter uma ideia de onde está o blues contemporâneo; todas as ideias realmente indecentes estão por ali, e esses jovens músicos, todavia, estão conectados com essa realidade, quer entendam ou não os motivos. Por outro lado, o jazz, por mais que tenha um viés intelectual, se afastou demais de suas fontes e recursos mais significativos, se debilita e se transforma, pouco a pouco, apenas na música de outra classe média emergente. As formas tornam-se rígidas quando passam a existir apenas como fins nelas mesmas. Ou seja, quando são aparentemente autônomas (o que é impossível de qualquer maneira — só que o conteúdo, nesse caso, é debilitado porque toda a ênfase está na forma). O que você diz e como você diz estão indissoluvelmente conectados… Como é o Quê. Mas se muita atenção for dada apenas ao "como", ele então se tornará "performance" no sentido de mera piada sem graça (e de graça)[35]. A forma é a estrutura do conteúdo. A forma correta é a expressão perfeita do conteúdo.

Algum músico estaria disposto a me passar todas as informações possíveis sobre a situação obscena dos registros de trabalho [cabaret card] *na cidade de Nova Iorque? Talvez possamos colocar esse bando de cornos escrotos, cupinchas de milícia, em perigo.*

---

[35] Conforme o original: "But too much attention to how will be performance in the dumbest sense. (Cents.)". Há implicações quase irrecuperáveis, tanto na sintaxe, quanto no uso do léxico. Particularmente, recuperar a brincadeira sonora de "sense" por "cents" é um nó. Opto por abrir mão da "estupidez", pela ideia de "piada sem graça", jogando com o plano de "gratuidade" de "cents".

1966 Miolo da maçã #3

Albert Ayler é o som explosivo desta época. Ele diz que não está interessado nas notas; ele quer tocar além das notas e, então, entrar puramente no som. No elemento básico, no fator emocional límpido, absolutamente liberto de qualquer conceito anti-emocional. Os discos têm sido maravilhosos e, a princípio, aterradores, porque dilaceram de maneira completa, pois não são no todo "racionalizáveis", i.e., exaurem os modos de "explicação", a conexão com a inspiradora canção popular. Quando Ayler quer que a memória lhe forneça uma fonte de fogo, faz uso de uma capa preta eclesiástica às gargalhadas nas melodias[36]. Deedee-dedaaa, voltando direto pras origens estadunidenses da música africana. E tudo ritmicamente orientado. As *digitações* (vibrato) em seu tom, produzem engates rítmicos e bombeiam a melodia

---

[36] N. d. T.: "When Ayler does want memory to furnish him with a fire source, he uses coonish churchified chuckle tunes". Primeiro: "fire source", que poderia ser traduzido literalmente como "combustível"; contudo, o movimento seguinte é mais complexo: "coonish" é termo racista caracterizando aspectos estereotípicos do povo preto, de certa forma animalizando-o, particularmente com funcionalidade de tipificação, tal como "o homem preto agressivo". Contudo, lemos a voz de Baraka, e ele é fino na ironia, no uso desviante da língua, da linguagem, em que "coonish", tem função de "mascaramento", daí a opção por "capa preta". Há uma outra dinâmica, que se verá a seguir, que é a busca de Ayler por inspiração em raízes africanas. Gera, aqui, um jogo duplo: como há uma aproximação com aspectos religiosos, jogamos a notação "eclesiástica", e cria-se uma aproximação aclimatada, também mascarada, com o exu-catiço *Capa-Preta*, podendo, ainda, fazer uso mais forte de "chuckle", espécie de cacarejo [sic] ou riso [gargalhada]. Um outro modo de ler, como esforço de *tradução-exu*, conceito elaborado por Guilherme Gontijo Flores e Rodrigo Gonçalves, depois expandido por mim com Flores no livro Tradução-Exu [ensaio de tempestades a caminho], Belo Horizonte: Editora Relicário, 2022, seria: "Quando Ayler quer que a memória lhe forneça uma fonte de fogo, faz uso das eclesiásticas gargalhadas exusíacas nas melodias". Como Amiri Baraka perverte a perversão do insulto, seria boa roupa, outra capa preta.

pra parte puramente rítmica. Quando ele usa o baterista Milford Graves, o pano de fundo é feito de grandes rugidos, estampidos, pausas, ofegâncias e estrondos. Graves tece, gira e serpenteia ao fundo, variando de modo constante o som. Jamais lança mão daquelas batidas insossas e pré-fabricadas, típicas dessa gente apenas "moderninha". O som, e os dispositivos sonoros, estão em permanente mudança, e a energia que os impulsiona é incansável.

Quando Ayler usa Sonny Murray, o grupo tem, na totalidade, um som completamente diferente. Há coisas demais na cabeça de Murray, mais precisões sentimentais que ele tenta resolver como um violinista. Graves é mais obstinado em seus propósitos. Ele simplesmente quer seguir em frente. Murray às vezes faz você pensar que ele pode apenas querer desaparecer.

O estilo "volante" de Murray é tanto visual quanto musicalmente provocativo. Sonny se lança e flutua sobre golpes de tambores e pratos, quase de surpresa, roçando, em errância, acarinhando todas as superfícies sonoras, enquanto acompanha a si mesmo em um lamento profundo que corta pra valer o fundo da carne.

A reorganização rítmica de Murray faz com que a bateria aparente algo de canção. Seus acentos partem de uma imediata necessidade emocional, em vez das exigências, ocasionalmente banais, de uma marcação pré estabelecida, na qual a levada nos pratos empenha uma economia tímida em nome de alguma paz interior[37] muito na moda ultimamente.

---

[37] N. d. T.: Conforme o original "soulforce", termo que designa um componente do Satyagraha — do sânscrito *satya*: "verdade", *āgraha*: "insistência", resultando em algo como: "agarrar-se firmemente a", ou "agarrar-se firmemente à verdade", ou "força da verdade", é uma forma particular de resistência não violenta ou resistência civil, princípios propagados por Gandhi. Houve, no período, forte influência musical e filosófica de ideias hinduístas, o que acabou gerando, também, diluições desses princípios, algo parecido com a "namasterização *new age*" que perdura em nossa época. Opta-se por "paz interior", quase como força de slogan, crendo cumprir o sentido desse modo de tocar

Os tambores da bateria são surpreendentes, ora se escondem e são sutis, ora são repentinamente estrondosos. Em algumas passagens Murray usa os dois pés trabalhando, sem rodeios, e as baquetas (que ora são tubos de metal, ora agulhas de tricô, ora são até, pasme, de madeira) ficam invisíveis.

Os mergulhos da "linha" da bateria são ruidosos, mas há momentos em que também são suaves e até parecem desaparecer. Mas é um som de bateria total o que Murray faz, não apenas "acompanhamento" ensurdecedor.

Um número considerável de bateristas, jovens e não tão jovens, aprenderam com Murray, especialmente durante seu trabalho com o agrupamento montado por Cecil Taylor. Sonny está, nesse momento, com suas próprias coisas a caminho. E seus esquemas gráficos esquisitíssimos, alguns dos quais parecendo máquinas engenhosas, provavelmente serão as paradas mais quentes nas próximas temporadas.

Don Ayler, o irmão mais novo de Albert, exibe seu estilo no trompete. Ele ruge e parte sem maiores rodeios às notas mais francamente abertas do instrumento. Nesse momento, Don tem muito pouco respeito pelo aspecto reflexivo, mas dada a natureza de seu estilo, quando se torna mais analítico, as longas rajadas de seus sopros serão de um preto profundo em tecnicolor.

O grupo com que Ayler tocou várias vezes no Black Arts incluía Don e Charles Tyler, um saxofonista brutal no estilo de Ayler, que também vinha de Cleveland. Tyler é um dos melhores sax-alto da cena atualmente, e está apenas começando. Assim como Don Ayler, em estrondoso instrumento.

As outras pessoas são Milford Graves e o baixista Louis Worrell, que tocaram com o grupo John Tchicai–Roswell Rudd.

---

discretíssimo e sem sal (o que se distancia, de muitos modos, das dinâmicas rítmicas da tabla, por exemplo).

Falou-se por um tempo sobre um grupo de Ayler, com Graves e Sonny Murray. Espero que isso aconteça. Espero que dê boa e seja certo. Graves, o punho inteligente; Murray, o misticismo. Ayler tem ambos os elementos em sua música.

O álbum mais novo de Ayler se chama *Bells*, sob a gerência do sacado Bernard Stollman, da ESP Records. Vale a pena ter todos os discos que escutei da ESP. Espero que os músicos sejam bem afortunados tanto com as gravações, quanto o produtor e os consumidores (uma história possível).

Outro disco lançado recentemente por Ayler, e que deve ser mencionado em todas as páginas desta revista jazzística[38], chama-se *Spiritual Unity*, com Sonny Murray e Gary Peacock, no baixo. Sugiro que comprem esse álbum, bando de loucos com algodão nos ouvidos — pode ser útil ao te deixar de cuca fresca, além de impedir-lhes que importunem a galera!

Mais música preta do nosso tempo: *Sun Ra Myth-Science Arkestra*. Sun Ra faz parte da cena há muito tempo. Em Chicago, alguns anos atrás, lembro-me de ter ouvido seu nome e visto um filme, *The cry of jazz*, no qual a música de Sun era apresentada.

Todos os conceitos que pareciam vagos e irrealizados no final dos anos 1950, se juntaram e amadureceram profundamente na música composta por este músico-filósofo.

A *Arkestra* varia de tamanho. Mas geralmente tem entre dez a doze grandes músicos. Às vezes, dois bateristas (e.g., Roger Blank e Clifford Jarvis ou Jihmmie Johnson), mais todo um naipe de metais se duplicando em vários tipos de instrumentos de percussão: sinos, címbalos, tambores africanos.

Sun Ra quer uma música que reflita um sentido da vida que foi perdido no Ocidente, uma música cheia de África. A banda cria um ambiente, sobretudo com a sua música, mas também

---

[38] N. d. T.: Baraka se refere à *Down Beat*.

com a sua indumentária (pano dourado de veludo, tiaras e chapéus, túnicas brilhantes). As luzes se apagam em alguns temas, e as únicas luzes que restam são lampejos que espocam espectralmente ora em Sun Ra, ora em Marshall Allen, ora em algum dos outros componentes da banda.

Em uma peça a *Arkestra* se move, detrás de Sun Ra, em uma longa linha através da escuridão, cantando e tocando, com as luzes piscando intermitentes… e toda uma época totalmente diferente é conjurada.

Os músicos também cantam num bocado das canções, e.g., "Next stop, Júpiter", e em algumas delas apontam pro ar. A voz tem se tornado cada vez mais relevante para o jazz contemporâneo. A qualidade vocal dos instrumentistas, particularmente os de sopro, tem se tornado cada vez mais impressionantes, desde "A love supreme", a recitação em "Malcolm" de Archie Shepp, o pequeno discurso biográfico de Albert Ayler em *My Name Is Albert Ayler*, o cantarolar de Sonny Murray em "Witches and devils" (*Spiritual Unity*, ESP), até minha própria leitura com John Tchicai.

O novo disco de Sun Ra pra ESP, *The Heliocentric Worlds of Sun Ra*, é um dos álbuns mais bonitos que já escutei. É uma experiência profundamente satisfatória. Algo que me chamou atenção neste álbum foi o fato de que a *Sun Ra Myth-Science Arkestra* é, realmente, a primeira *big band* da Nova Música Preta. Escutando *The Ornette Coleman Double Quartet*, a partir da impressão que transmitem as composições de Cecil Taylor, especialmente "Into the hot", foram minhas primeiras referências de como deveriam soar as *big bands* da nova música. E a manipulação sonora que Sun Ra realiza, dentro desse contexto orquestral, torna ainda mais flexível os termos de composição espontânea e da utilização de um conceito de "som total", i.e., quando a música parece ocupar todo o espaço sonoro disponível. A música de Sun Ra neste termo presume sua existência em toda parte. É toda a Natureza. E não é apenas o artefato calmo perdido num mundo de silêncio. A canção popular é claramente discernível como uma coisa no mundo. Seus limites são flagrantemente finitos. A música de Sun Ra cria os sons arbitrários do mundo natural.

A *Arkestra* de Sun Ra é realmente uma família preta. O líder mantém quatorze ou quinze músicos tocando com ele — que estão convencidos de que a música é uma preocupação com o sagrado, bem como um aspecto vitalmente significativo da cultura preta. Alguns dos músicos, como o novo sax-tenor John Gilmore ou o sax-barítono Pat Patrick, provavelmente encontram trabalhos em outras bandas caça-níqueis, mas sua maior dedicação é com o maravilhoso mundo preto & musical de Sun Ra.

Grande parte dos músicos da *Myth-Science Arkestra*, de Sun Ra, ainda são muito jovens para serem conhecidos pela maioria das pessoas. Mas *Heliocentric* deve mudar tudo isso.

O novo disco da IMPULSE, chamado *The New Wave in Jazz*, deveria se chamar *New Black Music…* é uma gravação ao vivo no VILLAGE GATE de um concerto beneficente a Black Arts Repertory Theatre School. Nesse álbum estão John Coltrane, tocando uma versão incrível de "Nature boy", o grupo de Archie Shepp, o quarteto de Albert Ayler, Grachan Moncur e o trompetista Charlie Tolliver com um grupo formado por Charles Spaulding, Cecil McBee e Billy Higgins.

Duas outras atrações deveriam ter sido gravadas: Betty Carter, que realmente transformou o lugar, e a enorme banda de Sun Ra. Mas devido a algumas reviravoltas estranhas do cara lá da A&R, dois destaques deste show, de fato um concerto ao vivo, foram apagados.

Mas este é o álbum a ser ouvido. Trane, Ayler e Shepp, os grandes do nosso tempo nos seus instrumentos, além de músicos como Bobby Hutcherson, Marion Brown, Pharoah Sanders, Sonny Murray, Don Ayler, Louis Worrell.

A Black Arts lançará uma série de álbuns em breve. O primeiro registro da série se chamará *Sonny's Time Now*. Na bateria, a estreia de Sonny Murray como líder. O álbum contará ainda com Albert Ayler, Don Cherry e dois baixistas, Louis Worrell e Henry Grimes.

Este álbum deve fazer com que Murray floresça e se libere. Tem estado na frente há tanto tempo que é hora dos holofotes focarem nele. Talvez os nomes das músicas deem uma ideia de como rolou a sessão. Três dos temas são: "Virtue", "Justice", "The lie", inclui-se ainda "Black art". Este álbum deve pirar geral. Todos os temas são de Murray, e a última peça é uma exploração de jazz e poesia.

A bateria de Murray, o instrumento mesmo, parece ser montada como uma peça escultórica estranhíssima — haja visto como ele dispõe os elementos dela em cena. Nessa gravação, ele carregou apenas dois de seus próprios pratos. O prato de condução [*ride*] pendia de uma estrutura de ferro fundido, os pratos do chimbal [*hi-hat*] estavam ancorados por uma espécie de amarrado de arame, o que alterava a frequência e o ângulo de contato entre eles.

Ó Grandes Brancos Liberais do Mundo, deem a todos esses homens jovens um emprego — pode ser algum dinheiro, também serve! Até que aprendam, e todo o Povo Preto aprenda, que devem, afinal, sustentar a si mesmos.

1966 Miolo da maçã #4

Ontem à noite um preto genial inflamou um porão em Newark. Quando cheguei lá, as vibrações no lugar não eram nada boas. Um tipo de boemia, com o encosto neo-pseudo-preto-branco-brancarana que paira por toda parte, banhada por aquela atmosfera d'*O Cão dos Baskervilles*. Toda enfermidade daquela brancalhada grudada nas paredes. Estava tocando um trio nada a ver, meio que imitando Red Garland, etc. Para melhorar, pintou um poeta branquelo de cabelos ensebados e me entregou uns panfletos defendendo projetos habitacionais e uns de filiação ao Congresso de Igualdade Racial[39]. Era tipo uma energia de calabouço o que eu recebia dali, e isso me tirou do ar, me desligou geral.

Saí para pegar um goró, enquanto arrumavam tudo para a outra leitura. Esperavam por um poeta chamado Ronald Stone, um mano de quem eu tinha ouvido falar bem. A informação era quente. Esse mano manja o que é um grito de dor. Seus poemas têm tanto ardor que três dos camaradas do poeta-dos-panfletos sentados na plateia se dispersaram "correndo para o colo de suas babás". Fala sério.

Stone está em sua obra quando lê. Ele a agarra e a orquestra. Transforma em música — e é muito consciente desse acontecimento. Por vezes usa canções como citações, como movimentos ou como trampolins no poema. Um de seus textos usa títulos

---

[39] N. d. T.: O original entrega o acrônimo CORE: Congress of Racial Equality. Em meados da década de 1960, o CORE voltou-se para o envolvimento da comunidade, buscando equipar os habitantes de Chicago com maneiras de desafiar a segregação. Uma série de petições de transferência, comícios e reuniões comunitárias serviram para educar os habitantes de Chicago sobre a segregação e fornecer-lhes ferramentas para navegar pelas políticas escolares da vizinhança.

de canções, principalmente temas do jazz, para dar-lhe um forte sentido lírico. Também escreve sobre o amor, voltado muito conscientemente para a mulher enquanto tema. A mulher negra, i.e., como fazê-la voltar para a gente.

Seu trabalho é divertido, ácido e comovente. Às vezes ele canta alguns de seus versos (lembra Roland Snellings ou Larry Neal) ou eleva as palavras sob uma retórica da paixão, quase dramática (*vis-à-vis* Calvin Hernton). Mas a totalidade emocional decisiva é puro Stone. Ele é pétreo.

Stone mudou todo o tom da noite. As vibrações melhoraram muitíssimo, o ar ficou respirável, e aquela galerinha, de três ou quatro forasteiros, vazou para tomar uma fresca.

Charles Moore, o jovem trompetista de Detroit, apresentou um set curto cheio de chispas. Também tocou com o último grupo da noite. Esse grupo, que foi anunciado como The Detroit Artists' Workshop, de fato apresentava jovens músicos brilhantes de Nova Iorque: Pharoah Sanders, Marion Brown e Rashid-Ali. A moçada de Detroit, Moore e mais uns outros, também se juntaram a dois músicos locais de Newark: George Lyle, no sax-alto, e Howard Walker, o cara do sax-tenor — que mandaram bem demais, embrasando tudo. Mas o set, na sua totalidade (acho que tocaram duas músicas) foi um daqueles feitos que se vê em raríssimas ocasiões, do tipo que faz tremer o chão. A coisa pegou fogo.

A certa altura, com todo aquele naipe de metais tomando sua própria direção, mas, ao mesmo tempo, tudo atado ao movimento final e ao sentimento do todo, alguns de nós na plateia estávamos aos suspiros tomando aquele baque com os músicos, e a música levou a todos nós, instrumentistas e ouvintes, para além do que a vista via.

Sanders, a despeito de seu primeiro disco gravado pela ESP, é um músico fantástico. (E mesmo que se pegue o álbum pela ESP, se você ouvir o que o Pharoah está tentando fazer, para onde está tentando ir, mesmo assim vai tirar dali alguma coisa. Contudo seus parceiros no disco, particularmente Jane Getz, que insistia em martelar cada acorde coxo em seu piano insensível, como se rogasse para que Pharoah, o perdido, voltasse à terra da música popular — o que não dava em nada). Seu domínio dos harmônicos (três, quatro, dez notas de uma vez), seu timbre lírico mesmo quando está aos berros, seu controle do instrumento com sua respiração... seja qual for o "valor da nota", permite-lhe tocar uma linha, longa e heroica, de um precioso movimento.

Sanders foi o protagonista da noite. Brown, Ali e os outros, embora tenham tocado com tanto vigor quanto possível, ficaram visivelmente mexidos e abalados com a experiência. No ápice da música, os carpidos e silvos chegaram para valer. Este é o êxtase da nova música. Naquele ponto mais exato de feroz agonia ou de júbilo, os carpidos selvagens, os silvos, as salvas de vida, tudo em constante mudança.

(Ouvindo Sonny Murray, você pode escutar as necessidades primordiais da nova música. O rasgo emocional estraçalhante que ela produz. Os uivos fantasmagóricos dos ancestrais, andando à solta numa heroica marcha espiritual por dentro das mais sagradas celebrações da nova negritude. Menciono Sonny aqui — também Albert Ayler e Sun Ra — porque a música deles é o que chega mais perto do verdadeiro suprassumo da alma, o gênio cultural do novo sentimento preto. O tom que sua música adota é uma límpida leitura emocional de onde está a nova música. E Pharoah, Marion, Charles Moore e os outros partiram para dentro na outra noite, então o som correu como sangue em nossas veias.)

Com todos os instrumentos de sopro diferentes criando seu próprio espaço comum, e Ali proporcionando um sentimento telúrico, tal como o movimento de avanço, as sombras pesadas de coisas que voam... qualquer um podia sentir a complexidade da vida, também sua simplicidade. Todos os sons combinados são som do mundo (o uno), movendo-se pelo espaço a milhares de quilômetros por hora.

Marion Brown, que às vezes toca sax-alto com Archie, e o baterista Raschid-Ali[40], que também tocou com Shepp, ambos estavam mandando brasa essa noite, mas foi Sanders quem voou de verdade. Contudo Ali e Brown estão, eles mesmos, se tornando músicos relevantes, muito relevantes. Raschid fez tanto progresso desde que o ouvi no ano passado, é fantástico. E Brown, tendo tocado com Shepp, e depois com Pharoah, está se mexendo muito rapidamente também. Enxergo o único perigo que pode distrair qualquer um desses vigorosos músicos, e é um perigo que talvez esteja próximo de todos os jovens músicos em ascensão da nova música, i.e., o perigo de se tornarem apenas "estilistas" — espelhos moderninhos do que está rolando, em vez de exploradores e, mais do que isso, descobridores e modificadores, que é, acredite ou não, do que aqui se trata.

Havia alguns novos talentos em cena também. Mencionei Charles Moore, o jovem trompetista de Detroit. No momento, ele tem o som mais firme nesse instrumento, exceção feita ao inovador Don Ayler. E Moore provavelmente já escutou Ayler, porque aquele som avassalador de metais é algo que Don, quase sozinho, trouxe de volta ao jazz sob a forte influência de Albert Ayler no instrumento.

---

[40] Na verdade, o nome correto do baterista é Rashied Ali.

Moore é jovem e ainda, às vezes, quer tocar "melodias", i.e., cacos de memorabilia, e não tanto o tom de seu próprio sangue; mas ele ainda está por aí e, suponho, ainda se move.

Outro jovem instrumentista é o saxofonista George Lyle, que foi convertido, ao que parece, por Ayler e Shepp. Ele tem um som revigorante e agressivo no contralto, algo que pode soar, dentro de corações equivocados, como senhoritas brancas esganiçadas. Agora, pós-Ornette, a sonoridade do sax-alto deve ser trabalhada. Tchicai tem o som leve e ajustado; idem a Marion Brown, Giuseppe Logan, etc., muito embora Marshall Allen, o principal sax-alto de Sun Ra, tenha um som mais cheio e mais bonito. Apenas Charles Tyler, da banda de Ayler, possui aquela sonoridade mais cheia e pesada dos carpidos que satisfazem minha necessidade particular de carne e osso. O som "amplo", sob aquele estilo Jackie McLean–Ornette Coleman, é algo a ser escolhido pelos músicos mais jovens. Lyle soa agora como se estivesse pensando sobre isso.

1966 Miolo da maçã #5 — o caso Burton Greene

A alma é a qualidade do ser — ou o ser de uma alma. Qual é a qualidade de teu ser? Qualidade, aqui, quer dizer o que ela possui? O que um ser não possui, naquilo que lhe falta, também determina a qualidade do ser — o que tua alma realmente é.

E pensemos na alma como *anima*, espírito (*spiritus*, respiração), como aquilo que leva a respiração ou o vento vivo. Somos animados porque respiramos. E o espírito que respira em nós, que nos anima, que nos impulsiona, traça os caminhos por onde passamos — e que é a caracterização final das nossas vidas. Essência/Espírito. A soma final, e a mais elementar, do que chamamos de ser. Não há vida sem espírito. O ser humano não pode existir sem alma, a menos que seja a coisa saída de cavernas geladas e cheirando a mal, respirando gases venenosos de alta valência, que tão logo se internaliza por olhos azul-argônio.

Teu espírito é o que és, consequência do que respiras de teus semelhantes. Tua volição interna e elementar.

No Jazz Art Music Society, em Newark, uma noite, o pianista Burton Greene se apresentou com um grupo formado por Marion Brown, no sax-alto, e Pharoah Sanders, no sax-tenor.

A performance de Greene, ainda que tenha sido estranha, não pareceu nada especial. Seu significado acerca do modo como a humanidade é declarada: "A existência se prova a si mesma."

Gostaria de listar algumas observações que fiz sobre a existência da alma e da anti-alma, ou do espiritual e do anti-espiritual... Como existem?

Eu nomeei "O caso Burton Greene", porque Burton Greene é um pianista branco, super descolado (MoDErNo), cujo trabalho é, e será, elogiado — sobretudo quando em breve for alçado por Morgenstern & Co[41]. tornando-se seu Josué derrubando as muralhas de Jericó.

Naquela noite a música ia crescendo, adensando em peso, balançando as paredes daquele lugar. Uma música tremulante... especialmente a que fazia Pharoah Sanders com sua longa linha guiada por harmônicos (Nazakat Ali e Salamat Ali, do Paquistão, podiam fazer isso com suas vozes). Marion Brown crescia junto com Pharoah. Era uma música alucinatória, dissolvendo corpos... ascendia e lá ficava... e então: o êxtase do entendimento, a evolução. O sentimento que tais homens produz é o de consciência da evolução, a *vontade* do universo.

Sim, é a música que, nas melhores mãos, é conscientemente uma Música Espiritual. É isto, falamos da ideia de Força Vital, experimentar *vir a ser* uma das funções criativas do universo.

Assim, Sun Ra, que conhece algo sobre a própria Religião da Sabedoria, usa esse conhecimento para fazer de sua música uma ponte para princípios humanos elevados. Sun Ra fala da mudança real, da verdadeira evolução através do espaço, não apenas em naves espaciais, mas dos princípios superiores da humanidade, o *progresso* após a morte do corpo.

Pharoah Sanders é uma pessoa espiritual. Ele quer sentir o Oriente, também, como um sujeito oriental. Marion Brown quer entender o que é o espiritual, e ele segue e se associa com

---

[41] N. d. T.: Baraka faz referência a Dan Morgenstern, um escritor, editor, arquivista e produtor de jazz — e por extensão, refere-se a toda uma crítica branca especializada. Cabe observar parte do currículo de Morgenstern: escreveu para o *Jazz Journal* de 1958 a 1961; depois editou várias revistas de jazz: *Metronome* em 1961, *Jazz* de 1962 a 1963 e *Down Beat* de 1967 a 1973. Em 1976, foi nomeado diretor do Rutgers–Newark's Institute of Jazz Studies, onde continuou o trabalho de Marshall Stearns e fez do Instituto a maior coleção mundial de documentos, gravações e memorabilia de jazz. Algumas das revistas que editou, perceba-se, tiveram como colaborador, justamente, Amiri Baraka.

certas energias espirituais. Ou seja, ele entende que se trata, até certo ponto, de energia.

Ser espiritual é estar em contato com o magnetismo vivo de vida-mundo-universo. "Todos vocês têm ritmo!" Exato! (E é mais difícil para um homem rico entrar no reino dos céus, etc, etc). Rico significa *pervertido pelas coisas*, o que é a América, o Ocidente. Onde o sol morre.

Na bela contorção do som da energia ancestral negra, todo o porão foi possuído e animado. As coisas voavam pelo ar.

Burton Greene, a certa altura, começou a golpear o teclado sem rumo. Também estava se contorcendo, empurrado por forças que não podia usar ou assimilar adequadamente. Não parava de passar os dedos compulsivamente pelos cabelos.

Finalmente parou acima do piano… a música voava ao seu redor… e começou a golpear as cordas do piano com os dedos e a dar pancadas na madeira do instrumento. Pegou uma baqueta para fazer mais barulho. (O "estilo" de Greene aponta, eu presumo, na direção de Cecil Taylor e, continuo supondo, um Taylor por via de interpretações euro-estadunidenses do tipo Tudor-Cage, Stockhausen-Wolf-Cowell-Feldman.)

Mas o som que fazia não funcionava, não estava no mesmo lugar do outro som. Ele bateu no piano, começou a abri-lo e fechá-lo, batendo na frente, por trás, nos lados e no tampo do instrumento. O som não funcionava, não conseguia fazer o mesmo som.

Sentou-se de novo apatetado, tombou a cabeça. Movia os dedos de modo completamente aleatório pelas teclas. Pharoah e Marion seguiam na onda; mantinham salvas e silvos invocando os espíritos.

Burton Greene levantou-se de novo. Uma explosão repentina, como se estivesse enfrentando um organismo agressor; sacudiu o piano novamente... balançou, bateu, esmurrou (a madeira.) Fechava os punhos e socava.

Por fim esparramou-se no chão, debaixo do piano, como uma sombra se sacudindo na parte inferior do instrumento, de onde dava pequenos golpes na base, apoiando-se nos cotovelos; primeiro as batidas, depois tapas suaves, tum, tum, depois silêncio — e ele atirou-se ao chão para aquietar a cabeça, que cobria com os braços e a sombra do piano.

Pharoah e Marion ainda estavam botando para quebrar. O belo som continuou e continuou.

1966 Miolo da maçã #6

Don Pullen-Milford Graves, *In Concert at Yale University* (Pullen-Graves Music): "*Este disco faz parte de nosso programa de autossuficiência para músicos*" — é o que está escrito, em vermelho, num pedaço de papel-jornal, junto com o título. Don Pullen, no piano, e Milford Graves, na percussão. A capa do álbum é pintada à mão. Formas delicadas em azul, verde, amarelo-alaranjado e branco. Panorama de um acontecimento de tirar o fôlego.

A música neste álbum é belíssima. E a sua ideia de distribuição: "mano, faça você mesmo"; "Não ceda aos 10% sobre os direitos, mano". Faça você mesmo, em nações, culturas, produtos do intelecto e da alma. Visões. As suas, de si e as de outros da sua cepa. A música neste álbum é belíssima.

Sabe-se que não temos nosso próprio teatro… onde está a indústria fonográfica do jazz?… A *Motown* deveria mostrar-lhe o que se pode fazer caso pegue um produto visceral. A música é belíssima.

Sun Ra tem feito isso há muito tempo. Ele mesmo. Saturno paira sobre todos nós. Sun Ra, o mestre moderno. O orquestrador.

Neste disco, Don Pullen mostra o quão profundamente se mantêm firmes seus dedos explosivos. Seu piano é semelhante ao de Cecil Taylor, exceto que Pullen é mais *bruto*, no sentido de carregar, talvez, uma mala mais pesada. Seu piano ondula uma massa mais substanciosa na pauta, portanto, sua "linha" parece mais lenta, como uma onda adensada carregando mais implicações harmônicas do que as de Cecil. Taylor busca a variante rítmica mais rápida, o sapateado suprafísico. Cecil, nas variantes, parece "mais acelerado". Mas o piano de Pullen é mais para um "funk" onírico profundamente profundo (mais em direção ao meta do que ao supra), no clima de algo ameaçador, desejando emergir, e é o que se realiza. Uma espécie de inacabável (variações de OMMMMMMMMMMMM) espreitando cada canto pela nuca. A música de Pullen é belíssima. Ele é o pianista mais forte que já ouvi na mesma "direção de Cecil", com um chamado muito especial. E sem, ao que parece, aquele respeito paranoico pelos "esquemas".

Milford Graves, com Pullen, soa como algum tipo de fenômeno natural. Como quando alguém se maravilha com o tom e a dinâmica do trovão. Ele preenche todos os espaços com movimento, mudanças de direção. O tempo é simplesmente a *ocorrência*. Algo ocorrido enquanto mede, se é que mede. Pode-se dizer que os processos evolutivos, as constantes, marcham? O toque escutado por você, meu parceiro, é o seu próprio pulso.

Ele tem suingue?

Faz qualquer lance?

Este álbum todo (PG1 e PG2), suponho que este(s) título(s), junto com o "Nothing", no álbum solo de Milford, *You Never Heard Such Sounds In Your Life* (ESP), tem o espírito de sentir a completude, o total envolvimento de cada experiência. Os nomes são partes diferentes de um todo.

Esses dois músicos, Pullen e Graves, estão fazendo as músicas mais profundas por aí. Não deixam a desejar.

Ouvi por aí a segunda edição de *Ascension,* de Coltrane. Creio que a segunda edição, que andam apresentando com a mesma capa da primeira, geralmente não chama a atenção das pessoas para a mudança, que é superior. Melhor dito: é uma experiência mais gratificante. Especialmente porque o sax de Pharoah Sanders é ouvido com mais nitidez, algo que se aproxima de alcançar sua maior força (nos discos). *Meditations*, de Trane, é puríssimo. Há um Trane ancião, que tem a graça de uma garça em sua maturidade, tal como disse certa vez, seu afeto pelo que era conhecido como pastoral, que agora entendemos ser a calma da vida objetiva. Aquilo que, na verdade, há sem incidentes. A Forma das Baladas de Trane ("Love"), ele usa para saltar entre as seções selvagens e de maior fôlego ("Consequences", e aquela tipo Ayler: "The father, the son, the holy ghost"), Pharoah Sanders realmente atingindo seu pico nessas músicas, especialmente em "Consequences".

As assemblagens escancaradas, operando como bordaduras... a interpretação por meio do experimento *total*, são emocionantes e belas. Tudo funciona. Toda aquela música parece menos "atada" do que antes (por esquemas, pela leitura, pelos saxofones, por atenções espúrias). A força de Pharoah nesse empreendimento é inconfundível, bem como a direção que está dando à música de John. A banda de *Meditations* traz Trane de volta à expressão contemporânea absoluta, embora o próprio Trane, ao que parece, se contente em "gritar" menos, e prefira o sentido rítmico mais antigo e, sobretudo, a sua linda varredura lírica. Eu gostaria de escutar um Trane mais compromissado, como biruta para a densidade de Pharoah. Então a música atingiria outro patamar. Neste momento, o que Pharoah faz está bombando.

Presenciei alguns dos concertos do "Love Beast"; um nome, acredito, que a mim me pareceu muito adequado. A Besta fazendo grana, gastando energia. Uns assombrosos "especuladores" engomadinhos vindos sabe-se lá de onde?

Sun Ra, naturalmente, não poderia ser incluído em uma série de concertos chamado "Love Beast". A pureza da música do Deus Sol não poderia ser usada, logo não foi. Tampouco Cecil Taylor tocou, e não tiveram nem o gostinho... daquela coisa que diziam querer. A vanguarda, finalmente, feita sob medida: uma merda, qualquer bosta, um conglomerado de aberrações, super-aberrações, infra-aberrações — ium branquelim na moita catando u dinheirim.

ARTE!

MONSTRENGOS!

Falando nisso, só mais dois palitos: Frank Smith pensa que é uma réplica de Albert Ayler (metido numa camisa vermelha, e seus garotos enfiados em ternos azuis, entregando sua força de tripálio pro cara de camisa vermelha, e definitivamente $$$$, dado que o véio Smitty vai subir, como o jazz, toda a cordilheira até as agências de Henry "pau-mole" Luce).

Frank Smith é um ladrãozinho de meia-tigela, exceto pelo que rouba, que não é nada insignificante. Ele é o "Ladrão de Almas". Ele fica na surdina com um canudo vermelho, coberto de cabelo, por tê-lo enfiado na cabeça das pessoas e chupado seus cérebros. Ele se acorcunda quando toca, feito uma sacola de lixo pelo ar. Ele executa o que ouviu sendo tocado por Albert. Ele é um espertalhão, como o é alguém bom de lábia.

Mas, queridos amantes de notícias velhas, o Sr. Smith ficará rico — logo que o som de Albert se tornar palatável para um naco de gente; daí, essa outra camada da vida usará a versão superespertalharizada dele, a de Sir Smith, para provar, sempre, o quão moderninhos são os missionários. Assim o é porque, de qualquer maneira, é isso que eles queriam ouvir: a eles mesmos. (Fiquei pensando em Kate Smith, enlouquecendo).

Este último item é uma relíquia:

Senhor & Escravo

Se houvesse mais Woody Hermans
e menos ou nenhum Archie Shepps, o estado
do Jazz seria muito mais saudável

—Dave Yost
Spokane, Washington

"Tentamos usar todos os elementos da música", explicou Lloyd. "A composição de acordes e a improvisação não estão acabadas, *nem a liberdade completa é a resposta*."

aqui estão alguns dos idiotas flutuando pela América.
— revista *Down Beat,* 16 de julho de 1966

1965 Aqui fala Archie Shepp, o novo sax-tenor

Ter que chamar Archie Shepp de "novo" sax-tenor da cena é só um jeitinho de admitir a defasagem cultural entre o que qualquer artista mais jovem está fazendo e o tempo que levará para que o rumor se espalhe no meio da grande maioria dos ouvintes de jazz. Mas Archie Shepp mudou-se para o Lower East Side de Nova Iorque, há cerca de cinco anos, e tem estado fortemente em evidência desde então. (Parece também que o Lower East Side tornou-se o reduto de resistência de muitos músicos mais jovens, assim como substituiu o Greenwich Village como um lugar onde muitos poetas, pintores, etc., usavam como refúgio por conta de aluguéis mais baratos e a presença de tipos simpáticos.)

Escutei Archie Shepp pela primeira vez quando ele tocava com o Unit de Cecil Taylor na peça de Jack Gelber, *The Connection*. O que Shepp tocou naquela primeira noite que o escutei me deixou estatelado (a frase que a gente usava na época, era: "… mano do céu, aquela fera vai te matar de medo"), e no que ele se meteu, desde então, mais do que corroborou minha reação inicial, aquela de que tínhamos acabado de ouvir uma das vozes mais singulares do saxofone que havia aparecido nos últimos tempos.

Há quem ouça "uma onda meio que Ben Webster", para citar um especialista, ao ouvir Archie. Outro tanto ouve uma forte influência de Sonny Rollins; ainda mais outros ouvem a presença de John Coltrane em Shepp, particularmente no jeito de tocar seu saxofone tenor. Mas o que essa gente está realmente ouvindo é um jovem músico, cujos registros emocionais são tão amplos que ele é capaz de fazer, literalmente, referência ao "estilo" de qualquer pessoa — embora todas as ideias e imagens que tornam sua atuação tão bela, enfim pareçam tão completamente suas a ponto de levar a própria assinatura. Esse é outro grande empecilho desse lance de defasagem cultural: sempre tem gente comparando os jovens músicos com outras pessoas, etc., mesmo muito tempo depois de o músico ter se enfiado pela sua própria trajetória. Quer dizer, você escuta Archie Shepp e as únicas influências reais que você pode admitir são: "tudo". Artistas são influenciados por tudo, afinal. Escutar Archie Shepp falar sobre sua música e sua vida vai convencê-lo, ainda mais, sobre a autonomia de suas ideias e direção musical.

"Nasci em Fort Lauderdale, Flórida, em 1937... moramos lá cerca de sete anos, depois nos mudamos para a Philly[42], onde vivi a maior parte da minha vida. Comecei a tocar quando tinha, mais ou menos, uns quinze anos. Minha tia me deu um saxofone... ela não tinha filhos. Eu tive um velho clarinete prateado alguns anos antes. Também tínhamos um velho, velho não, um antiquíssimo piano vertical enquanto morei naquela casa. Meu coroa era um tocador de banjo em seus velhos tempos. Ele costumava tocar na Flórida com alguns grupos. Uma banda com o qual tocou era liderada por um bamba chamado Hartley Toots... era o mago do banjo no sul da Flórida. Ele foi o professor do meu pai. Tocaram juntos por toda a Flórida".

"Morávamos num bairro alemão, Germantown, em Philly, que era principalmente uma área burguesa branca, mas havia esses guetos empacotados como aquele em que morávamos, bem ali no meio dos brancos. Eles chamavam o gueto em que eu morava de *The Brickyard*[43]. Então, tive a oportunidade de estudar na GERMANTOWN HIGH, que era uma escola muito boa. Eles geralmente tentavam escoar os estudantes negros de lá, os

---

[42] N. d. T.: Modo abreviado de dizer Filadélfia.

[43] N. d. T.: Poderia ser traduzido, literalmente, como "Olaria". Possivelmente faz referência ao tipo de moradia, tipicamente feita com tijolos, típica do subúrbio estadunidense.

enviavam para a Gratz ou a Gillespie, localizadas em áreas negras mais amplas. Mas até que tinha um bocado de carinhas tocando na escola que eu estudei".

"Tipo, Mastbaum era a escola… era de lá que pintavam um monte de craques tocando… ao norte de Philly. A maioria desses craques vivia mais ao sul, na parte norte de Philly. Todo mundo estava tentando pegar aquela sonoridade antiga, tipo a do *Jazz Messenger*. Lee Morgan e um cara chamado Kenny Rogers, que tocava sax contralto, realmente me fizeram começar a tocar jazz. Kenny gravou pela primeira vez com Lee… ele costumava soar como o antigo Lou Donaldson… tá ligado, aquele tipo de som cheio do contralto".

"Tinha um lugar chamado Jazz Workshop, gerenciado por um disc-jóquei, que eu costumava frequentar depois da escola. Acho que foi aí que realmente comecei a ouvir jazz, quer dizer, a escutá-lo de verdade. Antes disso, eu só ouvia meu pai, principalmente *Dixieland* e *R&B*. Lee ia lá naquele lugar o tempo todo… ele e Kenny eram como heróis locais, e isso foi na época em que Lee tinha só quatorze anos. Ele era sagaz, mesmo sendo muito jovem, mas já tocava legal. Henry Grimes, Ted Curson, Bobby Timmons também costumavam aparecer por ali. Tinha tipo uma rixa entre os músicos do norte e do sul de Philly. Spanky De Brest era do norte. Parece que alguns baixistas bem bons saíram do sul, como Jimmy Garrison e Grimes. O sul de Philly era o assentamento original dos negros, mas rolou um fluxo levando lá para o norte".

"No Workshop, tinha gente como Chet Baker e Russ Freeman como o grupo principal, mas depois que terminavam, deixavam uma molecada da pesada subir e tocar. Certa vez comecei a trocar ideia com Lee nesse lugar, depois fui para casa com ele e Kenny. Eles me perguntaram quem eu curtia… respondi

Brubeck e Getz. Eles arrancaram as calças pela cabeça… mas é aquela parada, queriam mostrar que estavam por cima da crista da onda. E eu era um fdp[44] muito do quadrado. Você pode imaginar a reação. Daí disseram: 'Ah, é?' e, em seguida, os malandrinhos me pediram para pegar meu sax e tocar qualquer lance. Eu tinha um C Melody[45] naquela época, e acho que soava meio que na onda do Stan Getz. A risaiada ficou marcada! Lee fazia um puta esforço para não rir na minha cara. Mas logo depois pegou seu instrumento e tocou blues comigo. O blues era uma coisa que eu já tocava há muito tempo, por causa do meu coroa. Eu escutava muito blues com ele… Eu tive que esquecer toda aquela merda tipo Stan Getz. Daí que eu só toquei como toco, mesmo… Eu não sacava nenhuma mudança de acorde, mas podia ouvir o blues… Eu sempre podia ouvir o blues. Então os donos da bola pararam de tocar e disseram: 'Aí, sim, essa parada mesmo'. Depois disso, eles meio que se interessaram por mim. Foi a minha introdução ao jazz de verdade".

"Outra introdução importante ao jazz foi escutar Bird ao vivo uma noite. Ele estava tocando nesse show ao lado de uma banda de trinta e nove integrantes, liderada por um arranjador chamado Herb Gordy (Oscar Pettiford, Red Rodney, Don Elliot, Terry Gibbs faziam parte dessa *big band*). Ninguém pensava que Bird apareceria, porque não tinha um instrumento, mas de alguma forma ele se resolveu. Contudo, estranhamente, eu tinha visto esse bamba mais cedo naquele dia, na Rua Girard, embora não soubesse que era ele. Pois é, eu vi aquele malandro na Rua Girard metido num terno azul, sujo e amarrotado, com uma loira gatíssima grudada em seu braço. Coé? Nunca tinha visto um homem preto com uma mulher branca. E quando rolou, pensei que ele

---

[44] N. d. T.: "mf", um acrônimo de "muthafucka", então, por simetria: "fdp".
[45] N. d. T.: Sax Tenor em Dó.

ao menos estaria asseado, mas craque é craque, e esse me deixou de queixo no chão. Esse fdp era uma esculhambação. Estava só de rolê por aí, a caminho do show. Ele chegou com a gatinha, daí tocou até fazer o cu cair da bunda. Mais tarde, chamou Red Rodney do outro grupo para tocar com ele… e tocaram muito".

Durante o ensino médio, havia daquelas inevitáveis apresentações de *R&B* que serviram para manter tantos jovens jazzistas vivos e, também, creio eu, deram a eles uma base forte de blues para seguir com seu trabalho. Archie tocou numa banda de *R&B* com Lee Morgan e Kenny Rogers na Filadélfia, chamada *Carl Rogers and His Jolly Stompers*. "Lee me despertou para as modulações… Eu tinha aprendido, mas não sabia como usá-las. Lee e Kenny me ajudaram a descobrir como usar as modulações ritmicamente".

Após o ensino médio, a mão liberal dos Estados Unidos pegou Archie no colo e o embalou como "o Negro" que eles queriam ver ir para uma universidade "progressista". "Eu queria ir para a faculdade, mas meus pais, com certeza, não podiam me bancar. Me inscrevi na Lincoln University e poderia ter conseguido uma bolsa parcial… mas então pintou esta universidade em Vermont, a Goddard, e corria um boato que estavam procurando um estudante negro para dar uma bolsa integral. A Goddard é uma universidade um bocado progressista, meio que na linha da Bard ou qualquer coisa parecida. Então fui para lá e me formei em literatura dramática".

"Eu não estava tocando tanto na faculdade quanto antes, mas me mantive por ali. O plano original era cursar Direito na faculdade, mas acabei influenciado por um dos professores de teatro na escola. Ele leu um conto que escrevi para a matéria de inglês e disse que tinha ficado impressionado com aquilo… que parecia uma peça de teatro. Ele queria saber se eu já tinha pensado em escrever peças, coisa e tal. No fim acabei trocando de curso.

Pois é, meus pais ficaram muito bolados por conta de eu me meter numa área tão nebulosa. Sabe como é, logo vem aquela velha história que o povo diz... arte até que é legal como hobby, mas dinheiro que é bom, nada. Mas vou te dizer que foi na Goddard que comecei a me interessar pela atividade sociopolítica". Archie Shepp é um dos músicos mais engajados da cena, seja entre os mais velhos ou os mais jovens. Ele tem uma consciência crítica da responsabilidade social do artista preto, que, por mais silenciosa que seja, também ajuda a definir sua postura estética. Nesse sentido, ética e estética, como dizia Wittgenstein, são uma só coisa.

Archie ficou na Goddard até 1959, quando se formou. Assim que saiu da universidade, foi direto para Nova Iorque. "Cheguei a Nova Iorque pela primeira vez em 1957, durante aquele período que chamam de recesso de inverno. Fiquei morando com uma tia no Harlem, em vez de voltar para Philly. Em 1959, mudei-me para Lower East Side e casei com uma garota que tinha conhecido na faculdade em 1958. John Coltrane foi a primeira influência de verdade na minha forma de tocar. Eu nunca o tinha escutado em Philly, mas eu sacava quem era. Tinha um puta tenor em Philly, Lee Grimes, que enlouqueceu. Bom, Lee já era influenciado por Trane quando o cara ainda nem era modinha. Lee foi a primeira pessoa que ouvi tocando harmônicos e, como eu estava delirando com ele, alguém disse que eu devia escutar Coltrane. Contudo não o fiz até a faculdade. Daí que, sem demora, caí para dentro daquilo".

"Quando vinha para Nova Iorque, dava um pulo no Five Spot, onde ele tocava. Numa dessas noites cheguei nele, disse que eu era da Filadélfia e, claro, gostaria de trocar uma ideia com ele. Uns dias depois subi para vê-lo e ele passou um bom tempo comigo. Foi muito cortês e atencioso. Foi a primeira vez que um cara, um músico, que estava de verdade pela área, que tinha a manha daquilo tudo, passou algum tempo comigo. Então, naquela época eu tocava um contralto. Eu tinha também aquele sax-tenor que falei para você... aquele que minha tia me deu. Mas de certo modo nunca me senti confortável. Alguém me falou que Jimmy Heath (por quem tenho muito respeito, seja dito) e Trane primeiro tocaram contralto... antes de passarem a tocar o tenor. Daí que decidi pegar um contralto. Peguei aquele Martin novinho em folha, o que minha tia tinha me dado, e levei pra uma daquelas lojas de penhora, e o vendedor, um gato sorrateiro, trocou por um contralto velho e acabado. Meus pais endoidaram. Troquei um instrumento de trezentos dólares por outro de vinte. E esse foi o meu destino, no que diz respeito aos sopros, até 1960, quando comecei a tocar com Cecil Taylor. Depois que conheci Trane, peguei um tenor de segunda mão".

"Fui para a Flórida em 1960 e toquei numa cacetada de concertos de *rock & roll* por lá. Quando voltei para Nova Iorque, comecei a ir ao CAFÉ WHA?, no Village, onde tocavam Don Ellis e Dave Pike. Também conheci por lá Buell Neidlinger e Billy Osborn. Buell já estava tocando com Cecil, e Buell e Billy costumavam persuadir Dave Pike a me deixar tocar. Eu carregava meu sax e ficava esperando os bambas me chamarem.

"Buell tinha falado sobre mim a Cecil, eu acho, e num dia desses ele chegou e os dois tocaram juntos. Algumas semanas depois, conheci Cecil e ele disse que estava me procurando... estava gravando um disco para a CANDID RECORDS e me queria nele. Comecei a frequentar o apê de Cecil... Não tinha ideia do que o malandro estava fazendo... inclusive, quando a gente gravou o disco eu estava um bocado desbaratinado. Daí que comecei a ir até o apê dele, e costumávamos tocar só eu e ele. Sonny Murray (baterista de Taylor durante vários anos, naquele momento estava tocando com Albert Ayler, Don Cherry e Gary

Peacock na Europa)⁴⁶ morava no apartamento ao lado e costumava chegar junto para tocar. Isso me levou, a partir de então... mais ou menos entre 1961 a 1962, a começar a ter uma vaga ideia do que estava rolando... entender de verdade o rolê... Por um momento achei mesmo que estava sacando o lance... mas a real é que eu não sei nem dizer o que estava rolando... só sabia que sentia a música. Na época em que gravamos o álbum para a IMPULSE, o *Into the Hot*, já estava bastante familiarizado com o que estava acontecendo... Foi uma das experiências musicais mais valiosas que já tive. As coisas que Trane me contou foram suficientes até o momento em que conheci Taylor, e foi isso que me projetou no que estou fazendo agora".

E Archie andou bastante desde seus primeiros dias com Cecil Taylor. Agora o som é cheio, ainda mais avassalador, as ideias fluem e a energia agita os espíritos em todos os lugares. Com bandas como *New York Contemporary Five* — composto por Don Cherry, John Tchicai, J. C. Moses e Don Moore —, ou gravando com bandas, como por exemplo, a que se reuniu para o iminente *Four for Trane* — Tchicai, Roswell Rudd, o jovem trompetista Allen Shorter, Reggie Workman —, Archie passou direto para a linha de frente de saxofonistas tenor mais instigantes. Mas a influência das ideias de Cecil Taylor no estilo de Shepp ainda é muito evidente, no que diz respeito à insistência de Shepp de que a melodia deve ser natural, i.e., projetada lá do âmago rítmico da música. E Archie tem umas linhas de sopro das mais melódicas, como alguém disse recentemente sobre seu trabalho em uma festa: "Esse é brabo, toca como se estivesse cantando".

Diz sobre Cecil Taylor: "Cecil, em grande medida, dispensava uma base harmônica. Antes de trabalhar com Cecil, eu costumava ouvir acordes. Quando tocava com o *The Connection*,

---

[46] Em um grupo liderado por Albert Ayler.

tocava uma batelada de músicas do Cecil. Ele mandava essas coisas com muitos *clusters*... Acho que, de repente, você precisava interpretá-los como um Dó, Dó sustenido, Ré, Ré sustenido, Mi e Fá; ou Dó com sétima, Dó sustenido com sétima, Ré com sétima, Ré sustenido com sétima, Mi ou Fá... tinha mesmo que dar uma respirada e avaliar; por um instante, um malandro podia endoidar duvidando qual acorde tinha que tocar naquele exato momento. Muitas vezes, em suas composições, quando Cecil estava trabalhando com músicos harmonicamente orientados, ele escrevia os acordes, mas eles mudavam a cada duas batidas — e se o tempo do tema fosse mais acelerado, era impossível tocar aquilo. Daí que eu levava tudo para casa e tentava tocá-los; parecia que eu estava fazendo exercícios... então, finalmente, chegava a um ponto em que pensava que talvez aqueles acordes fossem completamente desnecessários".

"Cecil toca as linhas... algo parecido com uma fileira ou escala... que se presta à moldura melódica do tema, que é derivada da melodia, de modo que a harmonia muitas vezes se torna subserviente ao corpo do tema. E os acordes que ele toca são basicamente percussivos".

"Mas tocando com Taylor comecei a me libertar de pensar por acordes. Eu voltei da Flórida sem saber o que queria fazer. Estava em um dilema. Eu vinha imitando John Coltrane sem sucesso, e por causa disso eu era de fato muito consciente dos acordes. No começo não parecia uma libertação... era um pavor. Isso colocava em questão todos os fundamentos que eu conhecia. Mas então me voltei de maneira mais atenta à seção rítmica. Eu não tinha pensado muito sobre isso antes, apenas com esse pulso mais marcado. Mas com Cecil, uma vez que não havia um pulso constante, você precisava estar realmente atento ao que estava acontecendo ritmicamente. Cecil toca piano como uma bateria, extrai ritmos como se fosse uma bateria, ritmo e melodia. E esta nova música é sobre uma abordagem melódica e rítmica dela mesma. De certa forma é mais um retorno do que uma projeção dirigida a algum estranho futuro. Um retorno na direção das influências africanas na música".

"Quando o povo preto foi aportado cá por essas praias, eles não sabiam muito sobre harmonia… afinal, é um fenômeno musical do Ocidente. Contudo tinham melodias e ritmos tremendos. Os *spirituals* não tinham muito envolvimento com harmonias. 'Sometimes I Feel Like a Motherless Child'… Duvido muito que estivessem pensando em harmonia quando inventaram essa melodia — e a linha melódica é fantástica. A nova música remonta às raízes do que o jazz era originalmente. Em certo sentido, é uma rebelião contra a ultrassofisticação do jazz. Bird levou a harmonia tão longe quanto pôde. Trane, também. Mas agora parece que Trane está entrando em alguma coisa que é completamente 'anarmônica', totalmente melódica… e Elvin, o ritmo soando o tempo todo. Ritmo e melodia. É o que já fazem Ornette e Cecil".

"É irônico que Cecil seja pianista e o piano seja um instrumento harmônico… você pensa em um pianista tocando harmonia, acordes, e Cecil até toca isso, mas ele toca o ritmo, num conceito bem básico, quase primitivo de piano… batendo-o como um tambor. Trabalhando com ele, tomei consciência da função do ritmo e da melodia. E quando saí, tinha uma ideia bastante clara de quem eu era no meu instrumento. Não havia ninguém tocando música dessa natureza na época, para que fosse copiado, exceto Ornette. Era como um campo a ser desbravado".

"A razão pela qual Ornette não teve uma grande influência sobre mim é a seguinte: quando o ouvi pela primeira vez, não estava preparado para escutá-lo… não é que tivesse algo errado com sua música… havia algo de errado é com a minha escuta.

Depois de Cecil, fiquei amarradão em Ornette porque eu tinha crescido musicalmente. As pessoas dizem que Ornette soa como Bird, mas eu não acho isso... e mesmo que houvesse algo de Bird em sua forma de tocar, ele já tinha superado. Ele tem um som altamente pessoal... Albert Ayler também tira um som altamente pessoal".

"Há também quem diga que eu soo parecido com Ben Webster ou Lucky Thompson... bem, há tanto para aprender ouvindo esse pessoal, mas também há muito espaço para pegar esse som e fazer outra coisa com ele — nem melhor, nem pior, apenas diferente. Há tantas possibilidades na música. Cecil me libertou do marasmo... Achei, em algum momento, que já tinha ouvido tudo o que o jazz tinha pra dar... era como se uma porta se abrisse para entrar num lance diferente. Muita gente não curte a nossa música porque não é convencional... o público do jazz ainda está em processo de desenvolvimento. A galera na Europa, e.g., está em um estágio pós-Bird... eles estão prestes a chegar em Coltrane. Mas, ainda assim, nós, do *New York Contemporary Five*, encontramos um público para o tipo de música que tocamos".

(Archie na cena preta dos lofts era uma coisa de outro mundo. Ele se levantava com uma aparência muito robusta, ligeiramente desajeitada, com a cabeça inclinada para trás, apenas o suficiente para dar aquele ar marrento. E toda essa presença era exatamente o que aquele tipo de ambiente exigia — como é o caso de se estar numa festa de Halloween bizarríssima, cheia de foliões fantasiados, disfarçando interesse junto daquela penca de malandros cascudos sem o menor saco para escutar aquele monte de merda. Archie, e todos os outros músicos por ali: Rudd, era um. Tinha também o novo e vibrante baterista, Milford Graves — pegue para escutar essa fera o mais rápido possível, é o barato mais quente do momento; o baixista Louis Worrell; o andarilho

J. C. Moses — que já estava por ali assentado há um bom tempo, deixando mocinhas brancas em sobressalto gerando crises domésticas; John Tchicai — tocando seu contralto como um poema de metal; Charles Moffett — e o ribombar, tanto de sua bateria selvagem, quanto do seu cornetim; Ornette Coleman, Cecil Taylor na "plateia" e toda espécie da classe dos inovadores, fazendo barulho ou assistindo a tudo em silêncio — era o tipo de ambiente que nenhum clube pode oferecer... e.g., "Where's them James Cagney cigarettes?"... e não há outra "razão" para estar ali, a não ser pela música — e se é isso o que está pensando, então todo mundo está em perigo, porque a música, ali, é como dizem: muito, mas muito pesada, e você tem que ser duro na queda para ficar de pé e aguentar. Archie sabe como tocar nessas circunstâncias, e toca com toda a sua alma).

Archie expressou o peso do preto em seu pensamento, que também está, é claro, em sua forma de tocar: "O músico negro é um reflexo do povo negro como fenômeno social e cultural. Seu propósito deveria ser libertar a América, estética e socialmente, de sua desumanidade. A desumanidade do estadunidense branco para com o preto, assim como a desumanidade do estadunidense branco para com o branco, não são essenciais para a América e podem ser exorcizadas, eliminadas. Creio que o povo negro, pela força de suas lutas, é a única esperança de salvar, seja na política ou na cultura, a América".

"Culturalmente, os Estados Unidos é um país atrasado, os norte-americanos são atrasados. Mas o jazz é a realidade estadunidense. A realidade total. O músico de jazz é como um cronista, um jornalista estético da América. Aqueles brancos que iam naqueles bistrôs de Nova Orleans, etc., pensavam que estavam ouvindo música negra, mas não estavam, o que estavam ouvindo mesmo era música estadunidense. Mas eles não sabiam disso. Ainda hoje, aqueles brancos que vivem indo nas quebradas do Lower East Side podem não saber, mas estão ouvindo música estadunidense... a contribuição do negro, seu presente para a América. Alguns brancos parecem pensar que têm direito ao jazz... talvez seja até verdade... mas eles deveriam se sentir gratos pelo jazz... foi um presente que o negro deu, mas eles não podem aceitar isso; há muitos problemas envolvidos com a relação social e histórica dos dois povos. Isso torna difícil para eles aceitarem o jazz, e o negro como seu verdadeiro inovador".

"Até agora, não acho que a maioria dos músicos de jazz brancos entendeu sua função no jazz. Não encontraram suas verdadeiras raízes, não ousaram regressar às suas próprias raízes. Li um artigo de Lennie Tristano, na *Down Beat,* onde ele fez algumas declarações lamentáveis, muito chocantes, quase racistas, se é que posso usar essa palavra. Dizia uma coisa, tipo: 'Só porque um negro toca jazz, isso não o torna necessariamente um homem'. Bem, essa é uma suposição gratuita da parte dele; não acho que todo negro se sinta assim, talvez alguns... Eu estou por dentro desse papo sobre o culto da alma e toda essa merda... mas para que uma pessoa tenha tanto fel, especialmente um homem branco, tocando uma música que lhe foi dada, graciosamente... à luz dessa opressão... Acho que essa pessoa deveria ser bem mais cuidadosa com suas palavras, especialmente quando critica quem lhe dá um presente, entende? — um presente maravilhoso".

1965 Archie Shepp (Four for Trane)

> *Four for Trane* (Impulse A-71).
> Archie Shepp, sax-tenor; John Tchicai, sax-alto; Roswell Rudd, trombone; Allen Shorter, trompete; Reggie Workman, baixo; Charles Moffet, bateria.
> "Syeeda's song flute," "Mr. Syms," "Cousin Mary," "Naima," "Rufus (swung his face at last to the wind, and then his neck snapped)".
> Gravado em 10 de agosto de 1964.

Parece intolerável pensar no longo tempo que passou pra mim desde que ouvi falar de Archie Shepp pela primeira vez, e escutei-o tocar, até o presente instante quando a Impulse está finalmente dando a Archie uma data de gravação inteira com ele como líder. Archie fez um disco antes, como co-líder, com o trompetista Bill Dixon — e também compartilhou um disco com ele, cada um deles liderando grupos separados, dividindo os lados do álbum.

Os motivos que fazem parecer ter passado tanto tempo, não são tão difíceis de entender. Mesmo que haja toneladas de LPs saindo mensalmente, e que todos pareçam feitos sob medida para Lyndon Johnson, há muito poucos que apresentam músicos que têm algo novo, forte e completamente original a dizer. Cecil Taylor, por exemplo, ainda só consegue gravar de vez em quando, contudo sem nenhuma regularidade, mesmo sendo uma das influências musicais mais relevantes do nosso tempo. A mesma coisa com Ornette Coleman, outro gigante, que não está gravando nada agora, devido à grosseria e ao mau gosto fanático da maior parte do pessoal da *indústria* musical. Mas este é, suponho, um queixume desesperançado de minha parte, já que a maioria dos artistas — pintores, poetas, músicos, etc. — está sujeita, de todas as formas possíveis, à suscetibilidade dos caprichos e da implacável inflexibilidade dos cabeças da indústria que controlam o "jogo" da arte. Portanto, não há necessidade real de entrar em tudo isso, pois grande parte das pessoas com algum tipo de bom senso sabe, com certeza, que o empresariado estadunidense, qualquer que seja seu credo, tende a ser, na melhor das hipóteses, vergonhosamente tacanho.

Ao escutar este álbum, *Four for Trane* (Impulse A-71), pode-se ver do que estamos sendo privados, por conta da ameaça que mencionei acima. Este grupo que Shepp reuniu para esta gravação não dá ponto sem nó ao encantar e inspirar qualquer pessoa interessada, de fato, em colocar em movimento a expressão humana. Antes de tudo, Archie Shepp avançou muito rapidamente, em minha opinião, para a primeira prateleira de sax-tenoristas "pós-Trane". E creio que o fato desse álbum se chamar *Four for Trane* demonstra quanta fidelidade emocional Shepp sente dever a John Coltrane. Porém, mesmo com tal "fidelidade" reconhecida, não pense, nem por um segundo, que você vai escutar J.C. interpretado de modo intacto aos seus ouvidos. Archie é tão ele mesmo que parece impossível, afinal, nomear qualquer influência que tenha sido uma linha mestra. Muita gente diz que ouve Ben Webster, outros Sonny Rollins. Mas a coisa estranhamente adorável é que estamos realmente ouvindo Archie Shepp, e sua gama de expressão é tão ampla, que ele parece absorver ou ter digerido a maioria dos estilos de tocar saxofone tenor, e nisto "escolas" específicas não tiveram nada a ver com isso. Archie está interpretando a si mesmo, como muitos dos outros músicos mais jovens nos dias atuais, muitos dos quais mobilizados por Ornette Coleman e Cecil Taylor nas investigações mais profundas das nascentes da emoção — e, então, emergem cantando suas próprias canções. Ouça Archie, por exemplo, no arranjo de Roswell Rudd pra "Naima", de Trane, e você vai sacar imediatamente o que quero dizer.

O grupo que Archie reuniu aqui, para sua primeira sessão importante, é de fato majestoso. John Tchicai é o jovem negro dinamarquês que tocou sax-alto com Shepp e Don Cherry no *New York Contemporary Five*, quando eles estavam na Europa há mais ou menos um ano. Tal como Shepp, Tchicai carrega o espírito-do-mundo quando toca, o que está acontecendo agora *a todos nós*, quer sejamos sensíveis o suficiente, ou não, pra essa tomada de consciência. Isso significa ser contemporâneo: portar o sentimento que anima o nosso tempo. Shepp, Tchicai e os outros músicos deste álbum fazem precisamente isso.

O trompetista Allen Shorter também comove ao tocar com muito vigor e beleza. As chispas curtas e agudas de seus *staccatos*, mais as estocadas pungentes do som metálico do instrumento, fazem com que sua pele responda ("Syeeda", "Mr. Syms"), como se o som fosse lançado diretamente até você — som e sensação. E Shorter está, nesse momento, apenas começando a se encontrar, justamente nesta gravação. Não deveria restar dúvidas, depois de ouvi-lo neste álbum, que ele está no caminho.

Roswell Rudd, a nova estrela do trombone, segundo a junta internacional de crítica da Down Beat, em 1963, é um arranjador talentoso e um instrumentista empolgante. Seu arranjo de "Naima" deve provar isso pra qualquer um. Essa peça é muito parecida com um concerto pra Archie e conjunto, lembrando obras-primas "impressionistas" de Duke, digamos "Transbluesency" ou "Chelsea bridge".

Charles Moffett e Reggie Workman deveriam ser nomes mais conhecidos. Moffett foi o baterista de Ornette Coleman durante sua última fase pública tocando. Seu trabalho pode, de fato, ser apreciado em grande nível aqui ("Rufus"): pesado, preciso e levando firme a batida. Moffett também liderou, no início deste ano, um dos melhores grupos jovens de Nova Iorque, apresentando Shorter, Carla Bley no piano, e um belo jovem no sax-tenor vindo de Little Rock, Pharoah Sanders.

Reggie Workman foi o baixista de Art Blakey nos últimos anos, mas neste momento ele está trabalhando com o trio de Albert "Tootie" Heath (que conta, também, com Cedar Walton) no Five Spot de Nova Iorque. Neste álbum, no entanto, você ouvirá um Reggie Workman que talvez lhe seja inesperado. Forte como sempre, mas com uma flexibilidade de fraseado rítmico ("Rufus" e "Syeeda"!!) que faz você escutá-lo por vezes seguidas, como se fosse a primeira.

Os quatro temas de Trane apresentados neste álbum também são tocados com tal frescor que te faz redescobri-los. "Syeeda's song flute", por exemplo, que eu pensei Trane ter interpretado tão definitivamente em *Giant Steps*, é revivida por completo nesse disco. É especialmente prazeroso escutar Roswell Rudd nessa faixa, com seu som cheio de fibra no trombone. O instrumento soa, pra variar, como se tivesse um agenciamento humano. Rudd, Grachan Moncur, Garnett Brown, Bernard McKinney e Ali Hassan são alguns dos músicos que tentam devolver um pouco de humanidade a esse instrumento, em vez de, digamos, continuar a imitar os autômatos de J.J.[47]

"Syeeda" oferta uma percepção ampliada no álbum com o arranjo impecável de Archie pra cabeça do tema — e a cabeça funciona, nessa música, da maneira que qualquer composição deveria funcionar: pra modular o clima, i.e., o modo inicial de engajamento (ataque). A música, caso contrário, seria arbitrária (como qualquer outra coisa), i.e., refletiria apenas seu intérprete (o fazedor). A cabeça de "Syeeda" (o "tema" de Trane) propõe uma direção, mais ou menos, específica: produz uma imagem, uma sensação, uma função de sentido… que se expande… até

---

[47] N. d. T.: Referência ao trombonista J.J. Johnson, ícone do *bebop*.

onde? (Assim como o *hard blues* "Cousin Mary" também propõe outra direção, igualmente específica, que deve ser tratada *arbitrariamente*.) Onde quer que você (o músico) possa ouvir. Uma vez que se configura o pulso, logo o livra. "Deixa eu ir"… pra adiante. Escutamos de imediato ao que o solista pensa… ao que ele reage… (a arte) tal qual função.

O solo de John Tchicai em "Rufus" retorna, mais uma vez, pra mim. Desvia-se da proposta. Ele é tão preciso e exato em suas gravações. Por outro lado sua delicadeza, cheia de graça e limpidez, em "Cousin Mary", que ele tudo entorta ao redor com seu solo, de modo que Mary tem muito mais em mente do que mexer os quadris, embora, com certeza, ela ainda esteja, também, fazendo isso.

Archie entra em "Syeeda" cantando, quase que pra si mesmo. Mas sua forma de tocar possui um sentimento lamentoso e choroso, como uma *banshee* lírica, cheia de tudo o que o blues sempre significou. Mas é um blues muito pessoal. A interação selvagem entre Shepp e Rudd nesta música, enfatizada e conduzida mais profundamente em nós por Moffett e Workman, vale por si só o preço deste álbum.

Mas "Rufus", o tema de Archie, foi o que mais me emocionou (embora sejam todos tão bons, tão profundos, tão satisfatórios). "Rufus" opera suas "variações" rapidamente. E *variação*, aqui, significa *imagem*, embora os jovens músicos usem o termo para se referir a "modulações". Ele varia com muita velocidade. Em movimento, a mente. Onde o *R&B* se repete em seus termos, indefinidamente — mesmo os mais belos *R&B* e blues, ou os usos que se faz dessas formas na música *mainstream* contemporânea, são repetitivos, embora não necessariamente entediantes — essa música aceita a repetição como um fato da vida já consumada. Você respira, seu coração dispara, acelera com o pulsar da música e os seus… bem, seus pés batem no chão: são coisas nas quais a gente nem pensa. A questão é, então, *demovê-lo* do que já sabemos, em direção a, mais fundo, o que apenas sentimos. A música é para os *sentidos*. A música deve fazer *sentir*. Mas, em última análise, a menos que você se livre de toda interferência externa, todas as reações serão *sociais* (como a gente toda se amarra em Mozart porque é "classe alta", saca?) Mas o objetivo da vida é, a mim me parece, conseguir chegar aos sentimentos do jeito que são, como, sei lá, esses músicos sempre desejam chegar aos deles. Se você puder descobrir quem você é (e você não é uma coisa qualquer), então poderá descobrir como se sente. Já que *somos* nossos sentimentos, ou a nossa falta deles.

A música, sentimento possível, está aqui. Aonde quer que esteja. Tudo que você tem a fazer é escutá-la. Escuta!

1963 Don Cherry

Don Cherry foi o vencedor na categoria "Nova Estrela do Trompete", conforme votação da crítica, realizada pela *Down Beat*. É claro que isso não o ajudará a conseguir mais trabalho, agora que não está mais com a banda de Sonny Rollins (Sonny decidiu que alguns acordes "bacaninhas", certificados pela marca "anos 50", mais a ausência de uma voz solo "concorrente", fariam com que sua própria música soasse melhor). Ganhar tal prêmio ajudaria Cherry a encontrar trabalho se ele *quisesse* tocar como Miles Davis, ou ao menos dissesse que faria algo parecido, ou ao menos sustentasse um baixo rodopiando em sua cabeça enquanto segurasse uma nota (como Roland Kirk fez recentemente no Village Gate). Mas, infelizmente, tudo o que Cherry tem pra oferecer é sua extraordinária inteligência musical que, pode apostar, só presta pra morrer de fome na cena do jazz de Nova Iorque. Donos de clubes odeiam músicos inteligentes quase tanto quanto odeiam aquelas cafeterias que estão começando a oferecer shows de jazz. (Por exemplo, conheço o dono de um clube que não quer contratar Cecil Taylor, mas está puto porque o pianista tem conseguido trabalho intermitente na Take Three, uma cafeteria no Village.)

Desde a separação da primeira banda de Ornette Coleman, excetuando um ano que passou com Sonny Rollins, Don Cherry tem tido muita dificuldade em encontrar trabalho, embora tenha tocado, e esteja tocando agora, a música mais revigorante e poderosa dentre todas que se podem ser ouvidas no trompete ultimamente. Penso que a prova cabal de que aquela primeira banda formada por Coleman pegou em Nova Iorque reside no fato de que cada membro dela se tornou um instrumentista de clave maior, se não um verdadeiro inovador. Cherry, o baterista

Billy Higgins, o baixista Charlie Haden e, claro, o próprio Ornette, ajudaram a mudar o jazz, certamente como um grupo, mas também individualmente. E no momento em que escrevo, nenhum deles está trabalhando de forma estável.

Quando Don estava com a banda de Coleman, ele trabalhava, assim como todos os outros membros, mais ou menos à sombra de Ornette. Além disso, havia o fato de que todos estavam tocando a música de Coleman, e o resto dos solos do grupo só podiam encontrar forma como enunciados em contraste e extensão ao tom e sentimento dominante, que era o de Ornette. O papel de Don, nesse sentido, era muito parecido com o de Miles Davis naquelas primeiras gravações com Charlie Parker. Na verdade, ouvir o trabalho gravado de Coleman e Cherry imediatamente traz à mente as colaborações de Parker-Davis, embora só possamos vê-las como colaborações agora, à distância. Bird estabelece o ritmo e o tom iniciais, Miles respondia da melhor maneira que podia — diria de melhor maneira: na minha cabeça, a cada nova audição, parece ainda mais interessante. Com Don Cherry aconteceu a mesma coisa. Suas respostas e interpretações ao gênio musical de Coleman permitiram que sua própria inteligência singular florescesse, invés de murchar. É o uso que os sábios sempre fazem dos inspirados. Então, escutando Don Cherry agora, a única dívida, de verdade, para com Ornette Coleman é a que ouvimos constantemente Cherry reconhecendo: a inteligência da música. Cherry é um estilista autônomo.

Mas ser um estilista tão singular implica que um músico dependa quase completamente de seu ouvido *secreto* e pessoal como árbitro para indicar se um solo está "certo" ou não, é exatamente o que ajudou a afastar Don Cherry dos donos de clubes e dos boêmios. Gente estúpida está sempre à procura de coisas familiares, coisas que já experimentaram antes, pra que possam assimilar sem esforço qualquer lance anunciado como "novo". Mas o que é verdadeiramente estimulante ou singular só faz confundir o ouvinte que demanda, mesmo inconscientemente, que todo "novo" músico soe como alguém que já ouviu e digeriu.

As pessoas puniam Roy Eldridge porque não soava como Louis; depois partiram pra cima de Dizzy quando ele apareceu e não soava como Roy. De Miles se falava de modo bastante depreciativo, eu me lembro, porque ele não soava com o mesmo tipo de registro em que, geralmente, Gillespie fazia suas coisas. E acabei de escutar um cara querendo saber por que Don Cherry não era suave (cada vez mais suave) e dado a um lirismo de quaresmeira[48]. Mas, ainda assim, Cherry aprendeu com Miles, assim como Dizzy aprendeu com Eldridge, Eldridge aprendeu com Armstrong, Armstrong aprendeu com Joe Oliver. Contudo

---

[48] N. d. T.: "purple", conforme o original, é um adjetivo que tem uma inclinação dirigida às tratativas ligadas à homossexualidade, se tomarmos a notação de gíria, uma vez que somente o cromatismo não faria, realmente, muito sentido. A associação à homossexualidade se dá no pensamento do "roxo" como uma cor da realeza, logo, como extensão de "rainha". Alguém pode objetar e dizer que a expressão está ligada às drogas. Faria sentido, caso a datação do termo fosse correspondente. O uso de "purple" como "barbitúrico", até onde sei, começa a ser utilizada na década de 1970 [Hendrix, seguramente, um de seus mais ilustres divulgadores em "Purple Haze"], também foi termo utilizado por Gil Scott-Heron, ver em *Abutre*. Ainda no campo das drogas, contemporaneamente, ao menos desde os anos 90, "purple" designa uma espécie de maconha bastante potente e com fragrância bastante acentuada. Daí a pergunta: por qual motivo, então, utilizar "quaresmeira"? Em um primeiro momento fiz a escolha pela cor, em seguida pensando na tomada da morte, também característica atributiva a cor. Não querendo avançar demasiado nas questões problemáticas acerca de certa homofobia imputada a Baraka [Essex Hemphill reclamava bastante dessas implicações], utilizei o atenuante "flor". É a melhor das escolhas? Possivelmente, não. Daí, mais uma nota em que discuto com a revisão a melhor escolha. Talvez, ainda, na associação com algo mais próximo ao funesto, "lirismo de carpideira", lembrando daquelas velhas senhoras pagas pra chorar em funerais, associando, aqui, o som de "grito" ou "choro" dos instrumentos de sopro.

é o uso feito desses aprendizados que é, e continuará sendo, o dado que importa. As coisas que Cherry sacou de Miles, bem como as coisas que Gillespie tirou de Eldridge, criaram uma música diferente pra uma outra história muito diferente.

Don nasceu em Oklahoma em 1936, viveu em Kenner, depois em Oklahoma City, antes de se mudar, aos quatro anos, pra Los Angeles. Seu pai era garçom no Plantation Club em L.A, onde tocava gente como Billy Eckstine, Erskine Hawkins, etc., portanto assistiu ao funcionamento de uma vida noturna bastante sofisticada muito cedo. "Quando cheguei ao ensino médio, minha irmã e eu dançávamos nas festas do meu pai pouco antes de irmos para a cama. O pessoal pagava pra ver, nos davam um tira-gosto, juntavam o que sobrava e saíam pra buscar mais uma birita".

"Minha avó se casou com um lutador chamado Tiger Nelson, que também tocava piano. Ele costumava me levar pra vários lugares onde tocava. Minha mãe teve que me comprar um instrumento. Mas meu pai não queria que eu tocasse e me metesse com músicos, por causa das drogas. Mais tarde, quando comecei a conseguir trabalhos, ensaiávamos pro show, mas ele não me deixava ir. Às vezes eu tinha que fugir pra tocar".

Don aprendeu a tocar quase todos os instrumentos de sopro em sua época de escola no ensino médio, e.g., tuba e sax-barítono. Tocou em algumas bandas escolares, as de marcha e as de baile, também com vários grupos que montava junto com outros jovens jazzistas da escola. Um importante catalisador pras atividades musicais de Don foi um professor de música na Jefferson High School, em Los Angeles, chamado Samuel Brown, que também ensinou Art Farmer e o jovem sax-tenor Charles Lloyd. Wardell Gray também esteve pela Jefferson mais cedo. Sob a tutela do Sr. Brown, a Jefferson High teve algumas das bandas de baile mais suingantes da área. O repertório da banda, enquanto

Cherry esteve por lá, incluía alguns temas de Dizzy, tais como: "Things to come" e "Manteca", e até alguns arranjos de John Lewis.

Na verdade, Don não era aluno da Jefferson, então tinha que "abandonar" o último tempo de aula em sua escola "de verdade", pra poder chegar na hora nos ensaios diários. Contudo o bom jazz é irrelevante para os inspetores escolares, daí que um dia pegaram o jovem trompetista no pulo e o puniram. Mas foi no centro de detenção escolar, onde ficavam os alunos problemáticos, que Don conheceu o baterista Billy Higgins, que era, como Don lembra, o capitão do time de basquete daquela instituição. Foi o início de uma associação que levou a uma música muito boa..

Cerca de um ano depois, Don tocava em diferentes lugares, por toda a área de Los Angeles. Curiosamente, em alguns dos lugares em que trabalhou exercia a função de pianista. Ele tocou nesses trampos com parte da cozinha que ajudou Art Farmer a ser reconhecido pelo público com sua *Farmer's Market*. O baterista Lawrence Marable e o baixista Harper Cosby também mostraram a Cherry como tocar progressões com maior perícia.

Outro grupo do qual Don fez parte nessa mesma época (meados dos anos 1950), foi o *The Jazz Messiahs*, que contava com George Newman, um jovem sax-alto a quem Cherry, todavia, considera "um gênio". Newman e Cherry frequentaram a escola primária juntos, e Newman, quando entrou no ensino médio, já dominava a maioria das palhetas e tocava a maioria das músicas de Parker. Cherry e Newman já estavam na estrada com seu grupo, quando tinham dezessete e dezoito anos, e tocavam muitos dos arranjos de Newman. Quando este deixou o grupo, foi substituído por James Clay. Cherry conta que os membros do *Jazz Messiahs* eram, em parte, inspirados pelo fato de que aqueles jovens músicos pretos não podiam tocar na Gompers Junior High, uma certa banda de baile. "Eles tocavam o 'Johnson rag', daí que não nos deixaram entrar… foi, então, quando começamos a tocar temas de Bird".

Cherry conheceu Ornette Coleman, como ele diz, "na casa de alguém" em Los Angeles. "A esposa de Ornette tinha todos os discos de jazz. Pérolas da Savoy, Dial, Prestige… uma coleção muito boa. Ela nos emprestava um disco, mas colocava a seguinte condição: tínhamos que aprender os dois lados do disco antes de podermos pegar outro emprestado. Ela tocava um pouco de violoncelo".

Coleman e Cherry fizeram seu primeiro trabalho juntos em Vancouver, Canadá. "Era a primeira apresentação de jazz do Ornette, e ele foi belíssimo. Fiquei por lá, mas Ornette voltou pra Los Angeles", tentando encontrar mais trabalho e/ou um caminho para Nova Iorque. Mais tarde escreveu a Cherry contando que tinha conseguido uma gravação (*Something Else!!!!* — Contemporary C3551), e Don voltou pra Los Angeles. Em suas palavras: "Estávamos estudando juntos na época… quando não estávamos tocando novas melodias, tocávamos escalas cromáticas, intervalos, os elementos da música".

Finalmente, em 1959, Cherry chegou em Nova Iorque e, junto com Ornette Coleman, também foi pra School of Jazz de Lenox, em Massachusetts. A música que Cherry fez nesses primeiros discos, como parte do Ornette Coleman Quartet, bem como durante suas primeiras aparições no antigo Five Spot, já enriquecem a mitologia da história recente do jazz. E, como mencionei um pouco antes, o trabalho de Cherry com Ornette era apenas o começo do que deveria ser uma carreira fantástica.

Recentemente Cherry me visitou e falou sobre algumas de suas ideias a respeito de música, o que, é claro, significava que ele estava falando sobre a paixão que controlava sua vida. Muitas das coisas sobre as quais ele falou eram valiosas o suficiente pra passar adiante. Por um lado, Don está escrevendo um livro, uma espécie de diário de sua vida, da mesma forma que Girolamo Cardano[49] deve ter feito. E algumas das anotações que fiz certamente farão parte do livro.

Conversamos primeiro sobre seu emprego recente com Rollins. "Ouvi o grupo (com Jim Hall, etc.) antes de Billy (Higgins) e comecei a tocar com eles. Era um grupo escutável... mas acho que a qualidade do improviso melhorou um bocado depois que entramos. O grupo europeu (com Don, Billy e o baixista Henry Grimes) foi, eu acho, um dos grupos mais brilhantes de Sonny. Todo mundo tocava seu instrumento... e, também, seus próprios sentimentos".

"Quando todo mundo têm suas mentes e sentimentos postos no tema, é como se nos apartássemos da presença do público. Cada um carrega seu brilho... e se faz um som".

"Aparte-se de si mesmo, e cada vez será diferente. Há que estar no instante, absoluto. A música terá uma qualidade em seu instante absoluto. E será esplendorosa."

Don usa a linguagem do mesmo jeito que toca, com uma precisão baseada em percepções específicas. *Fulgurante, esplendoroso, brilhante, radioso*, etc., são palavras às quais ele recorreu repetidas vezes, esperando que seu significado se tornasse evidente.

"Quando um grupo se forma, a primeira coisa a ser feita junto, deve ser dedicar algum tempo pra aprender o significado da música. Tomar o controle sobre as frases que todos tocarão juntos. A seção rítmica tem um lugar importantíssimo nesse aspecto..."

"Mas os músicos estão sempre falando coisas como 'meu lance', 'teu lance', quando realmente tudo o que importa é o que

---

[49] N. d. T.: Girolamo Cardano foi um polímata italiano, tendo vivido no século XVI. Escreveu mais de 200 trabalhos sobre medicina, matemática, física, filosofia, religião e música.

acontece quando todos estão na mesma sintonia. Os jovens músicos do agora que estão tocando o que chamam de liberdade, também precisam aprender. O grupo que tínhamos com Ornette era afinado. Um ano tocando juntos, todos os dias, deu certo. Tocamos juntos todos os dias".

"Bastam dois pra começar um grupo. Se os dois tiverem maturidade consolidada, se tiverem uma unidade, então os outros perceberão e tocarão seu próprio som, voz, qualquer coisa… daí, logo mais vão colocar seu brilho. E quanto mais tempo tocam juntos, quando o grupo realmente entra em sintonia, a música fica mais fulgurante, mais e mais esplendorosa".

"Quatro pessoas tocando forte, muito sintonizadas consigo mesmas. Isso é algo, de verdade. É o contraponto em seu estado máximo. São Um. E esse um domina um tanto de espaço."

Cherry é atualmente membro de um novo grupo composto por Archie Shepp, sax-tenor; John Tchicai, sax-alto; Don Nelson, baixo; e J. C. Moses, bateria. Essa conversa aconteceu pouco antes de eu ouvir o grupo fazer uma apresentação no Harout's, no Village. Gostaria de deixar assinalado neste momento que acho que esse grupo, se os outros músicos conseguirem fazer Moses escutar um pouco mais e fingir um pouco menos que é um Philly Joe Jones, será um dos conjuntos mais excitantes de qualquer lugar. Um dos temas que tocaram nesse primeiro concerto foi "Crepuscule with Nellie", de Monk. Era música muito comovente; muito poderosa, muito bonita.

Essa nova banda deve ter um belo e brutal repertório, se levarmos em conta que nele há compositores do calibre de Cherry, Shepp e Tchicai. Eu e Cherry também conversamos sobre composição. "Não preciso de um piano pra compor. A composição musical é matemática. Só é preciso ser capaz de escutar. O som determina onde a peça irá".

"Normalmente, um tema vem a partir de uma escuta ou de um sentimento. O tema é composto apenas pra captar o sentimento e pô-lo em movimento. Ou uma cor. Bird e Monk soam como seu tipo de mentalidade… e tantas quantas forem as vezes que eles tocarem um tema, o verdadeiro modo ainda estará lá, mas a *razão* pela qual eles tocam tal tema pode vir a ser diferente".

As ideias de Cherry sobre música, ou mais precisamente, a música que ele quer fazer, podem parecer esotéricas pra alguns, mas acho que é porque Don está tão determinado a ser um músico e um artista, e não meramente qualquer uma das adaptações sociais mais flagrantes de músico/boêmio que parecem tão populares na cena do jazz de Nova Iorque. O desdém, até mesmo a hostilidade, de outros músicos pelo que Don e alguns dos outros jovens músicos estão fazendo, impõe uma espécie de melancólico ostracismo social, que pode culminar em uma cena tão desesperadora quanto a que testemunhei há pouco tempo no Five Spot. O baterista de Cecil Taylor, Sonny Murray, pediu pra dar uma canja com um dos grupos que estava realizando as apresentações de segunda à noite de uma maneira tipicamente sem inspiração, desleixada, mas "na moda". Ainda que fosse, em sua maior parte, um "número pra naipe de metais", os músicos disseram a Murray que não ia rolar, porque tinham preparado alguns arranjos especiais. É exatamente esse tipo de arbítrio, quase-social, de exclusividade que levou músicos como Don Cherry a buscar suas próprias razões e técnicas pra realizar a música que sentem que tem de fazer. Música, pra Cherry, não é apenas uma maneira de aumentar seu padrão de vida e encontrar algumas mulheres ávidas, é a forma pela qual ele pode nos dar informações sobre o mundo e suas descobertas desde lá.

"Você começa a entrar, verdadeiramente, em algo, quando pode tocar o que cantarola. Mas nunca pensei em tocar trompete.

Sempre pensei em tocar música. Sabia que minhas amígdalas não eram boas o bastante. Mas quando se leva a música a uma certa natureza, já não se pensa mais no instrumento. Não estou consciente da embocadura, de verdade, quando estou tocando. Pratica-se, toca-se, pra fortalecer a embocadura, melhorar o alcance... mas, a partir daí, é necessário que saiba o que fazer, então. Um estilo pode ser um som. Quero que meu estilo de tocar seja musicalmente maduro e humanamente natural".

"*Escuta* é uma palavra em que penso tanto quanto *música*. Sou grato por ser um músico, mas um músico deve querer ser um artista. Tudo o que um artista precisa é de uma ferramenta. O erro é usar a própria arte como ferramenta... não é uma ferramenta, é um ser. O artista-músico deve ser um mestre da improvisação. Essa é a classe de músicos com quem gosto de tocar. Essa é a classe de músicos com quem tenho tocado. Músicos que valorizam muito dar vida à música... que dão tanto valor a isso que se colocam a serviço da interpretação. Há uma diferença entre tocar e interpretar. Eu penso junto ao que toco".

Ainda que Don tenha participado da maioria dos discos de Ornette Coleman, e seja a nova estrela da crítica este ano, ele ainda não teve um disco lançado como líder de um grupo. A ATLANTIC tem uma gravação enfiada numa gaveta que ele fez, há cerca de dois anos, com John Coltrane, Percy Heath e o baterista Ed Blackwell, e não dão o menor sinal de haverá lançamento neste momento, embora muita gente esteja clamando por ouvi-la[50]. Cherry também gravou algumas fitas com um trio — estão lá Henry Grimes (baixo) e Blackwell —, mas tudo indica

---

[50] O disco foi finalmente lançado, em 1966, sob o seguinte título: *The Avant-Garde* (ATLANTIC 1451), com John Coltrane, saxofones tenor e soprano; Donald Cherry, trompete; Percy Heath, baixo; Ed Blackwell, bateria. Em "Cherryco" e "The blessing", Charlie Haden toca baixo. "Cherryco", "Focus on sanity", "The blessing", "The invisible", "Bemsha swing". Gravado em 1960.

que a Atlantic engavetou essa também. Além disso, acabei de ouvir algumas fitas-demo do novo grupo Shepp-Cherry-Tchicai, que alguma gravadora deve pegar muito rapidamente. As fitas são matadoras; essa gravação precisa ser divulgada, mesmo que não rivalize com as vendas do *Jive Samba*, etc.

Don tem a humildade de um artista, i.e., ele sabe que determinada "perfeição", como sua meta, não é muito possível (uma vez que a conclusão de uma ideia simplesmente reintroduz a possibilidade de outras mais), mas a expressão útil de sua complexidade humana — de um modo que seja singular e pessoal. Nada está nunca terminado, exceto o medíocre ou o pretensioso. As únicas pessoas que deveriam estar constantemente interessadas em "obras-primas" são os museus e pessoas que não sabem o que fazer com elas. Assim que Don Cherry escuta, e é uma constante; daí me lembro do que ele disse quando tocou no lançamento de *Ornette on Tenor:* "Blackwell estabelece o ritmo como uma forma... e eu não podia tocar de verdade com ele, naquele instante... mas agora eu escuto exatamente o que ele está fazendo. Eu costumava fazer o som, investigar o que era e depois resolver. Mas agora posso sentir o som e também escutá-lo; estou aprendendo a controlá-lo. Quando chegava a hora de eu tocar, depois de Ornette e os outros, eu pensava: 'Cacete, que espaço eles não usaram?' Agora estou descobrindo".

1965 Nova Música Preta: um concerto beneficente a
The Black Arts Repertory Theatre/School Live

New Wave in Jazz (New Black Music) (IMPULSE A-90).
Gravado "ao vivo" no VILLAGE GATE, Cidade de Nova Iorque,
em 28 de Março de 1965.

(1)

1. "Nature boy" (John Coltrane, sax-tenor; Jimmy Garrison, baixo; Elvin Jones, bateria; McCoy Tyner, piano)
2. "Holy ghost" (Albert Ayler, sax-tenor; Joel Freedman, violoncelo; Lewis Worrell, baixo; Donald Ayler, trompete; Sonny Murray, bateria)
3. "Blue free" (Grachan Moncur, trombone; Bill Harris, bateria; Cecil McBee, baixo; Bobby Hutcherson, vibrafone)

(2)

1. "Hambone" (Archie Shepp, sax-tenor; Reggie Johnson, baixo; Virgil Jones, trombone; Marion Brown, sax-alto; Roger Blank, bateria; Fred Pirtle, sax-barítono; Ashley Fennell, trompete)
2. "Brilliant corners" (Charles Tolliver, trompete; Cecil McBee, baixo; James Spaulding, sax-alto; Billy Higgins, bateria; Bobby Hutcherson, vibrafone)

(Este disco documenta um concerto beneficente a The Black Arts Repertory Theatre/School, o qual intitulei *New Black Music*. O diretor da gravadora A&R, Bob Thiele, sugeriu, no entanto, que NBM devesse ser um subtítulo. Além disso, dois artistas que estiveram no concerto não foram incluídos no álbum, e isso foi uma perda terrível: *Sun Ra and His Myth-Science Arkestra* — que incluiu, e ainda inclui, artistas estimáveis como Marshall Allen, sax-alto; John Gilmore, sax-tenor; Pat Patrick, sax-barítono; Ronnie Boykins, baixo; entre outros — e a cantora Betty Carter, uma das vozes mais liricamente articuladas do jazz já aparecida há muitas luas. L. J.)

Estas notas se dividem em duas partes. A primeira consiste numa descrição do que é Arte Preta, também sobre o The Black

Arts Repertory Theatre/School, e os motivos do concerto. A segunda compreende uma sequência de respostas à música, em si mesma, e o que ela significa.

Tenho escrito em muitos lugares sobre essa nova música preta. Armei teorias, contei histórias, tentei explicar. Mas a música, em si, não se trata de nenhuma dessas coisas. O que nossas palavras têm a ver com flores? Uma rosa não é doce porque a explicamos assim. Poderíamos dizer qualquer coisa e nenhuma rosa responderia.

TRANE é agora um âmbito de sentimento. Um viajante mais fixo, cujos ataques mais selvagens são agora artefatos maravilhosos que nem mesmo os surdos deveriam perder.

O balanço de "Nature boy" é lírico. Quando Trane soa como uma busca, podemos entender que já não se trata, essencialmente, de uma busca pelo que *acreditar*. *A Paz do Cosmos é um movimento infinito.*

ALBERT AYLER pensa que tudo é tudo. Toda a paz. Todo o movimento. Que ele é um receptáculo do qual emana/emite a energia. Pensa (ou talvez nem pense) que nem sequer está aqui. Basta sequer estar aqui, como se disse sobre Albert, apesar de *sermos* egos biológicos (pensamos). Apartados. Por vezes insensíveis uns aos outros (coisa), mas a Música junta-nos. Sentimento. Arte. O que quer que produza uma correspondência comum pra existência.

Entendem por qual motivo este é um belo álbum?

Trane é um cisne amadurecido cuja envergadura das asas geraram um mundo totalmente novo. Mas também nos mostrou como assassinar a canção popular. Para acabar com as débeis formas ocidentais. É um belíssimo filósofo. Desejaria dizer a ele, ao escutar sua projeção pessoal de misticismo: "Assim é como me foi contado".

Albert Ayler já ouviu Trane e Ornette Coleman, e não há dúvida de que levou a música por outro caminho. A gente deveria ser encaminhada a *Spirits, Bells, Spiritual Unity, My Name Is Albert Ayler.*

Albert Ayler agora é um mestre de dimensões impactantes, e me perturba pensar que talvez leve tempo demais pra muita gente descobrir isso. (Salvo que eles sempre souberam, como aquelas outras merdas que não podem ser explicadas.)

Trane orienta-se ao Leste (Oriental) em "Nature boy". Um idioma de paz e tempo, um encontrar-se a si mesmo. Quando ele fala de Deus, você se dá conta de que é um Deus Oriental. Talvez, Alá.

Albert Ayler é a era atômica. Sun Ra, que era para ser ouvido neste álbum, mas não foi por capricho do missionário, é a Era Espacial. Essas duas eras são coexistentes, mas todas são. Trane, a Era do Esplendor do Entendimento (místico). Archie Shepp, a Era das Cidades, um viajante urbano com bom senso (coração, ouvido).

Este álbum será, pra muita gente, a primeira audição da maioria desses músicos. Deveria ser, para tais ouvidos, a pedra de toque do novo mundo. Há tantas coisas por aqui.

Mas o álbum também é uma evidência de peso sobre algo que está realmente acontecendo. Agora. Tem acontecido, embora geralmente ignorado e/ou insultado por críticos medianos (usualmente brancos) que não entendem o contexto emocional em que essa música ganha vida.

Essa música é um bocado da cultura preta na contemporaneidade. As pessoas que fazem essa música são intelectuais, são místicos, são ambas as coisas. O poder do ritmo preto no blues, seu sentimento (sua sensibilidade), é projetado na zona de reflexão. Intencionalmente. Como expressão... onde cada termo é igualmente interpelado.

Projeção sobre períodos sustentados (mais tempo dado, e o tempo propõe uma história pra expressão, portanto, torna-se projeção reflexiva).

Arbitrariedade da forma (variedade na natureza).

Intenção de que a performance seja uma experiência de aprendizagem.

Essas são as categorias que separam a reflexão da expressão; como Expressão Pura e Reflexão Pura (se tais categorias existem pra além da teoria). A expressão não se propõe a instruir, mas o faz de qualquer modo... se os objetos dessa energia mental estiverem dispostos a recebê-los. A reflexão se inclina à mudança, é uma situação de aprendizagem formal. Mas levar uma pancada na cabeça com um porrete pode fazer tão bem quanto meditar.

Pra que o mundo não branco assuma o controle, deve transcender a tecnologia que o escravizou. Mas a expressão e a reflexão instintiva (natural) que caracterizam a arte e a cultura preta — escutem esses músicos — transcende qualquer estado emocional (realização humana) que o homem branco possa conhecer. Eu disse em outro lugar: "O sentimento prediz a inteligência".

Ou seja, o espírito, a Explicação do Mundo, disponível nas Vidas, na Cultura, nas Artes Pretas, fala de um mundo mais belo do que o conhecido pelo homem branco.

Tudo isso é pra deixar óbvio o que estamos falando. E que a música que você ouve (?) é uma invenção das Vidas Pretas. (Deixa pra lá as "harmonias" forasteiras executadas pelo violoncelista de Ayler... uma espécie de "classicismo" intrépido com vontades de representar a Europa como "modernosa".)

Grachan Moncur representa, junto com o grupo de Charles Tolliver, o lado *cool* da nova geração, pós-Milesiana. O vibrafonista Bobby Hutcherson torna essa postura pensativa e desafiadora, assim como, digamos, um baterista como Tony Williams ou o baixista Cecil McBee, que podem chegar ainda mais longe.

Esses músicos modificam o que lhes é dado, e o que já foi, felizmente, compreendido. Altera-se o que é o sentimento normal de aventura. Pensa-se primeiro no *hard bop*, depois no *cool soft bop*. Mas o desejo deles é serem originais, o que simplesmente torna esses rótulos inúteis. Alguns dos músicos das bandas de Tolliver e Moncur tocaram juntos muitas vezes naqueles discos "descolados" da Blue Note com Jackie McLean, ou Andrew Hill, ou Wayne Shorter, etc. Esses são os caras (Jackie, o perpétuo brutamonte) mostrando a você que a música está mudando bem diante de seus ouvidos.

Esses nomes, e os outros que mencionei antes, nomes com os quais conjurar, não devem ser esquecidos por ninguém. OK, fale sobre eles como personalidades, se preferir. Sonny Murray é um fantasma, ouça-o zurzir e carpir ao som de "Holy ghost". Ouça Louis Worrell, Don Ayler, com muita atenção, porque eles são novos e podem estar lhe contando algo que você nunca esperou receber. Ouça Trane, Ornette, Sun Ra, Milford Graves, Tchicai, Brown. Ouça todos esses maravilhosos. Você encontrará neste disco poetas da Nação Negra.

A nova música negra é esta: encontre o eu, depois mate-o.

1967 A hora e a vez de Sonny

Sonny's Time Now
Sonny Murray, bateria; Albert Ayler, sax-tenor; Don Cherry, trompete;
Henry Grimes, baixo; Louis Worrell, baixo; LeRoi Jones lê em "Black art".
"Virtue", "Justice", "Black art"

Finalmente Sonny Murray, o mítico preto-escarlate de Oklahoma, tem um álbum pra chamar de seu. O seu lugar é o da graça recebida antes tarde do que nunca.

Sonny Murray, o inovador, o decano dos novos bateristas da nova música. Seu trabalho com Cecil Taylor (tendo sido ele a girar a chave dessa tal liberdade, admite de bom grado o próprio Sonny) foi o que levou-o às primeiras e impressionantes gravações, à admiração vinda de músicos, da malandragem casca grossa e dos ouvintes sérios de música.

Depois de deixar Cecil, Sonny integrou vários grupos de Albert Ayler. E alguns dos melhores trabalhos de Sonny foram gravados com os irmãos Ayler (e.g., "Bells", "Spirits rejoice" etc.)

As pessoas nunca souberam muito bem o que pensar sobre Sonny. Ele é pura e absolutamente comprometido em fazer música, em pensá-la, viver dentro de sua música. "Liberdade", Sonny sempre disse. "Livre", sobre essa música, sobre seu estilo. "Tô tentando tocar a música, como eu a sinto, Livre".

Sonny fala sobre *energia* e *força*. Estas são as chaves pro seu método e estilo. Liberdade, energia e força. "Tocar forte, incessantemente", é o desejo do homem santo. Esse é o desejo de Sonny Murray.

Ver Sonny tocar, assistir como ele, em sua bateria, mergulha e flutua, espreita e dá o bote, de cima e pra dentro, e de imediato… lá está sua corporalidade, sua fisicalidade na música. Não apenas como um baterista, mas como um condutor de energias, direcionando-as prum lado e pro outro. Apenas arranhando o chimbal dessa vez, descendo o braço na vez seguinte. Golpeando o bumbo com ambos os pés. Suas viradas e rufos são o resultado da sensibilidade de um espírito que emana do corpo. Deseja "sons naturais", ritmos naturais. O tambor como um reator e como agente manifestante de energias fluindo e saindo de seu corpo. Ritmo como ocorrência. Como ênfase natural.

Ouve-se o seu queixume atrás de seu instrumento, a partir do seu outro belo instrumento. A voz dele. O som do sentimento. O gemido, um som irregular do corpo em espasmo, como espécie de instrumento pesado de cordas, elevando todos os outros sons em oração.

Tocando junto com Sonny neste disco estão alguns dos mais fortes intérpretes da nova música. Albert Ayler é o novo som do saxofone tenor. De fato, o peso e a força de Albert levaram a música "pra outro lugar". Direto e aberto, liberto e ancestral. Todo mundo está ouvindo Albert (ele até já tem alguns imitadores escolhidos a dedo... porque é assim que rola com os inovadores, e.g., também há muitas réplicas, e quase réplicas, de Sonny Murray boiando por aí).

Don Cherry foi um dos autênticos carrascos de Ornette. Um inovador do mais alto nível (na verdade, os membros da banda de Sonny aqui não são, de forma alguma, acompanhantes ou meros coadjuvantes; antes de tudo, cada um deles é um inovador e criador original, gigantes em maturação — embora ainda não sejam necessariamente reconhecidos por esse bando de bundas-moles estadunidenses, extraordinariamente viciados em comer merda. Mas logo, logo eles serão reconhecidos por esses imbecis, quando chegar a hora de roubar-lhes algo).

Ouça os duetos de Cherry e Ayler ao longo do álbum. Eles mandam um rabo de arraia, enquanto você fica com um sorriso estampado na cara. Don, instintivamente, coloca seu timbre de metal como se fosse uma bala contra o bárbaro Albert, que entra e adentra mais dentro, traçando o outro espaço. Enquanto Albert te faz pensar que não há mais espaço. Mas está em liberdade. Você pode ir pra qualquer lugar, você pode.

Henry Grimes e Louis Worrell deveriam ser dois dos baixistas mais famosos do planeta. Eles estão entre os melhores. Ambos são surpreendentes e, em conjunto, como neste álbum, eles produzem um zumbir que paramenta o som, ora um tempo atrás, ora um tempo a frente, que "empacota" o tema e o conduz de modo concomitante.

Isso é música profunda (todos os temas são composições de Sonny). Ela te atravessa, completa todo ciclo de emoção e aventura, da terra ao céu, o homem na encruzilhada indo em ambos os sentidos, elíptico e perfeito como todas as coisas. Escute essa música, se puder. Vá até ela — e ela, a hora e a vez, chegará até você.

1966 O mesmo que muda (R&B e Nova Música Negra)

O impulso do blues translada... contendo uma raça e sua expressão. *Primal* (mesclas... decalques e imitações). Através de suas muitas mudanças, manteve-se a replicação exata d'O Homem Preto no Ocidente.

Uma expressão da cultura no apogeu de seu desprendimento (portanto, demonstrando o mais alto grau de consciência de um *em-si-mesmo*, imune a toda conversa fiada). O jazz como expressão direta de um lugar... procura outro lugar à medida que se debilita, um lugar de classe média. À exceção de quem se mantém conscientemente apartado dessas aspirações. Desse modo, a chamada vanguarda ou nova música, a Nova Música Preta, está apartada porque procura estar igualmente apartada, igualmente desprendida... ou seja, mais consciente dos pesos reais da existência como o autêntico *R&B*. Há, simplesmente, mais tentações para o negro de classe média porque pode, em grande medida, viver um faz de conta nos Estados Unidos, chutar o balde com sossego, embranquecer e, mais que a maior parte do pessoal do *R&B*, levar a vida na flauta. Simplesmente porque as coisas estão mais a seu alcance.

O jazz, com muita frequência, tornou-se música para ocasiões especiais, não necessariamente emocionais. Mas o *R&B* agora conta com aquela mãozinha da América branca na exploração de suas forças produtivas para fins lucrativos, como se fosse uma mina de ouro, amarrando essa música ao longo de uma linha que a debilita de maneira similar. Eis o ponto de partida, com sua própria vacuidade de "entendimento" sobre o que é Música Preta, ou como atua sobre as pessoas: conforme acreditam, dos *Beatles* para frente, tudo tem a ver com a vida dos brancos.

O blues, seus "tipos" e sua diversidade, revelando as origens de seus estilos. O fenômeno do jazz implica outra forma de especificar suas influências culturais. Tanto o jazz mais europeu, popular ou vanguardista, bem como o mais Preto jazz, ainda fazem referência a um corpo central das experiências culturais. O impulso, a força que leva a cantar… com tudo que vem lá de dentro… é uma coisa… porém, o que ela produz é bem outra. Pode vir de uma força expressiva em sua totalidade, ou fazer de uma ocasião especial uma súplica. Ou pode ser tudo a mesma coisa… simplesmente identificamos a parte do mundo a que somos mais receptivos. Está tudo lá. Somos precisos (inclusive em nossas mentiras). Os elementos que transformam e dirigem nosso canto em reflexões sobre nós mesmos, são pesados e palpáveis como a atmosfera.

Somos movidos e dirigidos por nossa resposta integral à possibilidade de todos os efeitos.

Somos corpos respondendo de forma diferenciada, uma força (total), contra você. Você reage para incitá-lo, recriá-lo, resistir-lhe. É a pressão contrária produzindo (neste caso) o som, a música.

Há uma tradição que chamo de "Blues Urbano", apenas para identificar diferentes elementos atuantes em sua criação. As pessoas elegantes da cidade que nos tornamos após o êxodo, o desencadeamento de uma energia na situação urbana do Norte. Vende-se por atacado.

A linha que poderíamos traçar, como "tradição" musical, é o que nós, como povo, cultivamos e transmitimos da melhor maneira possível. A forma de *pergunta e resposta* (voz solo mais voz em coro) trazida de África, nunca nos abandonou como modo de expressão (musical). Tem persistido tanto como forma vocal, quanto instrumental.

O quarteto rítmico dos últimos trinta anos é uma continuação muito óbvia da tradição vocal Preta e uma condensação na forma dos cantos tribais em maior grupamento... através do modelo dos grandes coros religiosos que, a princípio, *cantavam e dançavam* com finalidade religiosa e/ou ritual.

De fato, retroceder em qualquer linha histórica (ou emocional) na ascensão da Música Preta nos leva inevitavelmente à religião, i.e., ao culto dos ancestrais. Esse fenômeno está sempre na raiz de qualquer Arte Preta: a adoração ao ancestral — ou, pelo menos, a invocação de sua força. Já que até a música, ela mesma, era isso: um reflexo do ancestre, ou a própria não coisa.

Os tumbeiros[51] destruíram uma grande quantidade das tradições artísticas manifestadas pelos Pretos. Os brancos impuseram esse estupro cultural. Um povo "sem cultura" é um povo sem memória. Sem história. Este é o estado ideal para a escravidão; ser objetos, assim como o resto das posses do "Sinhô"[52].

A ruína da tradição cultural Preta significou, ao fim e ao cabo, a destruição de grande parte de suas tradições sociais e artísticas. Incluindo o colapso, à força, das formas pré-Americanas das religiosidades Pretas. O cristianismo substituiu as religiões africanas como saída para o culto dos ancestrais. E as formas cristãs foram negociadas, consciente e inconscientemente, e postas em seu lugar. As formas cristãs foram enfatizadas sob ameaça de morte. Disso resultaram as formas afro-cristãs, que persistem até hoje.

---

[51] N. d. T.: Conforme o original: "The slave ship" que, em tradução direta, seria "navio negreiro". Opto por "tumbeiro", outra denominação, por crer mais afeita aos efeitos mortíferos do tipo de embarcação.

[52] N. d. T.: Conforme o original: "massa's" que é a forma oralizada em *black vernacular* [jargão preto] pra designar "senhor", por extensão "senhor de engenho", donde preferi assumir o modo oralizado de "sinhô".

O despojo, a erosão gradual, da forma africana pura como meio de expressão do Povo Preto, e a aceitação gradual das formas mescladas afro-cristãs e afro-americanas, são entradas referenciais para a filosofia cultural do Povo Preto, da Arte Preta.

Há outro fenômeno estadunidense, que implica ao mesmo tempo outro tipo de despojo, que precisa ser considerado também como um ponto referencial, i.e., algo que afetou toda a América do Norte, senão todo o Ocidente. Trata-se, claro, da perda de religiosidade no Ocidente, em geral.

A Música Preta é de origem africana, afro-americana em sua totalidade, e suas diversas formas (principalmente as vocais) mostram de que maneira os impulsos africanos foram redistribuídos em sua expressão — também como tal expressão, em si mesma, se cristianizou e pós-cristianizou.

Ainda hoje, muitas das bandas mais conhecidas do *R&B* — além de quartetos ou outras demais composições em grupo — têm formação religiosa, e a música em si é tão sacralizada quanto sempre foi... em vários graus de sua completa identificação emocional com a Cultura Preta afro-estadunidense (Sam e Dave, etc., numa extremidade... Dionne Warwick no meio... Leslie Uggams, na outra extremidade... e desaparecendo).

A igreja continua, mas não a devoção (em nenhum nível de sua existência ela é tão grande, embora entre os mais pobres se deem os níveis mais abstratos e altruístas do ir à igreja; a emoção é a devoção, e o deus, o Deus desse sentimento e movimento, permanece tão poderoso, ainda que um tanto "redistribuído").

Mas o tipo de igreja a que o Povo Preto pertencia geralmente os conectava com a sociedade como um todo... identificava-os, bem como as suas aspirações, a sua cultura: porque a igreja era um dos poucos lugares em que a plena expressão do preto não era constantemente censurada pelos brancos. Até o pedido de liberdade, embora em termos velados por meio das referências bíblicas aos "judeus", caiu para dentro dos sermões da igreja.

Apenas aquelas artes e práticas culturais que eram menos obviamente capazes de introduzir enunciados sociais "de outra natureza" puderam sobreviver durante a escravidão. (E ainda hoje, nos Estados Unidos contemporâneo, é praticamente a mesma coisa… ainda que, em vez de completa aniquilação, dificilmente existam maneiras mais misericordiosas de limitar o protesto dos Pretos, ou quaisquer ações afirmativas… nas artes ou em qualquer outro aspecto da vida estadunidense.)

No blues (a Lírica), sua qualidade musical é, ao que parece, a expressão mais profunda da memória. Experimentar re/sentir. É a memória racial. É a figura "abstrata" do caráter racial que se evidencia, deveria ser evidente, na criação que carrega a força racial dessa memória.

Da mesma maneira, o Deus falado nas canções Pretas não é o mesmo das canções brancas. Embora as palavras possam até parecer as mesmas (elas nem sequer são pronunciadas de maneira parecida). Mas é uma qualidade diferente de energia que se invoca. É o tom simples da evolução variável pelo qual distinguimos as raças. Os povos. O corpo é diretamente figurado nela. "A vida dos órgãos."

Todavia, a evolução não é meramente física: ainda assim, se você puder entender a que alude o físico, do que é refletido, então se entenderá que cada processo na "vida" é duplicado em todos os níveis.

A lírica (canção) do blues (impulso) é até descritiva de um plano de evolução, uma direção… que vai e vem… através de quaisquer mundos. Meio Ambiente, como dizem os assistentes sociais… mas Ambiente Total (incluindo, em todos os níveis, o espiritual).

A Identificação é Identificação Sonora, é Identificação Visual, é Toque, Sensação, Cheiro, Movimento. (Posso contar um caso: mesmo à distância e com a visão encoberta, se eu vir alguém atravessando um parque, sou capaz de dizer se é um homem branco ou um homem preto. Embora Whitney Young[53] quisesse que víssemos o mesmo homem correndo.)

Por exemplo, um homem branco poderia boxear como Muhammad Ali, mas *somente* depois de ver Muhammad Ali boxear. O branco não conseguiria inaugurar esse estilo. Não é descrição, isto é a cultura. (1966 a.c.)

Os Spirituals... *As Canções dos Retiros Espirituais das igrejas do interior... ou o Canto dos Escravos*[54] *que falam sobre libertação.*

O Deus que os escravizados cultuavam (em sua maioria, exceto talvez pelos *assimiladinhos*[55] que adoravam um Deus

---

[53] N. d. T.: Whitney Moore Young (Lincoln Ridge, 31 de julho de 1921 — Lagos, Nigéria, 11 de março de 1971) foi um defensor dos direitos humanos nos Estados Unidos. Passou a maior parte de sua vida trabalhando para acabar com a discriminação de emprego nos Estados Unidos e transformou a *Liga Urbana Nacional* de uma organização de direitos humanos relativamente passiva numa extremamente agressiva.

[54] N. d. T.: Opto pela forma "escravos", não "escravizados" por conter embutida na frase uma tenra homenagem ao álbum *O Canto dos Escravos* (Eldorado, 1982), com vozes de Clementina de Jesus, Tia Doca e Geraldo Filme, contendo cantos ancestrais dos negros benguelas, de São João da Chapada, Diamantina, Minas Gerais.

[55] N. d. T.: Conforme o original "toms", referido de modo abreviado, maneirismo de gíria, ao personagem "Uncle Tom", costumeiramente traduzido por "Pai Tomás". O termo, lá como aqui, faz referência a um tipo de negro que assume trejeitos da classe dominante, mas primordialmente é servil nas relações com essa classe. Dito de outra forma: adota uma postura de "embranquecimento" ou adota a branquitude como modelo comportamental. Há um outro termo, em todo caso, que é o "assimilado". Nenhuma das opções disponíveis é confortável, contudo Baraka também não usa o tratamento de maneira atenuada; é, antes de tudo, ácido, ferino. Daí que, procurando o tom, chegou-se ao modo "assimiladinho".

"branco e puro") tinham que estar dispostos a libertá-los, de algum jeito, fosse como fosse... num dia doce.

O Deus, a perfeição do que dizem ser a libertação espiritual e do mundo, é o que cantam os adoradores. Aquela terra Preta, perfeita. O solo mudou com Deus no comando. As igrejas que os escravizados e libertos frequentavam, identificavam esses deuses — e sua vontade, assim no Céu, como na Terra.

Quanto mais perto a igreja estava de África, mais Preto era o Deus. (Mais Preto o ancestre.) Quanto mais perto da vontade (e da ideia) do Ocidente, mais branco era o Deus, mais branco era o ancestral cultuado. Mais brancos eram os adoradores. Ainda é assim. E, no duro, o Coração Preto da América é africano.

Em cada igreja diferente, diferentes eram os Deuses, diferentes as versões da Terra. Diferentes as cargas e versões "clássicas" da realidade. Diferentes eram os cantares. Diferentes as expressões (de um todo). Um povo inteiro... uma nação em cativeiro.

O *Rhythm & Blues* faz parte do "gênio nacional" do Preto, da nação Preta. Papo reto, sem palhaçada, é a expressão de uma América Preta, urbana e rural (em suas múltiplas variações estilísticas).

Os gritos fortes e rascantes de James Brown identificam um lugar e uma imagem nos Estados Unidos. Um povo e uma energia, aproveitados e não aproveitados, pela América. J.B. é direto, aberto e fala das gentes mais profundamente religiosas deste continente.

A energia é aproveitada porque é o que J.B. faz, põe abaixo um sistema governado por gente "repugnante" — e provavelmente ele nunca vai ficar, digamos, tão rico; ou seja, nunca vai colher os benefícios *materiais*, fazendo o mesmo esforço que um bando de brancos faz, porém recebe. Contudo, a vontade da expressão transcende o aspecto "material", físico e mental —

afinal, faz-se necessário atravessar o repugnante sistema-mundo, para que sejam concedidos quaisquer "benefícios". Uma vez que a vontade da expressão é espiritual e, como tal, deve transcender seu ambiente mineral, vegetal, animal.

Forma e conteúdo expressam, ambos e de maneira mútua, o todo. E ambos são igualmente expressivos… cada um tem motivo e função identificados. Na Música Preta, ambos identificam lugar e direção. Queremos conteúdos diferentes e formas diferentes porque temos sentimentos diferentes. Somos povos diferentes.

A forma e o conteúdo de James Brown identificam todo um grupo de pessoas na América. Por mais que estes possam ser transmutados e reaproveitados, ou ressurjam em outras áreas, em outras músicas com diferentes propósitos na sociedade, a energia e a imagem iniciais se referem a um grupo específico de pessoas, o Povo Preto.

* * *

A música produz uma imagem. Qual imagem? Que ambiente (no sentido mais amplo dessa palavra, i.e., ambiente total, externo e interno)? Acho eu que existe um mundo alimentado por essa imagem. O mundo acionado pelas imagens de James Brown é a posição mais vulgar (a mais repugnante) na ordem social estadunidense branca. Portanto, é a mais Preta e potencialmente a mais forte.

Não é "a mais forte" simplesmente por causa da transmutação e exploração das quais falei antes. É social, porém também é total. O mundo é uma totalidade. (E, nesse sentido, a função total da "música livre" pode ser compreendida. Veja, especialmente, o conto de Henry Dumas[56] na *Negro Digest*[57], "Will the circle be unbroken?" para entender as implicações da música como um *juiz* autônomo das civilizações, etc. Uau!)

Quando digo imagem, quero dizer que a música (na verdade, a arte... ou qualquer outra coisa, se analisada) convoca e descreve o lugar de onde suas energias foram obtidas. As luzes piscando e as cabeças cintilantes, o concreto cinzento e os sonhos sem fim. Contudo a descrição é da totalidade dum ambiente. O conteúdo diz desse ambiente, assim como a forma faz.

O negro "brancarana"[58] e o homem branco querem uma gente substancialmente diferente daquela "descrita" por James Brown. São gente diferenciada. A delicadeza e o chamado "bem-estar" do

---

[56] N. d. T.: Henry Dumas foi um escritor, professor e poeta afro-estadunidense, nascido em Arkansas, posteriormente radicado em Nova Iorque, precocemente morto, aos 33 anos, em 1968. Sua morte ainda é controversa: Dumas foi morto a tiros por um policial de trânsito da cidade de Nova Iorque na plataforma sul da estação 125th Street/Lenox Avenue do metrô da cidade. De acordo com o relatório da *Associated Press*, o policial alegou que Dumas estava ameaçando outro homem com uma faca. O policial disse que ordenou a Dumas que largasse a faca, porém Dumas se virou, atacou o policial e cortou sua bochecha. O policial afirmou que atirou três vezes. Não houve testemunhas, sendo considerado, posteriormente, como um "caso de identidades trocadas". Teve sua obra publicada postumamente, com destaque para a coletânea de poemas *Play Ebony, Play Ivory* (1974) e de seus contos em *Ark of Bones* (1974).

[57] N. d. T.: *The Negro Digest*, mais tarde rebatizada de *Black World*, era uma revista para o mercado afro-estadunidense. Fundada em novembro de 1942 pelo editor John H. Johnson, da Johnson Publishing Company, a *Negro Digest* foi publicada pela primeira vez em Chicago, Illinois. A revista era semelhante à *Reader's Digest*, porém visava cobrir histórias positivas sobre a comunidade afro-estadunidense. A revista cessou a publicação em 1951, mas voltou em 1961. Em 1970, a *Negro Digest* foi rebatizada como *Black World* e continuou a ser editada até abril de 1976.

[58] N. d. T.: "The 'whitened' Negro". Mantem-se o tom provocador, algo violento, de Baraka ao utilizar "brancarana" (mestiço ou pardo de pele clara que por vezes é considerada branco), em vez de "negro embranquecido", ainda violento, mas mais atenuado.

habitat das pessoas brancas está impresso em sua música (arte)… no todo são expressões só de si mesmos. Com toda gente é assim.

Se você colocar para tocar James Brown numa agência bancária (tipo, "Money won't change you… but time will take you out")[59], vai alterar todo o ambiente. Não apenas pelo comentário sardônico da letra, mas também pelo posicionamento completamente emocional do ritmo, da instrumentação e do som. Uma energia é liberada, uma tal invocação de imagens que leva a todos que estão ali no banco a uma viagem. Ou seja, visitam outro lugar. Um lugar onde vive o Povo Preto.

Então se liga: não se trata apenas do lugar onde vive o Povo Preto, esse é um lugar nos recintos espirituais que contam seus afetos, onde o Povo Preto se mobiliza com mais liberdade e força quase absolutas. (Por exemplo, o que seria uma pessoa branca transitando numa música de James Brown, ou de Sam, ou de Dave? Teria qual função? Qual seria a metáfora social para sua existência naquele mundo? Estando ali, o que faria?)

Isso também é verdade, afinal, com o mundo de John Coltrane ou o de Sun Ra. No mundo de Albert Ayler ou no de Ornette Coleman; daí que talvez alguém diga: "Bom, um branco bem que pode tocar furiosamente algum instrumento de cordas". Saca?

No mundo de Leslie Uggams? Um tipo desses se casaria com uma cantora meio branca e dirigiria o show… talvez até sussurrando letras no ouvidinho, e mais outras coisas nos bastidores. Saca? *A canção e as pessoas são a coisa mesma.*

A reação a qualquer expressão move a parte mais profunda da psique e produz averiguações por toda parte. O preto de classe média quer um conteúdo diferente (imagem) de James Brown, porque veio de um lugar diferente e quer alguma coisa

---

[59] N. d. T.: "A grana não vai te mudar… mas com o tempo tira tudo de você"

diferente (pensa). O algo que se quer ouvir é o que já é ou para o qual se move.

Sentimos: para onde se encaminha a expressão? A que isso levará? O que isso caracteriza? O que isso nos faz sentir? Qual é a sua imagem? O conteúdo do jazz, óbvio, é bastante fértil.

As implicações do conteúdo.

O conteúdo formal de muito do que é chamado de *New Thing* ou *Vanguarda* ou *Nova Música* difere (ou assim parece) do *Rhythm & Blues*, ou do jazz mais inclinado ao *R&B*, ou daquilo que os maiores bambas da praça estão ligados. (E aqui estou falando sobre o que é essencialmente *Música Preta*. Embora, com certeza, muitas vezes a "falta de ginga" de grande parte do "novo" se deva a sua associação, derivação e até imitação direta de certos aspectos da música branca, seja europeia ou euro-estadunidense, no contemporâneo... pouco importa se querem nos fazer crer que sejam Bach ou Webern.) Vanguarda, no fim das contas, é um termo ruim porque também inclui um monte de imposturas e impostores.

Mas a diferença mais significativa é, outra vez, a direção, a intenção, o senso de identificação... o "tipo" de consciência. E é disso que se trata: consciência. Que você está *com* (consciência = conhecimento)[60]. Os "novos" músicos são autoconscientes.

---

[60] N. d. T.: Conforme o original, Baraka aponta partículas da etimologia da palavra desse modo: "(the word Con-With/Scio-Know)", i.e., "(o termo Con — com / Scio — saber)". A frase, mesma, é complicada sintaticamente. "que você está com", quer dizer, "que está junto, que está com um saber, que está com algo", segue uma infinidade de possíveis aberturas. De todo modo, além da etimologia de "consciência" que vai ser anotada por aqui, também a ideia de equivaler "consciência" e "conhecimento", não por desdobramento particular, como fez Baraka, mas anotando suas proximidades com um sinal de igual, conformando a ideia de "com/junto". A etimologia, afinal: "Consciência" vem do termo latino *conscientia*, de *consciens*, particípio presente de *conscire*

Tal como os músicos do *bop* eram. Extremamente conscientes de si mesmos. Eles são mais conscientes (ou querem ser) da totalidade de *um-si-mesmo*, em relação ao que faz o pessoal do *R&B* que, na maioria das vezes, é todo expressão. Expressão emocional. Muitas vezes a autoconsciência acaba por se definir, só para o gasto, algo como: uma figura de linguagem banal. Produz tédio, cinismo, cafonice. Mesmo em nome da Arte. Ou o que tem nos bolsos... ascensão social: "Agora podemos tocar tão bem como os brancos" ou "Estudei na Julliard e esta peça mostra uma linha contrapontística ao estilo de Bach", trocando em miúdos a troco de nada.

Mas em sua melhor versão a Nova Música Preta é expressão, e, também, expressão de uma reflexão. O que se apresenta é uma experiência de aprendizagem conscientemente proposta. (Escute "The New Wave".) Não é de se admirar que muitos dos novos músicos Pretos sejam — ou digam que querem ser — "Homens Espirituais" (alguns dos músicos do *bop* abraçaram o Islã), ou então estão interessados na própria Religião da Sabedoria, i.e., a elevação do espírito. Estão interessados, enfim, na graça da expansão da consciência, não apenas expressando, ou aludindo, o que já está lá. Estão interessados no *desconhecido*. No místico.

Mas isto é interpretação. Os Milagres são espirituais. Essa gente canta (e canta sobre) sentimentos. Seu conteúdo é o sentimento... sua forma é fazer sentir, etc. A Arte Musical autoconsciente (reflexiva, extensiva, New Thing, *Bop*, etc.) desses artistas cultiva a consciência que busca mais sentimento, para se elevarem... a uma escala que se mede com a própria vida. Trata-se do

---

= estar ciente (cum = com, partícula de intensidade e scire = sei). Também encontramos uma possível raiz formada da junção de duas palavras do latim; *conscius+sciens*: *conscius* (que sabe bem o que deve fazer) e *sciens* (conhecimento que se obtém através de leituras; de estudos; instrução e erudição).

pensamento, mas o pensamento também pode matar. A vida é complexa, mesmo em sua simplicidade.

O *R&B* versa sobre emoção, brota de pura emoção. A Nova Música Preta também é sobre emoção, mas de um lugar diferente e, finalmente, para uma outra finalidade. O que esses músicos sentem é uma existência mais completa. Ou seja, a curtição de um todo. O que prega a religião da sabedoria.

(Mas a Nova Música Preta real será de uma expressão mais ampla. Incluirá a pretensão da Nova Música, como realidade, como invocação do Ancestral Preto, a música evoluída do povo evoluído.)

As diferenças entre o *rhythm & blues* e a chamada *nova música* ou *art jazz*, os seus diferentes lugares, ora são artificiais, ora são meramente indicativos dos diferentes posicionamentos do espírito. (Mesmo o "puramente" social, como o querem os músicos, etc.)

Por exemplo: o uso de música indiana, os antigos *spirituals*, até os *licks* do blues marcadamente rítmicos (e também da utilização de dispositivos eletrônicos), por parte dos novos músicos, aponta para este ato final do espectro do som que virá. Uma música realmente nova e totalmente inclusiva. O povo todo.

Qualquer análise de conteúdo do *R&B* — das letras, da vontade musical em sua totalidade ou de sua direção — pode oferecer uma posição contrastante à análise de conteúdo do novo jazz. (Mesmo para a análise do vocalismo implícito na nova música: qual é sua intenção e direção? Que lugar ela ocupa? Etc.) Inclui-se, mais uma vez, o aspecto puramente social, como referência de análise que possa iluminar o sentido desta diferença: quais direções? Quais necessidades apresentam-nos os intérpretes? E a partir dessas questões, por que flui, tão naturalmente, dessa música em particular?

As canções de *R&B*, por exemplo, são sobre o quê? Sobre o que as pessoas, em sua maioria, estão cantando? Sobre suas vidas. É sobre isso que os Novos Músicos estão falando/tocando: da projeção de formas para essas vidas todas. (E creio que qualquer análise mostrará imediatamente, tal como apontei em *Blues People*, que as canções e a música mudaram, assim como as pessoas.) Principalmente, acredito que as canções são sobre o que é conhecido como "amor", correspondido ou não. Porém, as canções mais populares são sempre um pouco tristes, em sintonia com o temperamento da vida das pessoas. Os extremos: Prazer Feroz — Ferida Profunda.

As canções sobre amor não correspondido, corações quebrados, truncamentos, etc., provavelmente superam as demais com muita facilidade. Pensando muito rapidamente apenas nas canções que me vêm de pronto à cabeça, as que tocam sem parar entre as minhas favoritas (e, pode apostar que são elas, nesse *top dez* diferentão, as que indicam onde as pessoas estão com a cabeça). "Walk on by", "Where did our love go?" "What becomes of the brokenhearted" "The tracks of my tears", maior expressão de alta poesia naquilo que entregam… contudo, em grande medida, as canções são sobre casos de amor que, de jeito algum, não deram certo. Só Deus sabe quantas, e quais, as razões. Infidelidade, falta de grana, motivos incrivelmente "secretos" pelo qual quem ama e a pessoa amada, ou os amantes, se separam e sentem saudade um do outro, conforme a pessoa canta, homem ou mulher. E tudo tão exato e específico, tal como o Relatório Moynihan[61]; e.g., ouça "Road runner" de Jr. Walker. E esse amor perdido que percorre essas canções é exatamente o reflexo do que significa o amor e amar no mundo Preto dos Estados Unidos no século XX.

---

[61] N. d. T.: É conhecido como "Relatório Moynihan" o levantamento de dados sobre a situação social da população preta realizado por Daniel Moynihan, Subsecretário do Trabalho dos Estados Unidos na década de 1960.

A incompreensão, negativo, a brecha… o abismo que separa o homem preto e a mulher preta é sempre, várias e várias vezes, de novo e novamente, contado e berrado. E para nós, neste país, remonta a outros tempos. "Come back, baby. Baby, please don't go… Cause the way I love you, baby, you will never know… So come back, baby, let's talk it over… one more time."[62] Um blues que, aliás, é tão antigo quanto Ray Charles ou Lightnin' Hopkins. "I got to laugh to keep from cryin"[63], conforme foi gravado por *The Miracles*, "I got to dance to keep from cryin"[64]: não é apenas uma canção, mas a própria cultura. É finalmente o mesmo grito, o mesmo povo. "You really got a hold on me"[65]. É algo tão antigo quanto nossa respiração nesse lugar.

Todavia há muitas canções sobre o amor triunfante. "I feel good… I got you… Hey!"[66]. A conquista, o estar juntinho, enamorados e gingando, pelos ares feitos deuses. Porém, de modo diferente, realiza um regozijo diverso daquelas canções religiosas mais antigas e convencionais. Os Rios Jordãos, as Terras Prometidas, agora são carrões, mulheres carnudas e, principalmente, grana. (Tipo, *poder*.) Existem muitas canções sobre dinheiro, e.g., "Money", de Barrett Deems; "I got money… now all i need is love"[67], de J.B…, entre tantos outros. Contudo as canções tratam sobre a vida cotidiana, sobre como atravessá-la e chegar lá do outro lado (talvez não) — o que, em sua maior

---

[62] N. d. T.: "Vem, dengo. Vem de volta. Não vai, não, por favor… Quem vai saber, além de você, o jeito que te amo, amor… Então vem, vem de volta, meu dengo. Vamos falar desse lance… uma vez mais".

[63] N. d. T.: "Tem que rir, pra não chorar".

[64] N. d. T.: "Pra não chorar, eu meto dança".

[65] N. d. T.: "Você pega de jeito e me possui"

[66] N. d. T.: "Eu tô na boa… Peguei você… Hein!"

[67] N. d. T.: "Eu tenho dinheiro… tudo que preciso agora é amar"

parte, é uma ideia fixa sobre esse mundo, porém em seu topo, cheio de energia, pleno de beleza.

A religiosidade mais raiz desaparece da música, mas a sensação mais profunda de adoração ancestral sempre permanece, conforme os padrões emocionais da música continuam a fazer referência. O pessoal do *new jazz* geralmente se preocupa muito mais conscientemente com "Deus" do que o pessoal do *R&B*. Mas a maioria do pessoal do *R&B* em algum momento estava na igreja, *de fato* — e cantou lá antes: primeiro, só como entrada; depois correram do lugar.

A gente Preta, inclusive os Pretos mais pobres, se afastaram da igreja. Largaram uma igreja, geralmente corrompida e europeizada, ou ambas as coisas, que não podia mais prover sua visão completa do que devia ser este mundo, ou algo próximo disso. Já não havia mais o refúgio que a igreja lhes havia dado durante os primeiros dias de cativeiro das pessoas pretas nos Estados Unidos, quando era realmente o único lugar onde podiam descarregar completamente suas emoções e ouvir palavras de alento para sua vida aqui na terra. Agora o mundo havia se aberto; mas a igreja, não. Contudo a emotividade que a igreja continha, mais o espírito que ela significava, sempre exigia a vida inspirada das pessoas pretas, como disse Frazier: "As massas de Negros podem criticar cada vez mais sua igreja e seus ministros, mas não podem escapar de sua herança. Podem desenvolver uma perspectiva mais secularizada da vida e reclamar que a igreja e os ministros não estão suficientemente preocupados com os problemas da raça Negra, ainda assim encontram em sua herança religiosa uma oportunidade de satisfazer seus anseios emocionais mais profundos." (*The negro church in America*, E. Franklin Frazier, Shocken, 1963, p. 73.)

O pessoal do blues ia às igrejas Pretas com maior carga emocional, enquanto a frequentação das igrejas mais brancas e de classe média, em geral, era assistida pelo pessoal do jazz. A igreja, como eu disse, desemboca diretamente na música secular, que na real de secular não tem nada. É como reza aquele velho clichê: é só mudar as letras dos *spirituals* e elas vão ficar parecidas com canções de *R&B*. De forma geral, até que é verdade, muito embora existam efeitos de eco e arranjos de cordas mais safados que a moçada do blues lança mão, mas que a maioria das pessoas, mais embranquecidas, do *spiritual* e do *gospel*, contudo, não fazem uso. Mas isso tem mudado, e está mudando cada vez mais no *gospel* urbano mais alinhado a uma mistureba de coisas: câmaras de eco, cordas, guitarras elétricas, tem de um tudo por ali — e Jesus é toda essa mistureba contemporânea: balança no mesmo passo com seu terno de seda; é o cara, meu parceiro.

Os cantores *gospel* sempre tiveram uma ligação mais direta com o blues do que os demais cantores religiosos. Na verdade, o canto *gospel* é um fenômeno do blues urbano, e o professor Thomas Dorsey, que geralmente é creditado por popularizar os modos do gospel em Chicago, no final dos anos 1920-30, já tinha sido um cantor e pianista de blues chamado Georgia Tom, e até chegou a tocar com Ma Rainey. (Ficou conhecido depois como arranjador de Mahalia Jackson, que junto a Ray Charles, em outro nível muito mais legítimo e poderoso, foram os popularizadores do som das igrejas pretas na música "popular" nos anos 1950.) Mas então tantos outros, de G.T., e mesmo antes disso, até chegar em J.B., seguiram a mesma trilha.

O encontro entre o Deus prático (i.e., vivo na língua estadunidense) e do Deus místico (abstrato) é também o encontro dos tons, dos estados de espírito, do conhecimento, das diferentes músicas e da emergência da nova música, da música realmente nova, a que tudo o todo inclui. É também o surgimento do novo povo, o Povo Preto consciente de todo o seu vigor, num retrato unificado de força, beleza e contemplação.

A nova música começou chamando a si mesma de "livre", e isto além de social é um comentário direto sobre a cena em que ela aparece. Uma vez livre, é ancestral. Sobretudo é pleno de alma — antes, depois, a qualquer hora, de qualquer maneira. E a ancestralidade, a liberdade, a plenitude da alma devem se misturar com a prática, de modo tão prático quanto vivo, em qualquer lugar.

O pessoal do *R&B* deixou para trás esse tal Deus prático e deslizou até uma cena mais sofisticada, onde estava a grana e a galera mais sacada se reunia. O pessoal do novo jazz nunca teve relação com esse Deus prático, como prática, e busca o Deus místico tanto emocional, quanto intelectualmente.

John Coltrane, Albert Ayler, Sun Ra, Pharoah Sanders, vêm de pronto à cabeça como "buscadores de Deus". Sob o nome de energia, às vezes, como no caso de Ayler e o baterista Sonny Murray. Já que Deus é, de fato, energia. Tocar pesado para sempre seria o seu grito de pregação e o propósito de adoração da vida.

Os títulos das músicas de Trane, "A love supreme", "Meditations", "Ascension", implicam uma forte vontade religiosa, consciente da evolução religiosa que a mente pura procura. A música é um caminho até Deus. A expressão aberta e absoluta de tudo.

Albert Ayler emprega uma prática religiosa mais antiga como chave e descrição de sua própria busca: *Spirits, Ghosts, Spiritual Unity, Angels*, etc. E sua música mostra uma conexão gráfica com um sentido mais antigo de si mesmo. A música soa como velhos temas religiosos, algum tipo de marcha ancestral, ou provavelmente a combinação de ambas as coisas, uma música marcial religiosa, se te parece possível conceber algo assim. (Novas cruzadas, por assim dizer. Numa entrevista recente com Albert Ayler e seu irmão, o trompetista Donald Ayler, era assim intitulada: "A Verdade está em marcha"[68], e essa é uma excelente metáfora do lugar onde querem chegar Albert e seu irmão Donald.)

A música de Albert, que ele caracteriza como "espiritual", tem muito em comum com as antigas formas religiosas negro-estadunidenses. Uma abertura que foi caracterizada por "gritos" e "silvos". Portanto, o plano é fazer com que os instrumentos gritem e silvem. Digamos, por exemplo, um saxofone, que foi inventado por um alemão e, quando tocado, como os brancos dizem, "autenticamente", soa como a defunta Lily Pons em um funeral. Por outro lado, em qualquer igreja (das mais pretas, seja bem dito), quando o toque é alterado por Ayler ou por um de seus membros — seja um Varão Consagrado, seja um Pentecostal do Arranca-Toco[69] — torna-se um invocador de encosto[70] "brabo" agarrado no cangote do preto. A Daddy Grace Band, no Grace Temple situado na Rua 125 com a Oitava

---

[68] N. d. T.: Conforme o original: "The Truth Is Marching In".

[69] N. d. T.: Conforme o original: "Sanctified" e "Holy Roller", aqui como referência ao modelo de culto e dos fiéis. Orientar a tradução, nesse passo, foi relativamente complicado. Insisto que o tom de Baraka é ferino, mordaz, mas também traz uma certa carga de um humor bastante peculiar. De certa maneira, ao menos para mim, foi o caso. No que opto por "Varão Consagrado" e "Pentecostal do Arranca-Toco". "Holly Roller" é um termo originário do século XIX e usados para se referir a alguns fiéis cristãos protestantes no movimento Wesleyano-Holiness, tais como Metodistas Livres e Metodistas Wesleyanos. O termo descreve movimentos de dança, tremores ou outros movimentos violentos dos frequentadores da igreja que se percebem sob a influência do Espírito Santo. "Holy Rolling" às vezes é usado ironicamente por aqueles fora dessas denominações, para descrever pessoas como se literalmente rolassem no chão de maneira descontrolada. Aqueles dentro das tradições Wesleyanas relacionadas reivindicaram o termo como um distintivo de honra.

[70] N. d. T.: Conforme o original: "howling spirit", não é exatamente um "encosto", mas para efeitos de expressão e reconhecimento mais imediato, opto por essa tradução.

Avenida, no Harlem, é uma banda formada basicamente por instrumentos de sopro, com quase a mesma instrumentação de qualquer naipe de metais europeu, mas na boca dos invocadores de Daddy, a banda é "livre" e produz sons que derrubam as paredes de qualquer lugar. Os instrumentos gritam e dão silvos, como aquela gente toda. São suas vidas sendo projetadas, então — e elas são muito diferentes das vidas que Telemann ou Vivaldi procuravam reanimar com sua música.

Mas James Brown ainda grita — e ele é tão secular quanto os velhos e novos gritadores. Com os instrumentos, no entanto, muita gente gostaria que seguissem uma padronagem mais à Europa, tocando notas da escala temperada eurocidental. Enquanto a música dos povos orientais demanda que ao menos os semitons, quartos de tom, etc. sejam tocados, tangidos, sussurrados, articulados em legato, que o inteiro som da vida adentre… e pouco importa a "precisão" que os europeus reivindicam com sua escala "moderada" que produz apenas sonoridades que, entre ordem e razão, negam patentemente à maioria das pessoas de cor o direito de existir. Tocar sua música é: sê-los, encarnar um personagem das vidas deles, converter-se neles. Há, então, um mundo inteiro de maior intimidade, de maior expressão, que é tua, pessoa de cor — mas que estará perdido se continuar tocando qualquer "melancholy baby"[71] em Si bemol ou *Emperor Concerto*, o que dá no mesmo. Aulas de música de um povo moribundo.

Albert Ayler referiu-se à sua música como uma forma contemporânea de improvisação coletiva (Sun Ra e John Coltrane

---

[71] N. d. T.: "My Melancholy baby" é uma canção popular publicada em 1912 e cantada publicamente pela primeira vez por William Frawley. A música foi escrita por Ernie Burnett (1884–1959), a letra é de George A. Norton. Contudo, se for ouvir a canção, temos as interpretações de Ella Fitzgerald, Count Basie, por aí vai… assumo que vão buscar com essas vozes. Confesso o desejo profundo de traduzir o título como "Gatinha Manhosa", contudo me contive.

também estão trabalhando nessa área). Que é onde estava a nossa música quando chegamos a estas plagas: uma expressão coletiva. E, nas minhas ideias, o solo, no sentido em que passou a ser representado nestas Costas Ocidentais, e como pela primeira vez foi exemplificado por Louis Armstrong, é uma indicação muito clara da mudança de sensibilidade imposta pelo Ocidente.

O regresso às improvisações coletivas que, enfim, os ocidentais e os embranquecidos dizem ser o caos, é o todo da força reunida, e é o que se caça. Em vez do acompanhamento e da voz do solista, a "coisa" em miniatura assegura sua "grandeza". Que é onde o Ocidente está.

O disco gravado pelo *Ornette Coleman Double Quartet*, chamado *Free Jazz*, foi uma ruptura decisiva na entrada dos anos 1960. (Pensando cá comigo mesmo agora, alguns dos trabalhos anteriores do baixista Charlie Mingus, e.g., *Pithecanthropus Erectus*, representam uma versão ainda mais antiga desse tipo de salto orquestral maciço. E com um título, em minha opinião, muito do acertado. *Pithecanthropus Erectus*, o primeiro homem a se por de pé. Somos o que somos: a gente primeira e uma primeira comunidade, os primevos, agora evoluindo para recivilizar o mundo. Não deveria surpreender que todos esses, mais Sun Ra, que a mim me parece ter realizado os movimentos orquestrais mais representativos da Nova Música, são tão aparentados a Duke Ellington. "KoKo" e "Diminuendo and crescendo…", de Ellington, podem fornecer alguma referência imediata à liberta forma orquestral.)

A voz secular buscando clareza, ou buscando uma religiosidade (um culto ancestral) que seja compatível consigo mesma. Ambas são impelidas por uma emotividade que procura a liberdade. Essa espécie de resposta, a definição da liberdade buscada, é igualmente descritiva de quem está fazendo qual som? Se dizemos que queremos liberdade social, é dizer: não queremos ser explorados ou ter nossas vidas obstruídas, há raízes que agora se espalham por toda parte. Há até pessoas carregando cartazes, etc. Também está lá a "liberdade" de ser um homem branco, que, na maioria das vezes, é negada à maioria das pessoas que pisam sobre a terra — o que inclui, na mesma medida, os músicos de jazz e do blues. A liberdade de querer ser para si sua própria ginga é uma liberdade um tanto diversa e de natureza mais difícil.

Então, há todo tipo de liberdade, e até mesmo todos os tipos de ancestrais. Podemos usar o passado como santuário de nosso sofrimento, como uma poetização para além do que acreditamos que o presente (o "atual") tenha a oferecer. Mas isso só é verdade no sentido de que qualquer presente nítido deve incluir um tanto de passado, o quanto for necessário, para alumiá-lo de modo manifesto.

Archie Shepp é um sax-tenor do novo jazz, que veio dos quintais pobres dos bairros negros e dos paços brancos (veja "New tenor Archie Shepp talking"). Ele é um dramaturgo marxista e agora toca um sax-tenor. Sua música peculiar soa como a voz aguda e agitada duma rameira num boteco pé sujo. Usa cacos de vibrato titilantes ao estilo de Ben Webster Kansas City, mas logo gira a chave daquela atuação fingida de lamúria numa espécie de nota gritada bem polida. O que, afinal, se você já o ouviu falar publicamente em algum ajuntamento social, se articula num lugar muito específico dos Estados Unidos.

A música de Archie é secular, que permanece e exige tal secularidade com insistência. É muito provável que ele até tenha teorias explicando por que Deus não existe. Mas ele faz reverências à "tradição" dos antigos ancestrais do povo preto ("Hambone", "The mac man", "The Picaninny") e o que lhes aconteceu desde tempos imemoriais, em seus costumes, até chegar aqui ("Rufus,

[Swung, his face at last to the wind. Then his neck snapped]" ou "Malcolm" ou "Picked clean").

Archie é o secular que exige claridade de si mesmo. Um reordenamento em relação ao conhecido ("The age of cities"). Moderno neste aspecto. Mas por "moderno" devemos começar a perguntar: "O Que Significa Moderno?"; "Qual É o Futuro?"; "Para Onde Alguém Quer Ir?"; "O Que Alguém Quer Que Aconteça?" Você ouve na música de Archie lamentos que são apelos de compreensão.

Cecil Taylor também é secular. Ele é um baita *artista*. Suas referências são decididamente ocidentais e modernas, contemporâneas no sentido mais ocidental do termo. Ouve-se nele a Europa e a influência dos poetas franceses na América — o mundo da "arte pura" compreende essa abordagem total da execução instrumental de Cecil. A sonoridade de Cecil é, talvez, a mais europeia da Nova Música, mas sua música é comovente porque ela ainda se mantém preta, ainda impõe musicalmente uma sensibilidade emocional que conhece a beleza efetiva, para além "do que é dado".

Mesmo que Cecil esteja próximo do que tem sido chamado de "Terceira Corrente", um modernismo ocidental "integrado", ele é sempre mais safado, mais atrevido e mais novo do que toda essa música. Mas o Artista Preto, frequentemente, está sempre na pira[72] com a arte europeia, muitas vezes se colocando em risco.

A mudança mais completa deve passar por uma virada de chave espiritual. Uma mudança de Essências. A chave secular não é inteira o bastante. Não está na nova música, antes, é uma

---

[72] N. d. T.: O termo "hip", seguramente, é o que mais sofre variâncias tradutórias ao longo do livro. Sempre a depender do contexto, obviamente. No presente caso utilizo o termo "pira", como abreviação a modo de gíria de "pirado", no sentido figurado que indica alguém aficionado. Contudo, pela posição de risco, "pira" ganha também o contorno polissêmico de "qualquer tipo de fogueira", brincando com o dito popular: quem brinca com fogo, acaba queimado.

ruptura com as velhas formas estadunidenses. Em direção a novas formas. Ornette Coleman é a mudança elementar da terra, o homem migrante, o velho *blueseiro* do interior que chega na cidade com um blues mais selvagem e funkeado. Tal energia força o movimento em todos os estilos. O fresco sabor caipira[73]. Um *bebop* mais *bebop*, um funk mais funkeado. Todavia *smokings* podem ser plantados no meio dessa vegetação — cordas e cordões bem esticados para amarrar a vida na linha ao longo de um caminho bem definido. Como hera crescendo presa às paredes de um conservatório acadêmico, afinal. Não mais selvagem, não mais funkeado, mas domesticado como silêncio banal.

Ornette, Archie e Cecil. Três versões de um secularismo preto contemporâneo. Inventando esse lance nos Estados Unidos, vindos da roça, vindos do gueto, para dentro da boca rangendo do mundo da arte ocidental. A liberdade que eles e sua música perseguem é *a liberdade de existir nisso*. (E o Novo? Onde?) A liberdade da graça. A liberdade de existir como artistas. A liberdade seria a mudança.

Contudo o instrumento de sua exigência por liberdade segue ativado como um instrumento de exigência se a verdade não estiver consumada. A negritude literária, a instância exótica de recurso cultural abstrato que há, digamos, na cabeça dos outros, não será duradoura como a Força Vital do Preto se estivermos,

---

[73] N. d. T.: Conforme o original: "The freshness of this Americana". O termo "Americana" indica, em suas entradas, pelo menos duas possibilidades: pode se referir a materiais relativos ou característicos da América, sua civilização ou cultura — incluindo aspectos culinários, por exemplo. Também se refere a um gênero de música americana com raízes no folk antigo e na música country. Ornette Coleman nasceu em Fort Worth, no Texas, o que implicou numa escolha afetiva, lembrando de legendagens e dublagens de filmes americanos que inclinam o acento texano aparentado a certa linguagem, e sotaque, caipira — daí a ampliação para "fresco sabor caipira" esperando evocar tanto a dinâmica culinária, quanto aspectos culturais (incluindo, claro, a música).

com efeito, isolados a frio da própria força real. O *Cool Jazz* foi a abstração dessas forças vitais. Pode haver uma vanguarda *cool*, e de fato ela já existe. O isolamento do artista negro relacionando-se, performando e acomodando sua expressão para estranhos. Onde está o retorno de energia que o artista exige para seguir em frente? Sua infantaria (armas e motores)?

Queremos satisfazer as pessoas que vemos (com quem sentimos e/ou por quem sentimos) o tempo todo, respeitando efetivamente a convivência. Nossos vizinhos? Nossa gente? Quem são? Nossas definições alternam. Nosso discurso e projeção. Esta é uma dondoca ou uma periguete, uma mulher ou uma garotinha, uma empombada… ou que é? Onde está? Que lugar é esse que descreve com todas as suas energias? É o seu próprio rosto colorindo as paredes, ecoando pelos corredores num tagarelar moderninho perto de milionários sabichões? O que um milionário quer ao passar pelo buraco da agulha? Pode ele realmente passar?

A Nova Música (qualquer Música Preta) fica fria quando começa a espelhar brancos — o "universal" é um embuste em qualquer praça. É uma coisa ou outra, gay ou doidivanas, não mais o fogo, a promessa e a necessidade de evolução para uma espécie superior. Os recursos do artista devem ser do calibre mais forte e puro possível. Elas devem ser as mais verdadeiras, diretas e profundas. Onde está o sentimento mais profundo em nossas vidas? Existe a arte e a vida mais profundas e significativas. Cuidado com o "toque de Midas", ele vai matar tudo o que você ama (ou costumava amar).

Há outros novos músicos, novos sons, que tomam a liberdade como algo já existente. Ornette era uma lufada fresca de espaço aberto. Espaço para mover-se. Daí que a liberdade já exista. A mudança é espiritual. O todo. O absolutamente novo. Essa é a realização absoluta. John Coltrane, que foi um inovador de uma época do jazz e um mestre em outra, é um exemplo do anseio secular pela mudança completa, pela religiosidade, pelo espiritual.

Sun Ra tem uma orientação espiritual. Entende "o futuro" como uma compreensão em constante ampliação do que é o espaço, considerando até mesmo a viagem "física" entre os planetas, tal como fazemos na longa cadeia humana do progresso. A *Arkestra* de Sun Ra canta em uma de suas canções: "Nós viajamos pelas rotas espaciais, de planeta em planeta"[74]. A Sun Ra interessam os feitos científicos, não a ficção científica. É a evolução em si e seus frutos. Deus como a evolução. O fluxo de *ser*.

Assim, o futuro revelado é a pessoa humana explicada por si mesma. A viagem através do espaço interior, bem como pelo exterior. O que vem de Sun Ra é um novo conteúdo para o jazz, para a Música Preta, mas é apenas, mais outra vez, o espiritual que se define a si mesmo. ("Love in outer space", "Ankh", "Outer nothingness", "The heliocentric world", "When angels speak of love", "Other worlds", "The infinity of the universe", "Of heavenly things", etc., etc.) E o mortal que busca, o humano que conhece a via espiritual, o que se dispõe a evoluir. Que é a Religião da Sabedoria.

Entretanto o conteúdo d'A Nova Música, ou A Nova Música Preta, está voltado para a mudança. É a mudança. Quer mudar as formas. Do físico ao físico (do social ao social), do físico ao mental, do físico-mental ao espiritual. Essências iminentes. Albert Ayler já não quer mais notas. Ele diz querer o som. A articulação total. A música de Sun Ra muda os lugares, como a "jungle music" de Duke. Duke levou as pessoas a um passado espiritual, Ra a um futuro espiritual (que inclui coisas, tipo: "Pequena Sally Walker… sentada num disco… que tipo de disco?… um disco voador")[75].

---

[74] N. d. T.: Conforme o original, "We travel the spaceways, from planet to planet".

[75] N. d. T.: Conforme o original: "Little Sally Walker… sitting in a saucer… what kind'a saucer?… a flying saucer".

Também os sons africanos; os primórdios de nossa sensibilidade. O novo, o "primitivo", no sentido de *primeiro*, original. Assim como Picasso tomava emprestado da vanguarda ocidental e "o novo" de séculos atrás, também Stravinsky tomou de empréstimo o que lhe aparecia como novo e "selvagem" — entre antiga relíquia e novo em folha.

Os músicos pretos que conhecem a escala temperada europeia (Mentalidade) não a querem mais, nem que seja apenas para serem contemporâneos. Isso mudou. Os outros músicos pretos nunca quiseram isso, de maneira nenhuma.

Mudança

Liberdade

e, finalmente, Espírito. (Mas o espírito faz possíveis as duas primeiras. Um ciclo, outra vez?)

Quais são os significados qualitativos e as implicações dessas palavras?

Existe a liberdade de existir (e, para isso, a mudança) no existente, ou ressurge em uma coisa nova.

Essência

Como esse conteúdo difere daquele do *R&B*?

O amor, para o *R&B*, é um bem absoluto. Há amor, mas é parco — e ainda assim é um bem valioso. "How sweet it is to be loved by"[76]. Mas o amor prático, como a igreja prática que o pessoal do *R&B* abandonou, uma igreja muito mais emocional e espiritual em seu culto — do que aquela encontrada pela maior parte das pessoas do jazz — é, antes de tudo, de um amor cotidiano físico, social e sensual. Sua presença faz com que as outras categorias da experiência humana combinem favoravelmente arranjos belíssimos. "Since i lost my baby"[77], ou em outro tempo, "When i lost

---

[76] N. d. T.: "Como é doce ser amado por você".

[77] N. d. T.: "Desde que perdi meu dengo".

my baby… I almost lost my mind"[78]. Existe o objeto (até mesmo a pessoa). Mas qual é o *objeto* em "Love", de John Coltrane? Não há. Trane fala de, e por, amor enquanto tal. Como Ra em "When angels speak of love"[79].

Disse antes de "propósito purificado". A ascese, a vontade de *ser* o amor. O contemplativo e o expressivo, lado a lado, alimentando-se mutuamente. Por fim, os ritmos levam ao corpo; aquele (*R&B*) mais "acelerado", já que sua forma inclui definitivamente o corpo como registro agudo do amor que se busca.

A mudança do Amor. A liberdade de Amar. E nessa constante evocação do Amor, da sua necessidade, das suas exigências, do seu nascimento, da sua morte, há uma moralidade que molda tal sensibilidade, e uma sensibilidade moldada por tal moralização.

Às vezes, por meio do carpido de Archie Shepp, pode-se escutar um uivo sombrio de desejo no lugar em que estamos — e uma vez lá, amá-lo. E a carnalidade — que também transparece, que é humana — talvez aos berros. Contudo parecerá pensado (a lógica num estalar de dedos, a sacada de um turno sonoro com referências arcanas) naquilo que se escuta.

Otis Redding canta, "You don't miss your water"[80], e tudo que pede é amor. Um cara qualquer excitado implorando para estar com uma mulher. Ouça *The Temptations*: "If it's love that you're running from"[81]… não há escapatória… Porém o grito no som de Shepp não é por uma mulher; é um berro, um carpido. Mas não tão liberto do objeto, do específico, como os de Trane falam.

Análise de conteúdo, do conteúdo total. Musical, Poético, Dramático, Literário: é análise em sua totalidade, que também

---

[78] N. d. T.: "Quando perdi meu dengo… Quase perdi a cabeça".
[79] N. d. T.: "Quando os anjos falarem de amor".
[80] N. d. T.: "Você não sente falta de sua mina d'água".
[81] N. d. T.: "Se é do amor que você está fugindo…"

deve chegar junto. Mas, resumidamente, o conteúdo do *R&B* versa sobre esse mundo de maneira muito prática, a partir de onde literalmente estamos. Questões Espirituais, em letras garrafais, ou "O Outro Mundo", soaria banal ou piegas, não caberiam no *R&B*, porque para os artistas significaria uma coisa formal, papo de igreja. Mas isso também vai mudar. E vamos lá outra vez: "I got money, now I need is love"[82] — e essa insistência exigirá uma visão mais clara de uma vida espiritual *nova*.

O Preto no *R&B* é o tipo de Preto que se vê por aí com facilidade. Talvez mais Triste ou mais Feliz, talvez mais Vívido ou mais Sorumbático do que rola na real, como acontece em toda a poesia — mas se colocar na média esse lance todo, ainda é onde se enxerga alguma verdade. Até nivela o "sistema" nas ideias; é prático numa tomada de uma forma reversa, quando diz: "Vou meter meu cabelinho na régua, tipo aquele cara… chuta o balde". Distintivo de poder, etc. O Preto, mais literato ou burguês, nunca usaria seu distintivo (de opressão) tão abertamente. O dele ficaria mais malocado (pensa ele). Gastaria palavras sobre Mozart e Kafka, ou conversaria sobre Frank Sinatra e James Michener. Funciona do mesmo jeito, serve como estorvo para si mesmo. No fim é mais fácil se livrar dessa gente… digo, da fadiga. Se puder arrancar uma piada disso.

O *R&B* sai direto, de dentro para fora, do sentimento tradicional do espírito Preto. Tem um sentido de verdade sua espontaneidade e *felicidade*, no mínimo *maestria*, tudo ao mesmo tempo. Ainda assim, quanto mais os arranjos se complicam num aspecto

---

[82] N. d. T.: "Dinheiro há, agora tudo que preciso é amar". Já foram traduzidos alguns trechos com essa temática na canção e, imagino que tenha ocorrido também a que venha lendo essas linhas, em nada surpreende notar certas evocações de Tim Maia — quando, é claro, estão sendo desenhadas aqui algumas de suas influências. Quem ainda não cantarolou "Não quero dinheiro", nem está vivo.

inútil (ou embranquecem), essa espontaneidade e maestria vão enfraquecendo. O *R&B* apresenta expressão e espontaneidade, mas pode se perder pela mesma sujeição a influências embranquecedoras. Uma artista como Dionne Warwick (e às vezes, também, *The Supremes*, como tantas outras) com algo da leveza fugaz de "Detroit (*Motown*) Sound", trilha uma linha média com algo parecido ao encanto. As cordas e a suavidade de seus arranjos, ouvidas em muitas de suas canções, são como o deleite das cantoras brancas de balada, mas sua batida (ela costumava ser uma cantora gospel em Nova Jersey) e o seu som a levam, na maior parte das vezes, a um fervor de fogaréu, o que para as brancas é inimaginável. Embora, à medida que o $$$ chega, e ela se liga a um "público maior", também frequentando esses seus círculos, etc., corre o risco de ficar, talvez, ainda mais "embranquecida". É um fenômeno social e também um fenômeno artístico-espiritual.

O pessoal da Nova Música Preta, em geral, tem sido exposto a mais influências brancas do que o pessoal do *R&B*. A maioria dos novos músicos teve que romper esses "branqueadores" para chegar ao som e à música que tocam agora. Ou seja, existe uma formação mais "convencional" entre o pessoal do jazz. Daí um branqueamento doutrinário.

É mais fácil embranquecer as formas de Cecil Taylor do que as de James Brown, porque as formas de Taylor, antes de qualquer coisa, se propõem a receber mais influências. Define a si mesmo como mais inclusivo do que é o mundo. E muitas vezes o é. Mas isso é um fato com qualquer outra forma nova. Por fim, está subordinada a um impulso de energia e de visão, do lugar que se está, e como se pode chegar a elas. As novas formas são, muitas vezes, o resultado de contemplação e de reflexão. Através delas e do contorno emocional natural do intérprete, a nova música espera alcançar a expressão e a espontaneidade. O *R&B*

parte da expressão e da espontaneidade, como fim. São essas as finalidades de qualquer música Preta. Embora isso não queira dizer que seja sempre esse o resultado. Muito da sonoridade do *R&B* é formulaica e simplória (com certeza, quando feita de qualquer maneira) porque é isso que funciona com esses sons e formas; contudo o que o *R&B* se propõe a ser está mais prontamente disponível no exato lugar onde estamos, precisamente com os materiais que o mundo nos deu sem intermediários. O "alargamento" e a extensão, quanto mais cerebral, a nova música que as pessoas desejam muitas vezes será apenas diversão de merda, e muito, mas muito brochante. Ou seja, pode vir a ser sobre algo *meramente* intelectual. O *R&B* pode vir a ser sobre algo meramente trivial e formulaico, o que dá na mesma coisa.

Contudo a nova música fala conscientemente sobre a mente e o espírito, assim como do coração. A beleza de uma forma mais antiga, portanto "mais simples", reside no fato de tratar-se sobre a mente (e o espírito), se for *realmente* sobre o coração. "Money won't change you… but time will take you out"[83]. O que pode ser dito de outras maneiras, mas então é preciso encontrá-las.

E o som do *Rhythm & Blues* também é "novo". É contemporâneo e mudou, assim como o jazz manteve-se mudando mesmo. Frescor de Vida. O *R&B* evoluiu, pois seus cantores ficaram "modernos", pegaram coisas do jazz, assim como o jazz pegou coisas do *R&B*. O novo *R&B* toma as coisas do velho blues, do gospel, da música popular branca, as instrumentações, as harmonias (justamente da mesma maneira que essas músicas, por sua vez, tomaram emprestado) e tornou diversos desses elementos seus.

Mas as raízes da religiosidade Preta ainda se mantêm de modo conspícuo no recorte mais comovente dessa música. Aquela emotividade Preta que veio direto dos lugares e tempos

---

[83] N. d. T.: "O dinheiro não vai te mudar… mas o tempo o vai te levar."

mais remotos, como também dos ajuntamentos religiosos pré-igrejas, cuja música podia vir só do pregador para a congregação, em um canto-poema-carpido, rítmico e antifônico, que é a forma comunitária de grande parte da música vocal preta que se seguiu: Pregador-Congregação/Líder-Coro. É a forma mais antiga do jazz e, ainda hoje, a mais comum.

As velhas improvisações coletivas que, supostamente, teriam vindo de Nova Orleans, com o trompete desenhando o solo, o clarinete na tessitura e o trombone num expressivo malabarismo marcando o ritmo — esta forma é tão antiga quanto os ajuntamentos religiosos dos Pretos lá nas matas do Ocidente… e se conecta diretamente à África Preta Livre.

* * *

Mas as duas músicas Pretas — a religiosa e a secular — sempre se fertilizaram mutuamente, porque os músicos e cantores deslizavam de uma categoria à outra, e assim, a música que acabaram fazendo influenciou, invariavelmente, ambas. Durante a Depressão, muita gente do blues, provavelmente grande parte dela já havia tido alguma passagem pela igreja, "sacou a religião" e, então, regressaram (como eu disse, a igreja sempre foi vista pelos negros como um refúgio, principalmente do mundo branco que os estranhava… por isso, quanto mais deixava de ser um refúgio, i.e., quanto mais se integrava, menos aderência exercia sobre as pessoas pretas). Essa foi toda uma era eclesiástica no jazz e no blues.

Nos anos 1950 — durante o renascimento do funk, do groove e do soul — a música sacra, mais especificamente a música Gospel, foi a influência mais forte e salutar, tanto para o jazz, quanto para o *R&B*. (Uns brancões até abriram uma boate, THE SWEET CHARIOT, e colocaram recepcionistas de túnica para que aquele pessoal pudesse religiosamente torrar grana sem consciência culpada. Mas com ou sem boates, o fato é que eles sempre conseguiram lucrar em cima da música.)

Na verdade, foi a influência do Gospel, também do soul-funk, especialmente quando cantada por Ray Charles e tocada por gente como Horace Silver, que "resgatou" a música da geladeira do *cool jazz* — que, no fim das contas, se transformou numa música branca de elevador, de estudantes universitários e programas de auditório na TV. (Estes últimos que mencionei, recentemente adotaram tintas de *rhythm & blues* via *rock & roll* ou "Pop", i.e., transformaram tudo em versões atenuadas, derivadas do Gospel ou do *R&B*, numa modelagem branca e "cool". E as coisas estão desse tamanho.)

O *cool jazz* foi uma forma degenerada e esbranquiçada do *bebop*. E quando a América mais *mainstream* estava vagamente na crista da onda, o pessoal da TV (magos da comunicação total) começou a usá-lo para fazer as pessoas comprarem cigarros e desodorantes… ou para tornar mais interessantes babacas rebolando (arrá! peguei no pulo). E depois, com certeza, os brancos mimadinhos escorregavam para dentro dos estúdios de gravação, tocando "suas" músicas.

O chamado "pop", uma versão civilizada do *rock & roll* (do mesmo jeito que a sonoridade da DETROIT-MOTOWN é uma versão civilizada e elegante das formas mais tradicionais do *R&B* e do Gospel), assegura que os trabalhos na TV, também o dinheiro e a popularidade, fiquem nas mãos dos brancos. Não são apenas os *Beatles*, mas qualquer bando de fedelhos brancos classe-média, que precisem de um corte de cabelo e hormônios masculinos, pode vir a se tornar uma banda pop. É isso o que significa pop. Quer dizer, era exatamente isso o que representava o "cool", e ainda mais preciso, exatamente o que era a *Dixieland*, com o adicional de chapéus engraçados e nomes divertidos... para os garotos brancos, no lugar da paixão inicial, sempre fariam algo como enfiar chapéus de palhaço... seja lá qual fosse sua incessante necessidade de apresentar um espetacular menestrel:[84] a derrogação do real, ressurge.

Roubando a Música... roubando a energia (vidas): a partir de seus próprios interesses e suas próprias vidas, finalmente, tornando-a Música Branca (como se a Gripe Espanhola se infiltrasse nos ritos comunitários). Toda e qualquer coisa, no espaço e no tempo, passa a ser: "We all live in a yellow submarine"[85], com toda sua horda fanática exclusivamente branca... e aqui *exclusivamente* significa que estão *isolados* do resto da humanidade... no submarino amarelo que dispara armas nucleares. (Análise de conteúdo: as letras de música branca expõem igualmente seus interesses, suas vidas, seus lugares, suas maneiras, até suas mortes.) Há grandes chances de que no submarino amarelo nada disso nunca venha à superfície.

Eles roubam, como se replicassem um espetáculo de menestréis (mas aqui com um toque de diferença: o espetáculo de menestréis ganha roupagem atual com malandros como *Stones*

---

[84] N. d. T.: *Minstrel show* (em português, espetáculo de menestréis) ou *minstrelsy* (cantoria) é nome pelo qual ficou conhecido um tipo de espetáculo teatral popular tipicamente estadunidense e notavelmente baseado em ideais racistas perpetuados nos Estados Unidos e no mundo, que reunia quadros cômicos, variedades, dança e música, inicialmente com artistas brancos com o rosto maquiado de preto (*blackfaces*), principalmente depois da Guerra Civil. Uma característica conhecida era o contorno dos lábios e dos olhos com uma tinta branca, que combinava com luvas e meias da mesma cor, contrastando claro e escuro nos espetáculos, e que produziam um efeito cênico. O cinema também se utilizou desse estilo, celebrizando Al Jolson no primeiro filme sonoro da história ("O cantor de jazz", de 1927). Com o advento da iluminação elétrica e dos filmes coloridos, além das críticas ao racismo dos espetáculos, esse estilo acabou por "decair" no gosto popular.

[85] N. d. T.: "Todos vivemos em um submarino amarelo"

e *Beatles* dizendo: "Opa, tudo que aprendi foi tirando Chuck Berry"[86], com um gritinho caindo no final: "Mas deixa a grana aqui na minha mão"), forjando nomes como "Animals", "Zombies", emulando um estilo de vida em conformidade ao que nomeiam (menestréis de roupa nova) que reflete exatamente o que pensam que nós somos: "Animais", "Zumbis", sabe-se lá o quê, a partir desse lugar, eles tentam dizer com isso, i.e., *Animals, Zombies, Beatles, Stones* ou *Sam the Sham*, já que o assunto é esse, e nunca *Ravens, Orioles, Swallows, Spaniels*, ou a desejada excelência contemporânea de *Supremes, Miracles, Imperials, Impressions, Temptations*, etc. — esses nomes os irritam[87].

De fato, quanto mais inteligente é o branco, maior aptidão ele tem para roubar dos negros. Tiram tudo da gente, cortam pela raiz. No fim das contas, qual a diferença entre os *Beatles* ou os *Stones* e os espetáculos de menestréis? Afinal, os Menestréis nunca convenceram ninguém de que eram pretos.

As bandas brancas mais aventureiras cantam canções cujo conteúdo das letras já tinham sido frequentados pelos poetas brancos da boemia de tempos atrás — os temas psicodélicos,

---

[86] N. d. T.: Conforme o original: ""Yeh, I got everything I know from Chuck Berry", cujo os sentidos vão ganhar mais contornos adiante, muito embora já venham sendo construídos, quais sejam: os brancos aprendem e tomam [roubam] elementos da cultura preta para benefício próprio. Utilizo essa "tomada" com uma maneira aproximada de certo tom coloquial utilizado, em geral, por instrumentistas: "tirar a música", ganhando um contorno mais polissêmico, quer dizer: ao mesmo tempo em que "toma", também "aprende" uma maneira.

[87] N. d. T.: Como são os nomes das bandas, não achei conveniente traduzi-los no corpo do texto, mas para fins contextuais, caso não sejam tão evidentes a maior parte deles, segue a lista conforme estão encadeados: "Animais", "Zumbis", "Besouros", "Pedras (Rolando)", "Sam, O Impostor". Seguem: "Corvos", "Papa-Figos" (nesse caso, penso fazer menção ao pássaro, embora, ao menos no Brasil, exista uma figura do imaginário infantil, particularmente no Nordeste, algo parecido com "O Velho do Saco"), "Andorinhas", "Supremas", "Milagres", "Imperiais", "Tentações".

por assim dizer, que versam sobre a experiência com drogas (LSD, cogumelos, etc.) podendo, às vezes, ter como moldura o que se conhece por *RagaRock* (um som com influências hindus) ou Folk Rock (i.e. canções de rock com uma temática panfletária de cunho mais social). Bob Dylan, *Fugs*, *Blues Project*, *Mothers*, etc. O LSD, a última maravilha da poética psicodélica, o salvador químico dos branquelos. Eles confiam evoluir (como o resto de nós) "através da química", algo que soa parecido com DuPont. A "expansão da consciência" tipo um modo de agir que leve a um sentido mais elevado da existência — e, a partir daí, talvez deixar de roubar e matar, etc., etc., etc.

O Preto pinta para eles como a sobrecarga da vida como ela é. Aquele tipo de lance: "Pegue o que puder. Chegue na melhor versão de nós mesmos". A música… as letras com instruções como "Fique Ligado, Entra na Onda, Caia Fora"[88] ao som de um *Raga* eletrônico… feito um eclipse meditativo da realidade imediata tagarelado por um Iogue Sadhu pop. Mas o que ainda está em jogo é escapar do sistema, tipo essa coisa nova dos *Beats*[89]. Sai dessa! Sim. Mas o que fazer com o que está fora da jogada? Como, por exemplo, as pessoas morrendo, etc. Essas merdas…

Todavia o conteúdo de algumas dessas coisas anti-Vietnã ou anti-Malvadeza, não passam de generalização; demonstrações da compaixão de um ego magnificente que pode ser bonzinho de alguma maneira, embora sejam como super antenas da raça

---

[88] N. d. T.: Baraka faz referência a Timothy Leary, um professor de Harvard, psicólogo, neurocientista, escritor, futurista, ícone maior dos anos 1960, que ficou famoso como um proponente dos benefícios terapêuticos e espirituais do LSD. A citação da frase "Turn On, Tune In, Drop Out" dá título ao álbum de 1967, creditado a Timothy Leary, criado para acompanhar um documentário de mesmo nome. Contém uma meditação narrada, em voz monocórdica, misturada com rock psicodélico.

[89] N. d. T.: Faz referência, claro, aos *Beatniks*.

de seus perversos irmãos cabeças-duras que, além de lavar as mãos com volúveis desculpas esfarrapadas, intentam ser nada, mas nada menos do que aquilo que já são. *Fugs, Freaks, Mothers,* Dylan, etc., é desse jeito. Ainda é desse jeito que se ajuntam garotinhos brancos brincando no recreio. "Blowin in the wind" com Dylan soa como se mexesse suas peças num jogo abstrato e de luxo; quando Stevie Wonder a canta, ela é imediatamente transformada, porque se torna algo que é real no mundo e é substanciada pela vida do homem que a canta. Ou seja, com Dylan parece apenas uma ideia. Uma atitude mental. Mas com Wonder (muita atenção a seu nome! seu estilo de vida e canto são, obviamente, mais emotivos) você vai mais fundo naquilo que é o sentido da vida. Na vida.

O "novo conteúdo" do pop branco era de protesto, junto com aquela "expansão da consciência" em contraponto ao amor de "nosso senhor Jesus cristinho". Justamente sobre esse amor, entretanto, que o pop branco não podia cantar, não só porque era meloso, apalermado, piegas, mas também porque agora, francamente, mais ninguém conseguia acreditar. Ninguém podia ser levado a acreditar que conseguiria amar alguém. Então, mudou.

A superficialidade avança. Aquela gente maneira e progressista protesta. Ah, Vietnã. Pra cima, Viet-Rock. Bora! Abaixo, Lyndon B. Johnson. Só vai! Mas o quê acontecerá com o $$$$$$ (pelo quê?)...? Estão roubando tudo dos negros e as comunidades morrendo de fome sem parar. Larápios são gente boa, e odeiam a guerra, enquanto fazem grana. (Vencem de qualquer maneira!)

Mas o "protesto" não é novo. As canções do Povo Preto têm carregado a chama e a luta de suas vidas, desde que abriram a boca pela primeira vez nesta parte do mundo. Sempre quiseram um mundo melhor. Durante os anos 1930, uma era socialmente consciente, depois que tomaram a cidade e a sofisticação social dos movimentos de protesto brancos, o que era chamado pelo *mainstream* estadunidense de música Folk, era a onipresente música preta, ou quase preta. Esta é a razão pela qual o "Folk" acabou sendo associado ao protesto. Os brancos selaram esse cavalo com o sindicalismo, IWW[90], a Guerra Civil Espanhola, da mesma forma que os caras do folk rock, etc., fazem hoje em dia.

A música religiosa negra sempre teve em si um elemento de protesto. Na chamada "instituição invisível"[91], ou adoração pré-igreja dos escravizados negros, as canções falavam sobre liberdade, embora na maioria das vezes fossem expressadas na linguagem metafórica da Bíblia, trocando de lugar com os judeus, etc., para escapar dos grilhões dos "sinhôs".

---

[90] N. d. T.: Industrial Workers of the World —Trabalhadores Industriais do Mundo — (IWW ou os Wobblies) é um sindicato adepto da teoria sindicalista revolucionária (democracia laboral e autogestão trabalhadora), que tem sua origem nos Estados Unidos ainda que também esteja presente em outros países como Canadá, Austrália, Irlanda e no Reino Unido, e historicamente esteve também presente no Chile, no México e no Japão. Seus anos de maior notoriedade e influência vão de 1905 até 1920[1] quando a organização foi duramente reprimida pelo Departamento de Justiça dos Estados Unidos, notadamente durante os chamados Palmer Raids (entre novembro de 1919 e janeiro de 1920). IWW ressurgiu décadas depois, nos anos de 1960, e no século XXI tem experimentado um importante crescimento.

[91] N. d. T.: Esta expressão, "instituição invisível", foi usada pela primeira vez por E Franklin Frazier em seu livro *The Negro Church in America* para descrever a espiritualidade dos negros escravizados nas *plantations* que estavam principalmente fora da vista da consciência religiosa estadunidense dominante. Parte de uma ideia de formação das "igrejas invisíveis" entre os afro--estadunidenses escravizados nos Estados Unidos, que eram grupos cristãos informais onde os escravizados ouviam pregadores que escolhiam sem o conhecimento de seus senhores de escravos. As igrejas invisíveis ensinavam uma mensagem diferente das igrejas controladas pelos brancos e não enfatizavam a obediência. Alguns escravizados não podiam contatar igrejas invisíveis, e alguns outros não concordavam com a mensagem de uma igreja invisível, mas muitos deles eram consolados pelas igrejas invisíveis.

Mas com a música secular, a integração (ou seja, o uso da força de trabalho Preta pelos brancos endinheirados da indústria do espetáculo) deixou esse conteúdo cair numa franca generalização que rapidamente engoliu os protestos levando-os a outros fins. ("Cê sabe que não pode vender isso para os brancos".)

O blues dos primórdios está cheio de referências sobre os pretos subindo e descendo as ladeiras da vida. A real é que se pode reconhecer um tema do velho blues se for mencionada a palavra "Preto". Quando não, até mesmo "branco". O sistema de escoamento do dinheiro limou muito da precisão nesta área. Fala-se de amor, e isso é preciso, mas é como disse um pregador: "Hoje vou lhes falar sobre o amor. Falaria sobre A Verdade, mas me ocorreu que talvez pudesse ofender alguém. Então, hoje vou lhes falar sobre o amor." Se cavar bem, pode-se chegar fundo nisso.

Mas o ciclo vai dar a volta. O desejo da boemia branca de viver pelo menos em um mundo de guerra, que seja reconhecível, e outras miudezas, será transferido ao Povo Preto, como parcela legítima dos negócios musicais. (Demasiado parecido com a maneira mais rápida de fazer com que a gente preta incorpore África, usem vestes africanas, etc.: deixar as vendas nas mãos do grupo B. Altman[92] — ao menos assim os brancos acreditam funcionar — e então cercar todos os hippies que aparecerem como se fossem devotos de algum Orixá.)

Stevie Wonder com "Blowin in the wind", de Dylan, é um exemplo excelente. Agora James Brown com sua consciência social em "Don't be a dropout". Distintas, mas quinquilharia de funcionários públicos, no entanto. "Keep on pushin", de *The*

---

[92] N. d. T.: B. Altman and Company foi uma luxuosa cadeia de lojas de departamentos, fundada em 1865 na cidade de Nova Iorque, por Benjamin Altman. Sua loja principal, a B. Altman and Company Building. na Quinta Avenida com a Rua 34 em Midtown Manhattan, funcionou de 1906 até a empresa fechar a loja principal no final de 1989.

Impressions, ou "Dancing in the street", de *Martha and The Vandellas* (especialmente a resposta: tumultos de verão, i.e., "Summer's here…")[93] fornecem o fulcro de um sentimento social legítimo, embora essencialmente metafórico e alegórico, para a gente preta. Mas acho que em breve, com esse mesmo ciclo da indústria fonográfica, mais generalista e integrada, as canções de *R&B* serão mais voltadas aos teores sociais. (*Black and Beautiful*, *Jihad Singers*. Lembro-me de alguns outros, de anos atrás, Ben E. King… *Spanish Harlem*, etc… fizeram algo especial no estabelecimento da música de conteúdo social, mas depois foi levado no vento como cinzas pelos branquelos).

NOTA[94]: *Deixe que os novatos tragam alguma prática dual pro negoço e a gente do R&B absorva algo novo do negoço dual, e a unidade na múzika, o salto popular, pode começar pra valer.*

A consciência social no jazz é outra coisa, porque é, em grande parte, uma música puramente instrumental… embora sempre tenha havido músicos profundamente conscientes de seu exato lugar no mundo social, ou ao menos havia uma espécie de orgulho ou consciência racial que animava os músicos e sua música (nesse sentido, novamente, Ellington é um gigante. "Black beauty", "Black, brown and beige", "For my people", e tantas outras).

---

[93] N. d. T.: "O Verão está aqui…"

[94] N. d. T.: Conforme o original, alguns termos estão grafados de maneira diferenciada, mobilizando alguns sentidos: o primeiro deles é "bi-ness". Uma possibilidade interpretativa está, de maneira mais óbvia, no modo (des)contraído de dizer "business", donde opto por brincar com uma notação prosódica que, na oralidade, é perfeitamente compreensível, embora ortograficamente tenha aparência de erro, então para "negócio" o "negoço"; outra entrada é que pode apontar para a existência de certa "dualidade" no termo "bi-ness", no que opto por "dual". Onde se lê "múzika", brinca com a grafia "musick", que nada mais é que uma grafia algo anacrônica para "music".

Nos últimos tempos, músicos como Charles Mingus (procure "Fable of Faubus", etc.), Max Roach e alguns outros, têm sido artistas muito francos, dentro e fora dos palcos, usando sua música como veículos eloquentes de uma consciência de si mesmos nos Estados Unidos. Os novos músicos têm falado abertamente sobre o mundo através de sua música e também fora dos palcos. Archie Shepp talvez seja, entre os novos músicos, o que deixa mais pública sua consciência social. E algumas de suas músicas são, de forma muito autoconsciente, socialmente responsivas como, e.g., "Malcolm"; mas essa chamada consciência é, na verdade, apenas um reflexo do que uma geração em particular herdou, e suas respectivas respostas, de onde quer que elas tenham vindo.

Além disso, é claro, a música é definitivamente a mais forte manifestação da maioria dos músicos em relação a quaisquer de seus posicionamentos situados socialmente. E a nova música, como antes afirmei ao falar acerca da Música Preta, é "radical" dentro de um contexto mais *mainstream* nos Estados Unidos. Desse modo a nova música começa a passar por um livramento. Ou seja, livrada da canção popular. Livrada do coquetel da enfadonha branquitude estadunidense mijando branquice, etc. Livrada da camisa de força da expressão estadunidense *sem* negritude… que quer ser livrada dessa índole, desses pesos e medidas. Dessa vida. Daí que grita. Daí que suspira. Daí que suplica. Então irrompe (no melhor dos casos). Mesmo que seus praticantes às vezes não o façam. Por outro lado, alguns entre os demais podem começar a fazer uso das pulsações de um sentimento, de um lugar específico, numa coexistência de espírito no planeta. (Quiçá, possam até mesmo imitá-los, como o caso de Charlie McCarthy[95] bradando

---

[95] N. d. T.: Charlie McCarthy é o famoso boneco de ventríloquo, "parceiro" de Edgar Bergen. Charlie fazia parte da atuação de Bergen desde o colégio e, em 1930, usava sua famosa cartola, smoking e monóculo. O personagem ficou tão conhecido que sua popularidade ultrapassou a de seu intérprete.

"liberdade!"; ou o caso do comitê dos operários brancos retornando às Brigadas da Casa Grande após alguns meses tomando contato com "O Problema")[96]. É um mundo agourento, e está tudo certo. Você pode dizer *espiritual*. Você pode dizer *Liberdade*. Mas nada disso necessariamente te transforma em nenhuma dessas coisas. Se você conseguir ir mais fundo nisso. O branco é abstrato. Uma teoria. Um modo de dizer. Um ser... o verbo... a própria energia, é o que é belo, é o que almejamos, e às vezes somos.

---

[96] N. d. T.: A tradução, para o caso, envolve algum tour de force especulativo, que me levou a formular as soluções a partir dum circuito de hipóteses. Baraka, como já dito outras vezes, usa de um humor mordaz e ferino, de ironia aguda, daí que "desmontando" os elementos da frase, concluo que: "white snick workers" joga, por imitação enviesada, com a existência do Student Nonviolent Coordinating Committee (SNCC — cuja pronúncia é, justamente, "snick"). O comitê foi o principal canal de comprometimento estudantil nos Estados Unidos com o movimento pelos direitos civis durante a década de 1960. Emergindo em 1960 dos protestos estudantis em lanchonetes segregadas em Greensboro, Carolina do Norte , e Nashville, Tennessee, o Comitê procurou coordenar e auxiliar os desafios de ação direta à segregação cívica e exclusão política dos afro-estadunidenses. Daí que tomar, como inversão imitativa, algo relacionado aos movimentos negros como "movimentos brancos" (sic), a mim me pareceu funcional. Em seguida surge, em maiúsculas, "Jumpoff Manor", que traduzi como "Brigadas da Casa Grande", também por um mecanismo de desmontagem interpretativa, de vez que "jump off" é terminologia militar, referindo-se ao início de um movimento de campanha, seguido de "manor" que inclina seus sentidos às mansões, casas de campo, feudos, etc. Finalmente, "O Problema", cuja solução atribuo à citação, algo velada, ao teatro e a encenação de "Peças-Problemas". O termo deriva de um tipo de teatro popular, atribuída a um pensamento de F. S. Boas, mas em sua maior parte associado com o dramaturgo norueguês Henrik Ibsen. Nestas peças a situação enfrentada pelo protagonista é apresentada pelo autor como um exemplo representativo de um problema social contemporâneo. Para Boas, esta forma moderna do drama forneceu um modelo útil para os estudos dos trabalhos de Shakespeare, que pareciam previamente situados entre o cômico e o trágico. Para Boas, as "peças problemas" de Shakespeare servem para explorar dilemas morais específicos e problemas sociais através do caráter das personagens centrais. Boas usou o termo para as peças em que a resolução dos temas e dos debates nelas contidos parece inadequada, pois no ato final não ocorre a tão esperada libertação de justiça e sua conclusão.

A música como consciência, como expressão do lugar onde estamos. Pois então: Otis Redding (ou Shakey Jake, nesse caso) disse em entrevistas no *Muhammad Speaks,* coisas que são mais "radicais", mais Pretas, do que muitos dos novos músicos. Os berros de James Brown são mais "radicais" do que a sonoridade da maior parte dos músicos de jazz, etc. Certamente o som dele é "mais distante" do que o de Ornette. E esse som faz parte da Música Preta, mesmo nas igrejas do interior, desde os primórdios. Porém nos instrumentos dos brancos é "novo". Então, mais uma vez, trata-se apenas das necessidades vitais de sua interpretação.

Sun Ra fala da evolução da consciência cósmica; ora é futuro, ora tão antigo quanto *Purusha*[97]. Onde irá o homem. "Oh, você quer dizer naves espaciais?". Algo como o monge zen respondendo à pergunta do aluno sobre a existência de alma nos cães… e diz assim: "Bem, sim… e não".

E a consciência social que essa música exibe. Pharoah Sanders diz: OMMMMMMMMMMMMMMMMMMMMMMMMM MMMMMMMMMMMMMMMMMMMMMMMMMMM MMMMMM. O que é mais radical do que um as*sente-ser em paz*. Aqui temos: *Sinta-ser, Saiba-ser, Seja-ser*[98].

---

[97] N. d. T.: *Purusha*, em sânscrito, significa o princípio universal, a essência vital, a consciência universal, o que conecta todos os seres.

[98] N. d. T.: Mais um daqueles momentos impraticáveis com Baraka. O que o autor coloca em jogo, como proposição inventiva, tento responder o melhor possível, procurando alguma simetria na resposta ao original. "sit-in" é, literalmente, "manifestação pacífica". Ele, ao longo de todo o texto, com esse tom de manifesto com alguma beligerância, aponta essa colocação quase após a parábola do cão, contada pelo mestre zen. A mim me parece incontornável pensar "sit-in", fora do contexto de mando, que me traz a memória comandos dados a cachorros, daí a ideia de manifestação "assentada". Em seguida cria uma enumeração: "Feel-Ins, Know-Ins, Be-ins", que tanto jogam com a dinâmica vernacular negra, com suas supressões, quanto cria homofonias [fellings, knowings, beings], quando orientam a um movimento interno de compreensão de si no mundo, ironicamente balançando certas estruturas da ontologia

Mas antes há uma teoria declarada nisto. Que o que virá será uma Música Unida. A Música Preta que é o jazz e o blues, a religiosa e a secular. Que é *New Thing* e *Rhythm & Blues*. A consciência da reavaliação e ascensão social, um espiritualismo social. Uma caminhada mística pelas ruas até um novo bairro onde vivem todos os ressuscitados. Indo-africanos anticoloniais-ocidentais (geograficamente) Preto-Tu, Negro retinto e forte.

As separações, oposições artificiais já resolvidas na Música Preta, são duráveis como uma cançoneta clássica. (Cançoneta *bop*.) Ou seja, a Nova Música Preta e o *R&B* são da mesma família, porém olhando para coisas diferentes. Ou olhando as coisas de forma diferente. O conjunto de vontades é uma unidade simples, como nas ruas. Uma música maior, muscular, para colocar em movimento o que for necessário. A onda de uma música, de ação e reação, uma visão, lançada em um tom ligeiro e hábil, ao longo de cada estria muscular de um povo. A evolução alucinante das cabeças no Rhythm & Blues: de James-Ra a Sun-Brown. Um tal amadurecimento que inclua todos os recursos, todos os ritmos, todos os berros e gritos, todas essas informações sobre o mundo, o Pretíssimo ommmmmmmmmmmmm, que se abre e adentra.

---

ocidental. No que, então, resolvo seguir inventivamente com Baraka, caso tenha tido alguma sorte, com "sinta-ser", "saiba-ser", "seja-ser".

Uma breve discografia da Nova Música

ORNETTE COLEMAN
Something Else!!!! (Contemporary M 3551)
This Is Our Music (Atlantic 1353)
Change of the Century (Atlantic 1327)
The Shape of Jazz to Come (Atlantic 1317)
Free Jazz (Atlantic 1364)

JOHN COLTRANE
My Favorite Things (Atlantic 1361)
Giant Steps (Atlantic 1311)
Ascension (Second Version) (Impulse A-95)
Meditations (Impulse A-9110)

SONNY ROLLINS
What's New (Victor LSP-2572)
Our Man In Jazz (Victor LSP-2612)

CECIL TAYLOR
Looking Ahead! (Contemporary M3562)
The World of Cecil Taylor (Candid 8006)
Unit Structures (Blue Note 4237)
Into the Hot (Impulse A-9)

ERIC DOLPHY
Out There (Prestige/New Jazz 8252)
Eric Dolphy at the Five Spot (Prestige/New Jazz 8260)
(Free Jazz) (See Coleman)

ALBERT AYLER
Bells (ESP 1010)
Spirits Rejoice (ESP 1020)
Spiritual Unity (ESP 1002)
Ghosts (Fontana 688)
Spirits (Debut 146)

ARCHIE SHEPP
Four for Trane (Impulse A-71)
Fire Music (Impulse A-86)
On This Night (Impulse A-97)

Sun Ra
Art Forms of Dimensions Tomorrow (Saturn 9956)
The Magic City (Saturn LP B-711)
The Heliocentric Worlds of Sun Ra (ESP-1014) Vol. 1
The Heliocentric Worlds of Sun Ra (ESP-1017) Vol. 2
Secrets of the Sun (Saturn 5786)

SONNY MURRAY
Sonny's Time Now (Jihad 663)

MILFORD GRAVES-DON PULLEN
At Yale University (PG286)

VARIOUS ARTISTS (Coltrane, Shepp, Ayler, Tolliver, Moncur, Hutcherson, Murray, Brown, Jones, Higgins, Spaulding, etc.)
The New Wave in Jazz (Impulse A-90)

GRACHAN MONCUR
Evolution (Blue Note 4153)

NEW YORK CONTEMPORARY FIVE
Recorded Live at Jazzhus Montmarte (Sonet SLP 36) Vol. 1

NEW YORK ART QUARTET
New York Art Quartet (ESP 1004)

2009 Ganhar na loteria do bamba
(uma entrevista com Amiri Baraka por
Calvin Reid, editor sênior, *Publishers Weekly*)

A estatura e influência de Amiri Baraka como escritor, dramaturgo, poeta, crítico de jazz, crítico social e provocador político é tão vertiginosa e penetrante que é difícil saber por onde começar. Certamente, para este livro, devemos nos concentrar um pouco em sua escrita sobre música, sua habilidade de descrever e invocar criticamente o jazz e seus antecedentes em um estilo de prosa que consegue combinar, em igual medida, análise incisiva, admiração profunda e, quando se faz necessário, a crítica impregnada de desdém. Porém sua escrita também oferece um reservatório distinto e profundo de comédia (comédia preta, em todos os sentidos) entregue na cadência suave e cortante da sintaxe urbana de um preto bamba. Para a minha geração de incipientes conhecedores do jazz, Baraka praticamente definiu como um crítico de jazz moderno, e certamente um crítico de jazz afro-estadunidense moderno, deveria operar.

De fato, o papel de Baraka documentando os desenvolvimentos do jazz pós-guerra, e os movimentos musicais e músicos que ganharam destaque no final dos anos 1950 e 1960, moldaram e instruíram totalmente meu próprio interesse pelo jazz, sem mencionar sua conexão com a política preta radical da época. Tendo crescido em Washington, D.C., durante as décadas de 1960 e 1970, descobri a escrita de Baraka — em particular *Blues People* e *Black Music*, dois livros que literalmente se tornaram meus guias e roteiros culturais pelo legado cultural do jazz — me levando à procura de álbuns, bem como escritores e livros sobre a história e manifestação contemporânea da improvisação jazzística. Mas sua escrita, que remonta a seus anos como poeta *Beat* e crítico de jazz, também ofereceu um retrato fulgurante da vida na cidade de Nova Iorque e seu papel como um caldeirão urbano de cultura, pensamento, arte e política; a mitologia irresistível da cidade de Nova Iorque como o lugar mais descolado do planeta — você quer saber se eu curto? Não é por acaso que moro e trabalho nesta cidade; o que você vê são as sementes plantadas anos atrás.

Quando estudava na Howard University, fiquei fascinado pelas mitologias que cercam o tempo que Baraka passou por lá como aluno, algumas das quais estão documentadas em seu estilo literário inimitável nos contos de *Tales*. Tive a sorte de ter aulas com A.B. Spellman, um poeta moderno e crítico de música, por seus próprios méritos, que se auto-descrevia acólito de Baraka, e entretinha seus alunos com histórias de quando fazia parte da comitiva literária de Baraka, na época das revistas *Down Beat* e *Jazz Review* e, logo depois, durante a ascensão do nacionalismo cultural preto e o consequente tumulto político e intelectual dessa era.

A entrevista a seguir ocorreu por telefone em agosto de 2009.

Calvin Reid: O que inspirou o ensaio "O Jazz e a Crítica Branca"? Como muito de sua escrita, e a primeira frase desse ensaio, é tão prática, contudo poderosa em sua simplicidade: "A maior parte dos críticos de jazz é formada de estadunidenses brancos, contudo os músicos de jazz mais importantes não o são."

Amiri Baraka: Eu conhecia todos os jovens críticos brancos que apareceram na época. Eles estavam quilômetros à frente de seus predecessores. Mas, ainda assim, o contexto sociológico era racial... Surgi em um período em que havia um bocado de transição. Existia uma revista, que vinha da tradição do jazz, chamada *Jazz Review*, que se orgulhava de sua abordagem sobre a música ser mais intelectual do que comercial. Um dos críticos negros mais fortes sobre música era Langston Hughes.

Ainda hoje, há pouquíssimos críticos negros. Pode haver algumas discussões sobre o rap em algumas dessas revistas, mas nos grandes jornais diários não existem. E o interessante é que nos anos 1960, durante o período mais turbulento do movimento pelos direitos civis, havia alguns críticos — um no *Village Voice*, outro no *Washington Post* — que, no minuto seguinte em que cessaram os acontecimentos, eles ironicamente retornaram aos esportes.

É um tipo incrível de insulto que você nunca tem permissão para julgar seu próprio desenvolvimento estético. Sempre tem que haver um outro, que não você, a decidir se vale, ou não, a pena.

CR: Você disse que a música preta se tornou a "música estadunidense" quando pôde ser aprendida por músicos brancos. Você pode falar sobre a americanização da música?

AB: Enquanto era essencialmente música de escravizados, ou um produto estritamente feito do gueto — e qualquer um que não estivesse diretamente envolvido com aquilo não tinha como experimentá-lo ou aprendê-lo — era restrito. Porém, uma vez que a comunidade artística teve acesso a ela, então se tornou música estadunidense. Eu tenho um novo livro, chamado *Digging: The afro-american soul of american classical music* [Desenterrando: a alma afro-americana da música tradicional dos Estados Unidos], que leva isso a um outro patamar.

CR: Como era andar por Nova Iorque numa época em que esses músicos incríveis estavam criando esses sons?

AB: Isso é o importante: essa foi realmente uma época de ouro. É incontornável. Havia uma cena impressionante de músicos da geração anterior ainda na ativa. Count Basie ainda estava andando por aí; Coleman Hawkins e Billie Holiday ainda estavam vivos. Foi também um período em que havia uma juventude muito vigorosa chegando. De certa forma revitalizaram a cena — os Ornette Colemans e John Coltranes da vida. Trane era a vanguarda em si mesmo; essa foi a porta de entrada para a novidade. Sim, foi uma época muito estimulante.

Esses eram os caras que estávamos ouvindo, as verdadeiras estrelas da música, até onde eu sabia. Os Birds, os Monks, os Miles. Mas isso mudou depois, e finalmente eles levaram a música para a Downtown, primeiro para Midtown e, em seguida, para o Village. Esse foi o legado irônico do *bebop*: o movimento buscava expandir fronteiras, ao mesmo tempo em que toda a cena social estadunidense se abria somente até certo ponto. Sabe como é: a Segunda Guerra Mundial, o desmoronamento de todas aquelas barreiras raciais, mais gente migrando para as cidades grandes… tínhamos todo um novo tipo de mistura que isso representava.

CR: Então, onde você morava?

AB: Eu morava bem em cima do Five Spot Café. Os pintores se apinharam por ali primeiro. Levaram músicos para lá e estabeleceram um espaço artístico totalmente diferente. Acho que na época chegou a ser um dos lugares musicais mais famosos; você pode assistir, a qualquer momento, a melhor música do mundo em sua vizinhança.

O lance Monk-Coltrane durou, mais ou menos, quatro semanas — eles estavam lá todas as noites, apenas a alguns passos de distância. Era perceptível um tipo de criatividade no ar… toda uma onda social. Havia o movimento dos direitos civis, o movimento de libertação negra... os assassinatos de Kennedy e Malcolm X, os protestos, o boicote aos ônibus de Montgomery — toda essa parada rolando, *bam bam bam*, seguido do movimento de libertação. Nkrumah e Touré. Estava tudo acontecendo ao mesmo tempo. Os músicos, como todo mundo, refletiam essa turbulência, essa promessa.

CR: Seus ensaios não eram apenas analíticos e históricos, mas também muito vívidos e muito sociais.

AB: Sim, essa é uma parte importante de ser um artista: o caráter atual das coisas em todas as suas dimensões — os aspectos da arte e as dimensões sociais, mais o contexto do que está acontecendo, em simultâneo. Levam qualquer espécie de expressão o mais perto possível da compreensão do leitor. Não é apenas um único evento — a vida é multidimensional. Se você está criando algum tipo de arte, deve, com o melhor de sua habilidade, ser capaz de capturar o aspecto multidimensional do que quer que esteja falando.

CR: Eu cresci em Washington, DC, e sempre fui fascinado por como o jazz se desenvolveu e parecia ser representado de maneiras diferentes em cada parte de Manhattan. O centro da cidade parecia se tornar esse caldeirão de criação artística.

AB: Assim, foi o que rolou ali pelos anos 1950, quando a música começou a chegar ao centro, dando uma escapada da Rua 42... foi isso o estopim desta criatividade nos anos 50 e 60. Músicos como Cecil Taylor e Ornette Coleman frutificaram no centro da cidade. Cecil Taylor e Ornette Coleman *começam* no FIVE SPOT.

CR: Havia, claro, uma cena no West Village e havia o Lower East Side.

AB: O FIVE SPOT estava, na verdade, no meio — era na Bowery. Na West Village você tinha o VILLAGE VANGUARD e o

Village Gate, que fecharam — e agora reabriram como outro negócio. Você tinha o Half Note, que fechou, onde Trane tocava. Mas é o elemento comercial desses lugares que muda tão drasticamente. A East Side teve um monte de clubes que desapareceram. Você não tinha apenas o segundo Five Spot Café, mas também a Jazz Gallery na mesma rua. Agora há um lugar chamado Jazz Gallery, bem na West Side. Tem outro Birdland, na Rua 44. Você tem o Creole no Harlem.

CR: Então, você ainda participa da cena?

AB: Eu tento ir com alguma regularidade. Se pudesse, iria com mais frequência. Acho que é isso que faz melhorar a escrita.

CR: Parece que chegou a um ponto em que ficou muito caro ir a clubes.

AB: Pois é, anda meio caro mesmo, mas há mais opções agora.

CR: Mudando de assunto, queria enveredar pela qualidade da sua escrita e vou usar, como exemplo, o ensaio "Monk Atual". Esta é outra amostra de um processo que recria tão vividamente Monk em cena.

AB: O que rolou foi que as coisas começaram a mudar com Trane porque ele teve alguns problemas com Miles. Então ele apareceu com Monk, o que eu achei uma grande sacada, porque ele não só conseguiu juntar o que já manjava, como também aprender um lance novo de som — Trane era um músico tempestuoso. Miles ensinou-lhe algumas das coisas que, mais tarde, ele aplicou de modo mais penseroso. Porém Monk tocava as cabeças[99] em variantes. Era como se você estivesse em

---

[99] N. d. T.: "(…) the heads", conforme original, é um termo usual no jazz, designando a melodia principal do tema. Parte do anedotário do estilo diz que a expressão nasce de um pequeno gesto, como sinal, que o músico fazia durante as apresentações, quando levava a mão à cabeça, normalmente a

cima de um tapete e alguém o puxasse debaixo de seus pés. As cabeças de Monk — você sabe qual é: as melodias em si mesmas, as harmonias — eram tão imprevisíveis. E assim, no correr das primeiras semanas, Trane desenrolava as coisas de maneira um bocado diferente. Ele começou a tocar solos entre os acordes. Logo que soltava a pancada no começo da música, Monk pulava da cadeira e danava a dançar. Ele realmente gostava bem de se soltar. [risos] Aquele álbum que eles gravaram no TOWN HALL, no final das quatro semanas, é o resultado dessas quatro semanas tocando no FIVE SPOT. E para mim esse álbum é importante porque abre portas. Como se dissesse: "Esta é a porta para a nova música."

CR: Muitos desses músicos vieram de uma formação muito tradicional.

AB: Eles sabiam que, se tivessem experiência no currículo, seria possível começar a olhar para fora. Monk e Trane vinham da música de igreja, você sabe o que quero dizer, e do blues. Do velho surge algo novo. Toda a expansão dessa música é impossível sem as bases do blues. Certa vez, eu estava tocando com um cara; estávamos no estúdio e me ocorreu, no meio daquilo tudo, que, por mais estranho que pareça, ainda era blues. Eles vinham dessa tradição, do básico.

CR: Esses ensaios foram meu trampolim até o jazz; Eu os lia e, logo em seguida, saía para comprar os discos. Em "Três Modos de Tocar Saxofone", você fala sobre Coleman Haw-

---

têmpora, para indicar o que os músicos deveriam fazer. A sentença, como foi traduzida, a meu ver ganha uma ambiguidade de sentidos, posto que Coltrane aprendeu e, daí, variou muito de seu estilo após o contato com Monk. Penso que, nesse passo, ganha-se como força de expressão, considerando que "tocar a cabeça" se mostra funcional como termo musical do jazz, assim como a mentalidade diferida a partir do toque, gerando novas ideias.

kins, Lester Young e Charlie Parker — usando-os para situar John Coltrane, Sonny Rollins e Ornette Coleman.

AB: Bom, esses três, a mim me parece, são o paradigma do qual os outros surgiram. Replicam-se na geração seguinte, depois são replicados de novo na próxima, com a exceção de que eles levaram isso para outro patamar. Esses caras eram tão bons que nunca desapareceram ou ficaram em segundo plano — todavia são referências. Então o ouvinte pode vir a compreender como foram as coisas.

CR: Seu ensaio "Coltrane Ao Vivo no Birdland" é tão vívido. Lê-lo é como assistir a um filme.

AB: Trane naquela época era o maior, na minha perspectiva, era tudo: a abertura e o encerramento da música em si mesmo. Dar uma chegada no Birdland era como ir à minha própria orquestra quando menino. Eu costumava ir lá e fingir que era mais velho para entrar. John Coltrane era a expressão maior da música nessa época, e quando tocava aqueles temas por lá já eram, na verdade, uma outra volta do parafuso, em direção a algo mais liberto, mais vanguarda. Alguns desses temas eram realmente excepcionais.

Trane era um homem bastante modesto. Lembro-me de mostrar a ele uma cópia do meu livro, o *Blues People*, e dizer: "Trane, gostaria que você lesse meu livro", e ele respondeu: "Eu já fiz isso". [risadas]

CR: Conte-me um pouco sobre Wayne Shorter. Obviamente vocês cresceram juntos…

AB: Ah, pois é, nós crescemos juntos. Wayne tocou num par de bandas juvenis, a orquestra de Nat Phipps foi uma delas. Algumas das pessoas que passaram pela banda amadureceram. Costumavam ganhar essas pequenas premiações. Wayne causou uma grande marca na gente, seus colegas, quando éramos jovens. Seu irmão, Alan Shorter — que também era músico — conseguia ser mais esquisito que Wayne. Wayne sempre esteve à frente de todos no seu instrumento.

CR: Como você enxerga a cena agora? Temos jazz no Lincoln Center, um presidente negro que, aparentemente, também ouve jazz. Talvez nunca haja outro momento, como quando você estava escrevendo sobre essa música. Nem sei se há algo como uma vanguarda.

AB: Não creio que volte a ser como era; teria de acontecer em outro nível. O pessoal já tem falado sobre hip-hop "da velha escola". Terá de ressurgir, talvez, de modo mais ampliado, de uma maneira mais democrática; quer dizer, é preciso que haja mais locais onde se possa escutar manifestações mais avançadas da música tradicional estadunidense.

CR: Você vê alguma troca entre a geração do hip-hop e os músicos de jazz?

AB: Acho que é preciso entender que tipo de troca. Eu sei que há um disco com Olu Dara e seu filho [Nas, o rapper]. Este é, talvez, um novo paradigma para alguma coisa. Meu filho, Ras, gravou um disco com Lauryn Hill. Fizemos também um lance com David Murray, uma ópera. O rapper Boots Riley, do *The Coup*, também embarcou nessa. E sua roupagem combinava com toda a partitura. Muito bem realizado, bem concebido. Portanto, a possibilidade certamente existe e acho que as pessoas vão encontrar o melhor termo. Está aberto para ser usado naquilo que parecer ajustado em ambas as expressões.

CR: Como se sente tendo de organizar este livro para uma nova edição, particularmente quando olha em retrospectiva para o escritor que foi antes?

AB: É meio que como uma gravação ou uma fotografia de como eu era na época. Entendo quais eram os sentimentos e os pontos de vista do que já foi. Embora ainda concorde com quase tudo que disse. Contudo, também aprendi muito desde então. É claro que aconteçam coisas como: "Ok, eu gostaria de ter dito isso, aquilo e aquilo outro", mas é um quadro de época e um lugar, não há como possa ser outra coisa. Posso lhe dar uma ideia, mas deve ser entendido como um relato do que estava acontecendo naquela época, sobre como costumava ser.

© sobinfluencia para a presente edição

COORDENAÇÃO EDITORIAL
Fabiana Vieira Gibim, Rodrigo Corrêa e Alex Peguinelli

TRADUÇÃO
André Capilé

PREPARAÇÃO
Arthur Dantas

REVISÃO
Gercyane Barbosa e Mariana Bercht

PROJETO GRÁFICO
Rodrigo Corrêa

Dados Internacionais de Catalogação na Publicação (CIP) de acordo com ISBD

J76b   Jones, LeRoi
            Black Music / LeRoi Jones (Amiri Baraka) ;
            traduzido por André Capilé. - São Paulo : sobinfluencia edições, 2023.
      272 p. : 13cm x 21cm.
      Inclui bibliografia.
      ISBN: 978-65-84744-25-7

1. Música. 2. Crítica musical. 3. Política. 4. Jazz. 5. Free jazz. I. Capilé, André. II. Título.

2023-1922   CDD 780
CDU 78

Elaborado por Odilio Hilario Moreira Junior - CRB-8/9949

Índice para catálogo sistemático:
1. Música 780
2. Música 78

---

sobinfluencia.com

Este livro é composto pelas fontes minion pro e neue haas grotesk display pro e foi impresso pela Gráfica Bartira no papel avena 80g, com uma tiragem de 1000 exemplares